노인복지론

박귀영
정일교
전영록
전대성
오현숙
이영식
황동섭
정명희
유승창
공 저

WELFARE THEORY FOR
THE ELDERLY

양성원

머리말

2000년 '고령화 사회' 진입 후 17년 만에 '고령사회'에 진입했다. 통계청이 발표한 2020년 고령자 통계에 따르면, '20년 65세 고령인구는 우리나라 전체 인구(51,781천 명)의 15.7%(812만 5천 명)이며, '25년에는 20.3%에 이르러 우리나라가 초고령사회에 진입할 것으로 전망된다. 이후에도 계속 증가하여 '36년 30%를 넘어서고, 40년 후인 '60년에는 43.9%에 이를 것으로 전망된다.

우리나라가 세계에서 가장 빠른 속도록 고령화하고 있다는 설명이다. 즉, 고령인구 8백만 시대로 아이보다 노인이 많은 사회로 접어들었다는 것이다.

또한 '세계와 한국의 인구현황 및 전망'에서 전체 인구는 2028년에 5,194만 명으로 정점을 찍은 후 2067년에는 3,929만 명(65세 이상 노인인구 46.5%)으로 줄어들지만 노인인구는 늘어난다고 하며, 또 다른 매체에서는 한국이 평균수명이 90세가 넘어가는 최초의 국가가 될 것이라고 예측하고 있다.

최근 노인에 대한 관심이 높아지면서 '노인복지론'이 더욱 세분화되었다. 본 교재를 통해 관련 내용을 자연스럽게 접하고, 노인복지가 무엇이며, 노인복지의 진정한 의미를 깨닫기 위해서 무엇을 준비해야 할 것인지에 대한 안내자의 역할과 함께 앞으로 더 깊은 학문적 기반을 다지는 데 도움을 줄 수 있는 지침서가 필요하다고 판단해 집필을 시작했다.

선진국에서는 일찍부터 사회복지학, 노년학, 노인교육학, 노인심리학 등으로 발전시켜 왔으며, 철학적 근거와 노인복지의 전통을 근거로 노인복지의 실천방안을 탐색해 왔다. 이러한 움직임은 사회복지가 체계화되지 못한 상태에서 고령시대를 접한 우리나라의 노인복지서비스 발전방향을 제시하는 데 있어 주목해야 할 부분이라고 할 수 있다.

노인복지론은 고령사회의 특성과 노인복지 과제를 이해하며, 노인의 다양하고 복합적인 욕구를 파악하며, 노인복지를 위한 정책적 대응과 실천적 개입방법을 이해하고 적응할 수 있도록 하는 데 목적이 있다. 이러한 목적을 달성하기 위해 다음과 같은 교과목 목표를 달성하고자 한다.

첫째, 고령사회의 특징과 이로 인해 발생하는 사회문제와 노인복지과제를 제시할 수 있어야 한다.

둘째, 노화의 신체적, 심리적, 사회적 측면의 노화 개념과 이론을 설명할 수 있어야 한다.

셋째, 노인복지의 목표, 원칙, 실천과정과 이를 적용할 정책, 제도, 관련 법률을 연계시켜 설명할 수 있어야 한다.

넷째, 노인복지정책 및 제도를 이해하고 설명할 수 있어야 한다.

다섯째, 노인복지 현장에 적용되는 실천기술과 개입방법을 이해하고 설명할 수 있어야 한다.

여섯째, 노인복지 환경변화에 따른 새로운 과제와 사회복지사로서의 역할을 제시할 수 있어야 한다.

이를 위해 저자는 본서를 통하여 사회복지학, 노년학, 사회학, 노인심리학, 노인교육학 등 다양한 학문분야로부터 현대 고령화 사회에서의 노인문제를 찾아 규명하고 앞으로 초고령사회(post-aged society)에 대비에 필요한 노인복지서비스에 방향을 제시하고자 노력하였다.

이러한 목표를 달성하기 위하여 표준교과 과목지침에 부합되도록 하였으며, 총 13장, 크게 3부로 구분하였다. 제1부는 노인과 노화의 이해를 위해 제1장에서는 노인과 고령사회의 이해, 제2장은 노화 관련 신체적 및 심리적 이해, 제3장은 사회적 노화 이론을 다루었고, 제2부는 노인들이 겪는 사회문제에 대응하고 노년기 삶의 질을 보장하기 위하여 사회적으로 지원하는 노인복지정책 및 제도의 이해를 위해, 제4장에서는 노인복지의 개관, 제5장은 노인 소득실태와 소득보장, 제6장은 고령자 고용과 고용지원, 제7장은 노인의 건강과 의료보장, 제8장은 노인장기요양보험제도, 돌봄니즈와 주거정책, 제9장은 노년기 사회참여 및 사회적 관계를 다루었고, 제3부는 노인복지실천 및 개입방법의 이해로, 제10장은 노인복지실천, 제11장은 노인사례관리, 제12장은 노인인권 및 학대, 제13장은 호스피스/임종케어/죽음/장사에 대하여 저술하였다. 이를 통해 노인의 삶의 질을 향상시키고 건강한 한국사회를 만드는데 기여하기 바란다.

저자의 본서를 세상에서 빛을 볼 수 있도록 출판을 허락해 주신 양성원 강철원 사장님과 직원들에게 감사의 말을 전한다.

2022년 2월

저자대표 박 귀 영

차 례

Part 02 노인복지 정책 및 제도 이해

Senior Social Welfare | part

01

노인과 노화의 이해

노인과 고령사회의 이해

노인 하면 세상에서 알 것은 다 알고 모든 면에서 정립되어 살면서 후손들에게 본이 되는 삶을 살고 있어야 맞다. 그러나 현실은 생각대로 되지 않아서 노인에 대한 막연한 생각으로 대처한다면 본인은 물론 후손들에게도 큰 부담이 될 수 있다.

전통사회에서 노인은 가족의 가장 중요한 위치에 있었으며 집단의 연장자로서 대우를 받으면서 살아왔다. 그러나 현재 노인의 위치는 그렇지 못하다. 노인의 모든 문제를 구체적으로 분석하여 연장자로서 대우받지는 못한다 할지라도, 기본적인 보장은 사회가 담당해야 한다. 또한 그들은 사회에 역사의 산 증인으로서 젊은 세대들에게의 의무도 감당해야 한다.

그러기 위해 노인 관련 용어와 개념 정의를 하고, 고령사회의 인구학적 변화와 사회적 영향에 대해 이해하고, 노인을 둘러싼 사회문제와 노인복지과제를 살펴보고자 한다.

제1절 노인 관련 용어와 개념 정의

1. 노인의 개념과 정의

1) 노인의 개념

노인에 대한 명확한 정의는 개인의 신체적인 특성이나 사회의 문화적인 차이에 따라 그 기준이 상이하지만 대체로 연령에 따라 분류하는 것이 보편적이다. 즉, 노인의 개념을 규정할 때 가장 일반적인 것이 역연령에 의한 개념의 정의이며, 그 외에 개인의 자각에 의한 정의, 법적인 정의로 나누어 설명할 수 있을 것이다.

UN에서는 이제까지 노인을 60세로 보아 왔는데 평균수명의 증가에 따라 최근에는 65세를 기준으로 하는 경향이 두드러지고 있다. 우리나라에서도 노인을 환갑을 기준으로 보는 경우가 대부분이었으나 오늘날에는 65세를 노인으로 보려는 관점이 지배적이다.

노인의 개념을 역연령으로 설명하고자 하는 학자 뉴가르텐(Neugarten, 1974)은 미국 노인을 역연령에 따라 다음의 세 그룹으로 분류하여 설명하고 있다(홍숙자, 2010).

첫째, 연소 노인(young-age)이라 하여 연령상 55~64세로, 아직 사회적으로 일을 하고 있으며 그들의 삶과 사회에서 절정기에 있는 노인을 말한다.

둘째, 중・고령 노인(middle-age)이라 하여 연령상 65~74세로, 퇴직한 사람이 대부분이며 건강상태가 양호하고 취미생활을 할 풍부한 시간을 가지고 있는 노인을 말한다.

셋째, 고령 노인(old-age)이라 하여 연령상 75세 이상으로, 일을 하기가 어렵고 신체적으로 노쇠하고 질병에 걸린 경우가 많으며, 가장 빈곤하며 가장 외롭고 가장 약한 노인이라고 정의하였다.

한편 국제노년학회(IAG: International Association of Gerontology)에서는 개인의 주관

적 자각과 기능의 정도, 사회적 역할의 변화에 따라 노인의 개념을 정의하였는데, “노인이란 노화 과정에서 나타나는 인간의 생리적 · 심리적 · 환경적 변화가 상호작용하여 발생하는 복합적인 과정이라고 하면서 연령의 증가에 따른 환경변화의 적응에 어려움이 있는 사람으로 보았으며, 자신을 통제하고 통합하는 능력이 결핍된 사람”으로 정의하였다(김용희, 1996).

브린(Breen, 1969)과 비렌(Birren, 1959)은 노인을, ① 생리적 및 생물학적인 면에서 퇴화기에 있는 사람, ② 심리적인 면에서 정신기능과 성격이 변화되고 있는 사람, ③ 사회적인 면에서 지위와 역할이 상실된 사람으로 보고 있다(장인협 · 최성재, 2002).

법적인 정의로서 우리나라 「노인복지법」에서는 노인을 65세 이상인 자를 말하고 있고, 국민연금 수급연령으로 볼 때 노인은 60세를 기준으로 분류하고 있으며, 경로연금제도나 각종 경로우대제도 또한 65세를 기준으로 하고 있다.

2) 노인의 정의

노인(老人)이란 단순히 인간이 살아가는 생물학적 과정만을 의미하는 것이 아니라 그 시대의 사회, 문화, 정치, 경제 등 여러 가지 요인과 밀접하게 관련되어 있다. 전통적으로 우리나라에서는 60세 이상인 자를 노인으로 보는 견해가 지배적이지만, 생활수준의 향상과 평균수명의 증가로 인해서 65세 이상을 노인이라고 인식하는 경향이 나타나고 있다. 우리나라 「노인복지법」(2013)과 「국민기초생활보장법」(2000)에서는 65세 이상인 자를 노인으로 규정하고 있고, 「국민연금법」에서는 60세부터를 연금수령의 연령으로 규정하고 있다.

노인(老人)은 나이가 들어 늙은 사람을 뜻한다. 어르신이라고도 부르나 그 외에도 늙은이, 고령자, 시니어, 실버 등으로 교체해서 사용하기도 한다. 한 나라에 노인이 많으면 고령화현상이 발생해 문제가 생기기도 한다. 과거에는 60세라도 노인으로 불렸으나 현재는 65~70세는 되어야 노인이 된다. 노인만을 위한 여가 시설로는 경로당, 노인정, 노인 대학 등이 있다. 현재 도시보다는 농촌에 노인들이 많이 분포한다.

노인(老人)은 한국 나이로 61세가 되는 생일을 환갑(還甲), 회갑(回甲)이라고 하고, 그 이듬해 생일은 진갑(進甲)이라고 부른다. 일흔 살은 칠순(七旬) 또는 고희(古稀), 여든 살은 팔순(八旬), 아흔아홉 살은 백수(白壽)라고 부르는데 이는 '百'에서 '一'을 빼면 99가 되고 '白' 자가 되는 데서 유래한다.

노인의 대상을 어떻게 선정할 것인가에 대한 개념적, 조작적 정의가 필요하다. 이렇게 대상자를 누구로 할 것인가에 대한 선정이 중요한 것이다. 다음은 노인의 정의를 역연령, 기능, 인생주기, 법률적 정의로 나누어 살펴본 것이다.

(1) 역연령적 정의

역연령의 의미는 달력상의 나이에 도달하는 시점으로, 이를 기준으로 노인이라 규정하는 것이다. 즉, 태어난 해와 생일을 시점으로 나이를 설정한다. 이러한 역연령의 정의는 시대와 장소에 따라 일정한 차이를 나타낸다. 과거에는 자신이 태어난 연도가 돌아왔다는 의미인 회갑일(回甲日)을 기준으로 노인이라고 정의하였다. 이 날을 장수로의 진입으로 상징성을 부여하고 평상시 생활과 다르게 대규모 가족, 이웃과 잔치가 이루어졌다. 현재는 평균수명이 80세에 도달하면서 60세를 기준하여 실시하던 것을 고희(古稀)라고 부르는 70세를 과거 회갑일과 같이 받아들이는 추세이다. 따라서 우리 사회에서는 60세를 노인이라고 부르지 않고 65세 이상을 노인이라고 정의하는 추세이다.

(2) 기능적 정의

노인 개인의 신체적 기능 정도에 따라 노인으로 규정하는 방식이다. 얼굴에 있는 흰 머리카락, 이마의 주름살, 탈모, 시력 및 청력의 감퇴, 굽은 허리, 가늘어진 팔과 다리 등 판단 근거가 기능적 노령화의 근거가 된다. 이는 상대적으로 개인차가 너무 많아 노인의 조작적 정의를 위한 객관적 판단이 용이하지 않는 단점이 있다. 무엇보다도 이러한 신체적 특징을 모두 보인다고 하더라고 노인이라고 정의하기 어려운 사람이 있다는 것이다.

(3) 인생 주기에 따른 정의

인간은 태어나서 죽기까지 신체적 · 심리적 · 사회적 특성 면에서 각 인생 주기별로 독특한 특징을 보인다. 이러한 것을 기준으로 인생 주기를 일반적으로 영유아기, 학령기, 장년기, 중년기, 노년기로 구분한다. 인생의 마지막 단계인 이 노년기에는 신체적으로 쇠약해지고, 심리적으르 위축되고 우울해지며, 사회적으로 역할상실과 소외 등의 현상을 보인다. 이러한 특징적 양상을 보이는 시기를 노년기라고 지칭하고 이 시기에 도달한 사람을 노인이라고 정의한다.

(4) 법률적 정의

노인의 법률적 정의는 사회복지정책의 측면에서 주로 사용되고 있으며 역연령의 정의와 관련이 있다. 법률적 정의는 정책적 서비스 대상을 특정 연령으로 명문화하여 조작적 정의로 확정된다.

① 「국민연금법」에서는 국민의 노령 · 폐질 또는 사망에 대하여 연금급여를 실시함으로써 국민의 생활안정과 복지 증진에 기여함을 목적으로 가입기간 20년 이상 또는 가입자가 60세에 달할 때에는 그때부터 그가 생존하는 기간 동안 노령연금지급을 60세를 기준으로 산정, 지급했다. 2011년 12월 「국민연금법」 개정으로 4년 주기로 수급연령을 1년씩 늘려 2013~2017년 61세, 2018~2022년 62세, 2023~2027년 63세, 2028~2032년 64세, 1969년 이후 출생자는 만 65세 이후부터 연금을 수령하게 된다.

② 「국민기초생활보장법」과 「노인복지법」에서는 기초노령연금, 경로우대, 건강진단, 상담 · 입소 등 대상자가 65세 이상의 국민으로 규정되어 있다.

③ 「기초연금」은 평생 국가의 발전과 자녀 양육에 헌신하느라 자신의 노후를 미처 대비하지 못해 생활이 어렵게 된 노인들에게 생활안정에 도움을 주기 위해 마련한 제도로 2014년 7월부터 65세 이상 노인 중 소득 및 재산 하위 70%에게 지급되는 연금이다.

④ 「국민건강보호법」에서는 65세 이상인 자에 대하여 보험료를 경감할 수 있도록 규정하고 있다.

⑤ 「노인장기요양보험법」에서는 65세 이상 고령이나 노인성 질병 등으로 일상생활(ADL)을 혼자 하기 어려운 노인들에게 신체활동, 가사활동지원 등의 서비스를 제공하여 노후생활의 안정과 그 가족의 부담을 덜어 주어 모든 국민의 삶의 질을 높여 주도록 하고 있다.

⑥ 「가정폭력범죄의 처벌 등에 관한 법률」에서는 60세 이상의 노인, 기타 정상적 판단능력이 결여된 자의 치료 등을 담당하는 의료인 및 의료기관장은 가정폭력범죄를 알게 된 경우 즉시 수사기관에 신고해야 한다고 되어 있다.

⑦ 「고용상 연령차별금지 및 고령자 고용촉진에 관한 법률」에서는 합리적인 이유 없이 연령을 이유로 하는 고용차별을 금지하고 고령자가 그 능력에 맞는 직업을 가질 수 있도록 지원하고 촉진함으로써, 고령자의 고용안정과 국민경제의 발전에 이바지하는 것을 목적으로 50세 이상 55세 미만인 사람을 준고령자, 55세 이상을 고령자로 규정한다.

2. 노화의 개념과 정의

1) 노화의 개념

노화(老化: aging)란 질병이 아닌 생리적 기능 저하로 나이가 들면서 신체의 구조와 기능이 점진적으로 저하되고 질병과 사망에 대한 감수성이 급격히 증가하면서 쇠약해지는 과정이다. 노화에 관한 이론은 크게 두 가지로 나눌 수 있다. 첫 번째는 우리 몸 안의 어딘가에 생체 시계가 있고 사람마다 미리 정해진 시간표에 따라 태어나서부터 죽을 때까지 신체의 성장 및 발달과 노화 과정이 조절되어 노화가 진행된다는 것이다. 다른 하나는 살아가면서 외부 또는 주위 환경의 영향에 의해 세포나 신체 기관이 마모되면서 손상을 입어 몸이 점진적으로 제 기능을 잃어 가는 과정이라는 것이다.

노화를 일반적으로 생각하여 노인들이 겪는 질병이라고 생각하나, 어디까지나 질병이 아닌 생리적 기능 저하로 나이가 들면서 동맥경화, 암, 치매 등 각종 질병이 많아지는데 이들 성인병이나 노인 질환의 발생은 순수한 의미의 노화와는 별개의 것이다. 엄격한 의미의 노화란 이 같은 질병과 무관하게 나이가 들어 신체의 전반적인 활력이 떨어지고 모든 생리적 기능이 저하되는 과정을 말한다. 예를 들면, 세포의 단백질 합성 능력이 감소하고, 면역 기능도 저하되며 근육은 작아지고 근력은 감소한다. 또한 체내의 지방 성분은 증가하고 골밀도가 감소하여 뼈가 약해지는 것 등이다.

나이가 많이 들면 힘이 없어지고 거동이 불편해져 혼자서 생활할 수 없고 보호자의 도움을 필요로 하게 된다. 그 주된 원인 가운데 하나가 근력의 감소 때문인 것으로 알려져 있다.

근육의 약화는 근육과 신경의 노화, 골 관절염 또는 다른 여러 가지 만성질환에 의해 생길 수 있다. 그러나 앉아서만 생활하는 좌식 생활양식과 신체 활동의 감소 및 근육을 사용하지 않는 것이 근력 약화의 중요한 요인으로 생각된다. 나이가 많은 노인에게도 근육 운동을 시키면 근력이 증가하고 보행 속도와 계단을 오르는 힘이 많이 향상된다. 즉, 노인에서 근력의 감소는 노화나 질병에 의한 비가역적인 현상이 아니라 회복될 수 있고 예방할 수 있다는 것이다.

이런 노화가 활발히 진행되지 않도록 노화 방지를 위한 많은 연구가 진행되고 있으며, 노화에 관한 최근의 연구 결과를 보면 몇 가지 호르몬은 부분적으로 뚜렷한 치료 효과와 노화 방지 효과를 나타내는 것으로 보인다. 그러나 이 같은 호르몬을 사용하는 것이 정말로 젊음을 유지하게 해 줄 것인지는 아직 확실하지 않다. 최근 일반인 및 대중매체를 통하여 알려진 호르몬으로는, 폐경 여성에서 사용하는 에스트로겐, DHEA(dehydroepiandrosterone: 인체 내 부신에서 생성되는 생식 호르몬), 성장 호르몬, 그리고 멜라토닌 등이 있다.

가장 관심을 끄는 것 중의 하나가 성장 호르몬이다. 성장 호르몬은 뇌하수체에서 분비되며 단백질, 탄수화물, 지질의 대사에 영향을 미친다. 또한 인체의 뼈와 여러 장기의 성장 및 발달에 중요한 역할을 한다. 현재 여러 연구소에서 성장 호르몬 요법의 효과와 부작용에 관해 연구하고 있다. 이들은 성장 호르몬이 근육과 뼈를 강화시켜 주고 노화를 개선해 주는지를 연구하고 있다.

노화 방지 및 장수와 관련하여 가장 잘 알려져 있는 것이 열량 제한(caloric restriction) 방법이다. 한마디로 식사량을 줄여 적게 먹는다는 뜻의 열량 제한은 소식(小食)하는 사람이 건강하게 오래 산다고 하는 경험과 일치하는 것이다. 이제까지 연구된 거의 모든 종류의 동물에서 이 방법으로 수명을 연장시키는 데 성공했다. 예를 들면, 보통의 쥐보다 30～40% 적게 먹은 쥐가 훨씬 더 오래 산다. 하지만 어떤 이유로 열량 제한이 수명을 연장시키는지 그 근본 이유는 아직 밝혀져 있지 않다. 중요한 사실은 적게 먹는 동물은 질병의 발생이 현저히 줄어든다는 점이다. 그러나 아직 열량 제한이 사람에서도 같은 효과를 나타낼 것인지는 확실하지 않다. 다만 열량 제한의 연구를 통해 얻고자 하는 것은 그 기전을 밝힘으로써 고령에서 질병의 발생을 예방하거나 지연시키고 건강을 증진시키는 방법을 알 수 있기를 바라는 것이다.

단순하게 말한다면, 노화란 나이가 들어 생기는 변화라고 할 수 있다. 나이를 먹고 노인이 되는 것을 반가워하는 사람은 거의 없을 것이다. 불로초는 아닐지라도 노화를 방지할 수 있는 비밀을 찾기 위해 많은 학자들이 연구하고 있다. 사람의 힘으로 시간이 흐르는 것을 막을 수는 없지만 개인의 노력과 의학의 발전으로 나이가 들어서도 건강하게 오래 살 수 있는 길이 그리 멀지만은 않다고 하겠다.

2) 노화의 정의

노화는 인간의 정상적인 성장과 발달과정 전체의 한 부분으로 노화는 질병이 아니며 질병과 동일시될 수 없는 개념으로, 노화는 당사자보다는 주위의 사람들 눈에 더욱 명료하게 나타나는 것이다. 이것은 하나의 새로운 생물학적 균형이며, 적용이 잘 이루어질 경우 노화를 겪는 당사자에게는 질병과는 달리 별로 느껴지지 않는 것이다. 반면 쇠퇴는 그 진행을 막을 수 없으며 해가 더할수록 더 심해지며 아무도 피할 수 없는 특징을 갖는다. 이런 의미에서 노화란 인간이 출생해서 죽음에 이르는 과정의 전반적인 변화라고 할 수 있는 것이다(김태현, 1994).

노화에 대한 정의는 여러 가지로 제시되고 있으나 크게 두 부분으로 나누어 보면, 첫째, '수정에서 죽음에 이르기까지의 생체변화를 말한다'라는 경우와, 둘째, '성숙기 이후의 생체 변화를 지칭한다'라는 경우로 대별할 수 있다. 전자를 가령(aging)현상이라고 하고, 후자는 협의의 노쇠(senescence)라고 하는데, 노인의 신체적 · 심리적인 면을 고찰하거나 노인복지 · 노인 보건을 논할 때에는 후자인 노쇠의 정의에 의거하는 것이 일반적이며 혼란을 가져다주지 않는 것으로 알려져 있다(박용억 외, 1997).

노화는 단순히 생물학적 노화뿐만 아니라 심리적 노화, 사회적 노화의 과정을 포함하는 넓은 뜻으로 이해되어야 할 것이다(장인협, 1996).

① 생물학적 노화(biological aging)는 신체의 기관과 체계의 구조 및 기능이 시간의 경과에 따라 변화하는 것을 의미한다.

② 심리적 노화(psychological aging)는 축적된 경험에 의한 행동, 감각, 지각기능, 자아에 대한 인식 등이 시간의 변화에 따라 변화하는 것을 의미한다.

③ 사회적 노화(sociological aging)는 생활주기를 통하여 일어나는 규범, 기대, 사회적 지위 및 역할의 변화 등을 의미한다.

3. 노인과 유사어

1) 노인네

나이든 사람을 얕잡아 이르는 말로, '도대체 우리 노인네가 뭘 안다고 그러시오? 산골에 있는 허름한 집에는 노인네 둘이서 쓸쓸하게 살고 있었다. 나는 어쩌면 노인네가 가는귀가 먹었을지도 모른다고 생각했으므로 크게 소리 질렀다.'와 같은 예에서 사용되는 용어이다.

2) 늙은이

늙은 사람을 이르는 말로, '뭐니 뭐니 해도 자식 없는 늙은이가 제일 불쌍한 법이다. 흔히 젊은이에게는 용기가 있고, 늙은이에게는 지혜가 있다고 한다.'와 같은 예에서 사용되는 용어이다.

3) 시니어

시니어는 영어로 Senior이고, 약자는 Snr이다. 나이가 더 많은(손위의), 더 높은 지위를 가진(고위의), 손윗사람, 연장자, 상급자, 상관, 나이 · 경력 · 경험이 더 많은 사람을 의미한다. 가장 많이 쓰이는 시니어 뜻은 '퇴직한 고령자(노인)'의 의미이다. 정년퇴직을 하고 노후를 보내고 있는 어르신들을 말하는데, 시니어의 기준이 되는 나이는 사회마다, 개인의 기준마다 조금씩 다르다. 보통은 정년퇴직을 기준으로 60세 이상을 의미한다.

4) 숙기(熟期)

여러 조건들이 무르익어 어떤 일을 하기에 알맞은 시기로, 인생의 마지막을 잘 익은 곡식의 완성된 시기에 비유한 용어이다.

5) 기애(耆艾)

나이가 들어 늙은 사람을 이르는 말로, '기애는 마음을 멈추고 두꺼운 베일을 쓴 남산의 검푸른 모습과 머리 위를 지나가는 구름들의 어둡고 산란한 움직임을 바라보았다'와 같은 예에서 사용되는 용어이다.

제2절 고령사회의 인구학적 변화와 사회적 영향

1. 노인인구 증가

1) 노인인구의 증가 추세

우리나라는 세계에서 가장 빨리 늙어 가는 나라다. 2000년 65세 이상 노인 인구가 전체의 7.2%(339만 명)로 '고령화(高齡化) 사회'로 접어들었고, 2018년에 노인 인구가 14%를 넘어 '고령사회'가 됐다. 고령사회가 되는 데 걸린 기간이 19년이라는 세계에서 그 유례를 찾아보기 어렵게 빨리 진행되고 있다. 47~115년이 걸린 서구에 비해 엄청나게 빠른 속도다. 탄력을 잃어 가고 있는 한국사회에 어떻게 '활기'와 '생동감'을 불어넣을 것인지가 '21세기 한국'의 최대 과제다.

통계청 「2021 고령자 통계」에 의하면 2021년 65세 이상 고령인구는 〈표 1-1〉에서 보는 바와 같이 853만 7천 명으로 전체 인구의 16.5%로, 향후에도 계속 증가하여 '25년에는 20.3%에 이르러 우리나라가 초고령사회로 진입할 것으로 전망된다. 이후에도 계속 증가하여 '36년에는 30%를 넘어서고, 40년 후인 '60년에는 43.9%에 이를 것으로 보인다.

2) 노년부양비 및 노령화지수

노인부양비 및 노령화지수는 〈표 1-1〉에서 보면 생산력인구 100명이 부양하는 고령인구를 뜻하는 노년부양비는 '21년에는 23.0명이나 '36년에는 51명을 넘고 '60년에는 91.4명이 될 것으로 전망된다. 노령화지수는 '20년에는 129.0명이고 '36년에는 315.9명, '60년에는 546.1명이 될 것으로 전망된다.

〈표 1-1〉 인구추이(고령인구; 65세 이상 인구, 구성비), 노년부양비 및 노령화지수

(단위: 천 명, %, 명/생산연령인구 100명, 명/유소년인구 100명)

	총 인구	65세 이상		노년부양비[2]	노령화지수[3]
			구성비[1]		
2000	47,008	3,395	7.2	10.1	34.3
2010	49,554	5,366	10.8	14.8	67.2
2018	51,607	7,372	14.3	19.6	111.9
2019	51,709	7,685	14.9	20.4	119.4
2020	**51,781**	**8,125**	**15.7**	**21.7**	**129.0**
2021	**51,822**	**8,537**	**16.5**	**23.0**	**138.8**
2025	51,905	10,511	20.3	29.3	189.7
2030	51,927	12,980	25.0	38.2	259.6
2036	51,516	15,712	30.5	51.0	315.9
2040	50,855	17,224	33.9	60.1	345.7
2050	47,745	19,007	39.8	77.6	447.2
2060	42,838	18,815	43.9	91.4	546.1

자료: 통계청, 「장래인구특별추계: 2017~2067」

주: 1) 구성비 = (고령인구(65세 이상) ÷ 총 인구) × 100

2) 노년부양비 = 고령인구(65세 이상) ÷ 생산연령인구(15~64세) × 100

3) 노령화지수 = 고령인구(65세 이상) ÷ 유소년인구(0~14세) × 100

3) 기대여명

기대여명은 〈표 1-2〉에서 보면, '19년 65세 생존자의 기대여명 21.3년, 75세 인구의 기대여명은 13.2년으로, 모두 전년 대비 0.5년 늘어났다. 65세 여자의 기대여명은 23.4년으로 남자보다 4.3년 더 높고, 75세 여자의 기대여명은 14.6년으로 남자보다 3.1년 더 높았다.

〈표 1-2〉 연령별 기대여명[1) 2)]

(단위: 년)

	65세				75세			
	전체	남자(A)	여자(B)	차이(B-A)	전체	남자(A)	여자(B)	차이(B-A)
2000	16.4	14.3	18.2	3.9	9.8	8.5	10.7	2.2
2005	17.7	15.5	19.6	4.0	10.6	9.2	11.6	2.4
2010	19.1	16.8	21.2	4.4	11.6	10.0	12.9	2.9
2015	20.3	18.2	22.4	4.2	12.4	10.8	13.7	2.9
2016	20.6	18.4	22.6	4.2	12.6	11.0	13.9	2.9
2017	20.8	18.6	22.7	4.1	12.7	11.1	14.0	2.9
2018	**20.8**	**18.7**	**22.8**	**4.2**	**12.7**	**11.1**	**14.1**	**2.9**
2019	**21.3**	**19.1**	**23.4**	**4.3**	**13.2**	**11.5**	**14.6**	**3.1**

자료: 통계청, 「생명표」

주: 1) 연령별 총 생존연수를 연령별 생존자 수로 나누어 산출

2) 2016.12.2. 생명표 작성 방법 개선으로 1970~2014년 생명표 수치가 갱신됨

2. 사회적 영향

1) 고령화지역의 격차 증가

'21년 고령인구 비중이 20% 이상으로 〈표 1-3〉을 보면, 인구의 격차가 지역별로 심하게 나타나고 있다. '21년 초고령사회인 지역은 전남(23.8%), 경북(21.5%), 전북(21.4%), 강원(20.9%) 등 4개 지역이나, 10년 후인 '30년에는 세종(14.8%)을 제외한 모든 지역이 초고령사회가 될 것으로 전망된다.

〈표 1-3〉 지역별 고령인구(65세 이상) (단위: 천 명, %, 위)

	2021	고령인구 비중	순위	2030	고령인구 비중	순위	2040	고령인구 비중	순위	2047	고령인구 비중	순위
전국	8,537	16.5	-	12,980	25.0	-	17,224	33.9	-	18,787	38.4	-
서울	1,549	16.2	10	2,219	24.2	10	2,827	32.4	12	3,048	36.6	12
부산	655	19.8	5	911	29.3	5	1,071	37.1	5	1,099	41.0	6
대구	407	16.9	9	601	26.3	8	759	35.5	8	794	39.7	9
인천	422	14.3	14	718	23.7	11	999	33.0	10	1,113	37.8	10
광주	213	14.4	13	320	22.5	14	427	31.9	14	462	36.6	14
대전	217	14.6	12	334	23.2	12	443	32.0	13	482	36.4	15
울산	147	12.9	16	252	22.9	13	337	32.6	11	358	37.0	11
세종	35	9.6	17	72	14.8	17	126	22.4	17	165	27.8	17
경기	1,823	13.5	15	3,109	21.8	16	4,409	30.6	16	4,937	35.3	16
강원	316	20.9	4	470	30.9	3	614	40.5	3	663	45.0	3
충북	290	17.7	7	445	26.6	7	603	35.9	7	663	40.6	7
충남	406	18.3	6	603	26.0	9	824	34.9	9	927	40.0	8
전북	381	21.4	3	516	30.0	4	652	39.4	4	695	43.9	4
전남	417	23.8	1	552	32.2	1	701	42.0	1	754	46.8	1
경북	570	21.5	2	804	31.0	2	1,019	40.8	2	1,082	45.4	2
경남	582	17.4	8	885	26.6	6	1,167	36.5	6	1,256	41.4	5
제주	106	15.7	11	169	22.5	15	248	31.5	15	287	36.6	13

자료: 통계청, 「생명표」

주: 1) 연령별 총 생존연수를 연령별 생존자 수로 나누어 산출

2) 16.12.2. 생명표 작성 방법 개선으로 1970~2014년 생명표 수치가 갱신됨

2) 고령자의 가구 증가

고령자의 가구 증가는 **〈표 1-4〉**를 보면, '20년 가구주 연령이 65세 이상인 고령자 가구는 464만 2천 가구로 전체 가구의 22.8%를 차지한다. 고령자가 차지하는 비중은 계속 늘어나 '47년에는 우리나라 전체 가구의 약 절반(49.6%)이 고령자 가구가 될 것

으로 전망된다. 가구 유형별로 보면, 1인 가구(34.2%), 부부(33.1%), 부부+미혼자녀(9.7%), 부(모)+미혼자녀(5.5%) 순으로 나타난다.

〈표 1-4〉 고령자 가구 (단위: 천 가구, %)

	총가구	고령자 가구[1]	비중	고령자 가구 유형 및 구성비									
				부부	구성비	부부+미혼자녀	구성비	부(모)+미혼자녀	구성비	1인 가구	구성비	기타	구성비
2000	14,507	1,734	11.9	573	33.1	184	10.6	79	4.5	544	31.4	354	20.4
2005	16,039	2,350	14.7	796	33.9	243	10.3	116	4.9	746	31.7	450	19.1
2010	17,495	2,923	16.7	985	33.7	286	9.8	149	5.1	991	33.9	512	17.5
2015	19,013	3,664	19.3	1,215	33.2	367	10.0	206	5.6	1,203	32.8	674	18.4
2020	**20,350**	**4,642**	**22.8**	**1,536**	**33.1**	**450**	**9.7**	**255**	**5.5**	**1,589**	**34.2**	**812**	**17.5**
2025	21,342	6,011	28.2	1,967	32.7	594	9.9	328	5.5	2,064	34.3	1,058	17.6
2030	22,036	7,438	33.8	2,420	32.5	729	9.8	400	5.4	2,586	34.8	1,302	17.5
2035	22,497	8,788	39.1	2,821	32.1	842	9.6	459	5.2	3,131	35.6	1,533	17.5
2040	22,651	10,012	44.2	3,136	31.3	943	9.4	510	5.1	3,623	36.2	1,799	18.0
2045	22,456	10,747	47.9	3,251	30.2	990	9.2	533	5.0	3,933	36.6	2,041	19.0
2047	22,303	11,058	49.6	3,302	29.9	1,019	9.2	547	4.9	4,051	36.6	2,139	19.3

자료: 통계청, 「장래가구특별추계 : 2017~2047」
주: 1) 가구주의 연령이 65세 이상인 가구

3) 노인복지시설의 증가

노인인구의 증가로 인한 노인복지시설의 소요가 증가되어 결국 부족현상이 발생하고 있다. 〈표 1-5〉에서 보면, '20년 노인복지시설 수는 8만 2,544개소로 매년 증가하는 추세이다. 전년 대비 시설별 증감사항을 보면, 재가노인복지시설은 가장 큰 폭으로 증가(3,391개소)한 반면, 노인주거복지시설은 유일하게 감소(30개소)하였다.

〈표 1-5〉 노인복지시설 수 (단위: 개소)

		2014	2015	2016	2017	2018	2019	2020
총계		73,774	75,029	75,708	76,371	77,395	79,382	82,544
노인주거 복지시설	소계	443	427	425	404	390	382	352
	양로시설	272	265	265	252	238	232	209
	노인공종생활가정	142	131	128	119	117	115	107
	노인복지주택	29	31	32	33	35	35	36
노인의료 복지시설	소계	4,841	5,063	5,163	5,242	5,287	5,529	5,725
	노인요양시설	2,707	2,933	3,136	3,261	3,390	3,595	3,844
	노인요양공동생활가정	2,134	2,130	2,027	1,981	1,897	1,934	1,881
노인여가 복지시설	소계	65,665	66,292	66,787	67,324	68,013	68,413	69,005
	노인복지관	344	347	350	364	385	391	398
	경로당	63,960	64,568	65,044	65,604	66,286	66,737	67,316
	노인교실	1,361	1,377	1,393	1,356	1,342	1,285	1,291
재가노인 복지시설[1]	소계	2,797	3,089	3,168	3,216	3,494	4,821	7,212
	방문요양서비스	992	1,021	1,009	1,001	1,051	1,513	2,656
	주야간보호서비스	913	1,007	1,086	1,174	1,312	1,816	2,321
	단기보호서비스	96	112	95	80	73	78	73
	방문목욕서비스	588	617	588	609	650	942	1,596
	방문간호서비스[2]	-	-	-	10	21	60	95
	재가노인지원서비스	208	332	390	342	387	412	385
노인보호전문기관		28	29	29	32	33	34	35
노인일자리지원기관[3]		0	129	136	153	160	184	196
학대피해노인쉼터[4]		-	-	-	-	18	19	19

자료: 보건복지부, 「노인복지시설 현황」

주: 1) 두 가지 이상의 서비스를 병행하는 시설은 각 서비스마다 1개소로 집계함

2) 「노인복지법」 개정으로 신설('16.7.1.)

3) 「노인복지법」 개정으로 신설('13.12.15.)

4) 「노인복지법」 개정으로 신설('19.2.7.)

제3절 노인을 둘러싼 사회문제와 노인복지의 과제

1. 노인을 둘러싼 사회문제

우리가 일반적으로 '사회문제'라고 말하는 것은 다수의 사람들이 특정한 상황에 대해 불안을 느끼거나 불편한 상태, 즉 사회 통념적인 가치에 대립하는 상태, 피해를 보거나 입은 상태라고 생각해 볼 수 있다.

사회문제란, 첫째, 사회적인 가치에서 벗어난다는 것이고, 둘째, 다수의 사람들이 그로 인하여 피해를 받고 있으며, 셋째, 그러한 상황의 원인이 사회적인 것이며, 넷째, 다수의 사람들이 문제로 판단하고 있는 것이고, 다섯째, 다수의 집단과 사회가 개선을 원하고 있는 상태를 의미한다.

사회문제의 하나로써 노인문제란, 문제의 대상이 노인이며 그러한 다수의 노인들에게 불편을 느끼게 하고 불안감을 느끼게 하는 상황이라고 볼 수 있을 것이다. 또한 문제를 느끼고 있는 노인들이 그러한 상황이 개선되기를 원하는 상태라고 정의할 수 있을 것이다.

현대의 여러 가지 사회문제 중에서 해결해야 할 최우선 문제 중의 하나인 노인문제란, 노령에 수반하여 발생하는 사회생활상의 여러 가지 곤란이라고 할 수 있으며, 곤란은 인간으로서의 사회생활의 기본적인 욕구가 충족되지 않은 상태를 말한다. 그리고 기본적인 욕구는 경제적 안정, 직업적 안정, 가족관계의 안정, 의료와 건강의 보장, 교육의 기회, 사회협동의 기회, 문화・오락의 기회 등이라고 할 수 있다. 즉, 노인문제의 핵심은 노인의 사고, 즉 빈고(경제적인 의존), 병고(심신의 건강 상실), 고독고(인간관계의 단절), 무위고(사회적 역할 상실)로 요약할 수 있다. 이와 같이 노인의 기본적 욕구와 사고가 치료 간호되지 않고 사회 문제화되어 있는 상태를 가리켜 '노인문제'라고 한다.

노인인구의 증가는 과학의 발달에 따라 점차 평균수명이 증가하고 인간의 오랜 숙

원인 무병장수에 대한 꿈이 이루어지는 듯하지만 그 이면에는 그만큼 노인의 욕구와 노인문제가 다양해질 수밖에 없다는 것을 전제로 하고 있는 것이다.

노인의 문제로 부모와 아들 부부가 동거하는 복합적인 가족에 있어서도 부모가 노령에 이르면, 그 부양과 공경(恭敬) 같은 문제, 혹은 노령화(老齡化)에서 오는 자기중심성, 자기 폐쇄성, 활동성의 감퇴, 고독감 · 시기심 · 질투심의 왕성화, 불평불만과 같은 심리적, 행동적인 것에서 일어나는 오해와 충돌과 같은 가족관계의 불안정성의 문제가 있다.

현대가족에 있어서는 부모와 아들 부부가 별거하는 부부 가족적 경향이 높아지면서 부양에 대한 문제는 심각해지고 있다. 또, 심리적 · 행동적인 면에서 일어나는 가족관계의 문제는 대체로 회피할 수 있을 것 같이 보이지만 반대로 그것을 촉진하는 경우도 생기게 된다. 이와 같은 점에서 현대의 가족에 있어서 노인문제는 특히 중요한 문제로 인식되고 있다.

2. 노인의 4중고(四重苦)

노인은 정신적, 신체적, 가정적, 사회적, 경제적으로 퇴화하기 때문에 일반적으로 노인들은 경제고, 질병고, 고독고, 무위고의 4중고에 시달리고 있다.

무엇보다도 닥쳐오는 죽음에 대한 두려움, 지난날의 허무함 등에 시달리고 있다. 종교를 가지는 것은 노인들이 위와 같은 4중고의 괴로움에서 벗어날 수 있는 길이라고 생각한다.

1) 경제문제

우리나라는 그간 높은 경제성장을 이룩하였음에도 불구하고, 경제발전에 헌신적인 기여를 해 온 65세 이상 노인이 수입원의 대부분을 자녀에게 의존하는 등 대다수 노인이 경제적으로 어려운 생활을 유지하고 있다. 노후 생활준비를 한 노인의 비율은

28.3%로, 현재 시행되고 있는 경로연금, 국민연금 시행에도 불구하고 연금수혜 혜택을 누릴 수 없는 사각지대가 의외로 많다.

그렇다고 노인들이 취업하려 노력해도 일자리를 구하기 힘든 현실이라 노인들의 경제적 어려움은 매우 심한 편이다. 그로 인해 학대받는 노인의 상담사례는 증가하고 있다.

이 노인문제에 대처하기 위한 소득보장정책에는 사회보험인 국민연금, 사회수당 형태의 기초노령연금과 노인 교통수당, 공공부조로서의 국민기초생활보장제도, 간접적 소득 지원 방식인 노인 고용정책과 경로우대제도 등이 있다.

2) 건강문제

65세 이상 노인인구의 약 87%가 한 가지 이상의 만성질환을 앓고 있으며, 약 12.1%의 노인이 장기요양보호가 필요한 것으로 파악된다. 65세 이상 노인 진료비가 많이 발생한 질병은 알츠하이머병에 의한 치매, 뇌경색증, 만성 신장병, 치아 및 기타 지지구조의 기타장애, 편마비 등으로 나타난다.

이 건강문제에 대처하기 위한 사회보험으로 국민건강보험, 저소득노인의 의료급여제도 등이 있다.

3) 역할 상실 문제

과거 전통사회에서 노인은 가정에서 전통적 규범과 생활양식의 전수, 개인 상담, 손자 교육, 집안 대소사를 도맡아서 주관하는 중요한 역할을 해 왔으나, 핵가족제도로 가족구성원이 바뀌면서 가정생활이 부부 자녀 중심으로 되어 감으로써 노인은 가정 내에서도 보조적·주변적 역할만 담당하게 되고, 점차 소외당하는 위치에 놓이게 되어 노인의 역할 상실로 인한 소외감으로 노인들이 무기력해져 가고 있다.

이 역할 상실의 문제에 대처하기 위해 노인일자리정책과 노인자원봉사제도가 중요한 기능과 역할을 담당한다.

4) 고립과 소외의 문제

고립과 소외(疏外, alienation)는 개인이 그가 속해 있는 사회와의 관계에서 통합되지 못하거나 거리가 있는 상태이다.

노년기는 인생에 있어서 가장 많은 여가를 즐기는 시기라고 볼 수 있다. 그러나 은퇴로 인한 역할 및 지위 상실, 사회참여 기회의 상실 등으로 인해 무료함을 겪게 된다. 따라서 여가활용은 노인에게 중요한 문제로 대두되고 있다.

결론적으로 "우리의 연수가 칠십이요, 강건하면 팔십이라도 그 연수의 자랑은 수고와 슬픔뿐이요, 신속히 가니 우리가 날아가나이다(The length of our days is seventy years-- or eighty, if we have the strength; yet their span is but trouble and sorrow, for they quickly pass, and we fly away.)."라는 말이 있다. 오래 사는 노인들에겐 필연적으로 수고와 슬픔이 따라온다는 의미이다.

노인은 노인됨을 긍정적으로 받아들여 순응(順應)하는 것이 현명한 처신이고, 노인이 아직 안된 이는 노인을 이해하고 노인이 될 것을 미리 준비하는 것이 현명한 처신이라 생각된다. 그리고 노인됨을 극복하는 길은 마음을 다듬는 종교를 갖는 것이 현명한 삶이라 생각한다.

소외현상은 개인이 사회로부터의 거의 완전한 감정적 단절(emotional severance)을 의미하는 것으로서 무력(無力, powerlessness) · 무의미(meaninglessness) · 무규범(normlessness) · 고립(isolation) · 자아소외(self-estrangement) 상태를 뜻하기도 한다. 또한 주변적, 또는 사회와의 격리라는 뜻으로도 해석된다. 소외의 원인과 형태에 대해서는 여러 가지 학설과 주장이 있지만 일반적으로 소외현상은 현대사회의 심각한 사회문제의 하나로 인식되고 있다.

21세기에 급격하고 광범위하게 일어나는 사회변동, 사회구조의 복잡성, 과학과 기술의 발달, 조직화와 도시화 등에 따른 가치갈등 현상은 현대인의 현실에 대한 원만한 적응을 어렵게 만들기 때문에 인간들로 하여금 소외되는 결과를 낳고 있다. 소외현상에 빠지는 사회 구성원이 많아질수록 사회해체의 가능성은 높아진다.

3. 노인문제의 발생

1) 기대여명의 연장

국민의 평균수명이 연장됨에 따라 고령인구가 증가하고 있으며, 보다 중요한 것은 고령사회로 접어들고 있다는 것이다. 이러한 고령 노인이 많아지면서 일상생활 동작능력(Activities of Daily Living: ADL)과 가사생활 수행능력(Instrumental Activities of Daily Living: IADL)이 저하되어 자립적인 가정생활을 계속할 수 없는 의존성 노인이 증가되고, 이들의 생계보호와 장기요양 등의 사회문제가 등장하게 될 것이다.

고령화 현상은 세계적인 추세로서 서유럽 국가들에서는 산업발달과 더불어 노인인구가 증가하기 시작했고, 또한 인구의 고령화 기간이 길었기 때문에 노인문제의 해결을 위한 자원조달과 서비스 개발을 점진적이고 체계적인 방법으로 실시할 수 있었으나 우리나라의 경우에는 짧은 기간 동안 급격한 사회변동과 아울러 고령인구가 급증했기 때문에 각종 노인문제가 심각하게 대두되고 있다.

2) 시설보호대상 노인인구의 증가

우리나라에서 65세 이상 노인의 대부분이 관절염, 만성요통, 고혈압 등의 퇴행성 만성질환을 가지고 있으며, 나이가 많을수록 만성질환 유병률도 높아지는 경향을 보이고 있다. 대부분의 노인은 다소간의 기능장애가 있어도 필요한 도움을 받을 수 있으며 가정에서 자율적인 생활을 계속할 수 있으나, 문제는 남의 도움 없이는 스스로 살아갈 수 없는 의존성 노인들로, 이러한 시설서비스 대상노인은 2030년에는 57만 명에 이를 것으로 예측하고 있다. 과학기술의 발달과 더불어 장족의 발전을 이룩한 의학기술로 인해 세계적으로 노령인구의 증가가 두드러지고 있는 것이 현실이다. 이와 같은 노령인구의 증가 현상을 노령화(혹은 고령화)라고 한다.

3) 산업화와 도시화

1960년대부터의 급격한 산업화는 농업 중심에서 제조업이나 서비스업으로 산업구조를 변화시켰고, 이러한 변화는 인구의 수평적 이동을 가져와 결과적으로 도시 인구가 급격하게 증가하게 되었다. 이러한 도시인구의 급증은 자연인구의 증가보다는 젊은층 노동력의 이농 현상의 이동인구 결과로 이루어졌다. 이것은 농촌지역에 노인층이 그대로 남아 있는 결과로 나타난 현상이라 볼 수 있다.

전통적 사회구조를 벗어나 산업화, 도시화가 진전되면 사회는 여러 가지 문제가 발생하게 되는데, 특히 사회조직 내부의 불균형으로 인한 문제가 심각하다. 즉, 산업 간의 불균형, 지역 간의 불균형, 그리고 사회계층이나 성별 또는 연령별에 따른 사회 불균형 등이 나타나며, 이 같은 현상은 사회기능을 분화시키고 다양화시켜 사회 구성원 간의 이질성을 조장하며 나아가 사회통합을 어렵게 하여 사회문제를 발생시킨다.

4) 여성 노인인구의 비중 증가

우리나라 노인인구의 특성 가운데 하나는 연령이 높을수록 여성 노인인구가 더욱 많다는 것이다. 2020년 성 및 연령대별 고령인구(65세 이상)에서 고령화 정도를 성별로 살펴보면, 여자가 17.9%, 남자가 13.5%로 여자의 고령인구 비중이 남자보다 4.4%P 높다. 65세 이상 여자 고령인구 100명당 남자 고령인구는 ’20년 76.2명에서 계속 증가하여 ’60년 91.3명이 될 것으로 보인다.

5) 질병 · 장애노인의 증가

노인은 신체적 · 정신적 · 사회현상으로 말미암아 질병에 대한 저항력이 약화되면서 각종 퇴행성 장애와 질병 등을 동반하게 된다. 즉, 노인은 점차 신체적 · 정신적 장애인으로 변화해 간다고 볼 수 있으며, 노인의 증가는 바로 장애노인이나 일상생활의 거동이 불편한 노인이 늘어 간다는 것을 의미하는 것으로 이들에 대한 사회적 복지정책이 요청된다고 할 수 있다.

6) 문화적 요인의 변화

산업화, 도시화, 핵가족화 등의 사회 환경의 변화는 효의 실천에 있어 현실 조건에 맞는 실용적이고 합리적인 방법으로의 변화를 추구하고 있다. 부부와 자녀만을 중심으로 한 핵가족 단위 생활체계와 개인을 더 중시하는 경향은 노인의 부양문제를 가족에게만 의존할 수 없게 하고 있는 것이다. 근본적으로 대가족제도가 최선의 방법이 되었으면 하는 바람이지만 현실은 그렇지 않다.

4. 노인복지의 과제

1) 노인복지 욕구의 양적 확대

디지털 문화에 따른 의료기술의 발전과 과학의 발전에 힘입어 노인 인구가 기하급수적으로 증가하고 평균수명은 계속 연장되면서, 가족의 부양의식 약화와 사회로부터의 소외로 인해 농촌은 고령사회로 접어들었고, 지방화 제도로 빈부의 격차에 따른 상호부조 기능도 취약한 것이 현실이다. 특히 노인인구의 놀랄 만한 증가에 따라 허약한 신체를 가진 노인이나, 와상(누워 있는 상태) 상태에 있는 노인, 그리고 치매 등을 앓고 있는 노인들 등과 같이 수발 및 보호를 필요로 하는 노인이 계속 증가하고 있다.

노인들은 이제 국가가 책임져야 한다는 의식이 점차 확대되어 가고 있어 노인복지 욕구는 양적으로 계속 확대되는 동향을 보이고 있다. 세계에서 3번째로 실시되는 요양보험제도 실시로(2008년 7월 1일부터) 그나마 욕구에 많은 부분을 해소해 가고 있으나 또 새로운 욕구를 준비해야 할 때이다.

2) 노인복지 욕구의 질적 확대

전통적인 사회의 의식은 노인이 되면 지금까지 유지해 온 가업을 후계자(주로 장남)에게 상속하고 자신들은 상속에 의해 부양까지 받는 모습이 일반적이었다. 그러나 현대사회에서는 젊은 노인인구가 늘었고 일자리를 잃는다는 것이 가장 큰 문제로 대두되고 있다. 여기에 젊어서 고생한 것으로 신체적 질병들이 많고 노후의 준비 부족으로 자식들에게 줄 것은 다 주었는데 받을 것은 없어지는 현상이 초래되고 있다.

이와 같은 노인의 문제에 대해 국가는 노인들의 소득보장제도, 의료보장제도, 주택보장제도, 노인복지 서비스제도 등의 확충에 노력하고 있으나 이는 또한 젊은이들의 부담으로 고스란히 떠넘기는 형태로 나타나 공적부담이 너무 많게 되는 양상이다. 이제는 장수가 문제가 아니라 삶의 질을 높이는 것이 중요하며, 노인복지서비스의 질을 향상시키는 것과 노인을 보호대상자로 보는 것이 아니라 노인들이 어떻게 하면 스스로 해결할 수 있는지 방법을 제시해 주는 것이 요구된다. 그래서 젊어서 준비하도록 하여 차세대에서는 이것이 문제가 되지 않도록 해야 하며, 누구에게 떠넘기는 것이 아니라 가정에서 돌보는 재가노인복지 체계를 만들어 나가야 할 것이다.

가정에서 손자 손녀를 보고 증손자 손녀를 바라보면서 더불어 살아가는 행복한 세상이 오기를 기대한다. 즉, 어린이들의 육아비용과 같이 노인들의 양육에 자식들의 부담을 줄여 주는 것이 노인들이 가장 바라는 바를 해결하는 방법일 것이다.

3) 노인복지의 실천에 따른 욕구의 다양화

노인복지는 그 형태와 수준 그리고 실천방식 등 모든 측면이 국가와 시대에 따라 다양하게 나타나고 있다. 노인욕구·노인문제 및 사회복지 혹은 노인복지의 연속선상에서 노인욕구와 노인문제 및 노인복지대책에 대해 체계화하면 다음 〈표 1-6〉과 같다.

〈표 1-6〉 노인욕구 · 노인문제 및 노인복지대책

노인욕구	노인문제	노인복지대책
생리적인 욕구 안정의 욕구 사랑의 욕구 존경의 욕구 자아실현의 욕구	빈곤문제 건강의 약화, 질병 및 장애문제 역할 상실의 문제 고독의 문제 소외의 문제	소득보장대책 주거보장대책 보건의료보장대책 노인복지서비스 대책

출처: 박귀영 외(2019).

노인복지의 실천방법은 앞의 〈표 1-8〉에 대략적으로 나타나고 있지만, 실제에 있어서는 매우 다양한 형태와 내용을 가진 채 전문적으로 실천되고 있다. 특히 앞의 〈표 1-8〉에서 말하는 노인복지서비스 부문에서는 대체로 사회복지 실천방법론으로서 직접적인 개입방법과 지원적인 개입방법들을 활용하여 이루어지게 되는데, 이러한 노인복지의 실천현장은 대체로 노인복지의 시설이나 기관・단체 혹은 노인복지 대상자가 살고 있는 가정에서 실천방법론이 전개되고 있다고 할 수 있다.

이처럼 노인복지 서비스 대책의 내용들을 분석해 보면, 노인복지의 욕구가 점점 더 다양하게 변화하고 있음을 알 수가 있는데, 그 내용을 좀 더 자세히 살펴보면 다음과 같이 세 가지로 나눌 수 있다.

먼저 노인복지의 욕구는 지역사회의 특성에 따라 다양한 차이를 보이고 있다. 즉, 노인복지 욕구는 증가되는 노인인구의 분포뿐만 아니라 각 지역사회의 사회・경제적인 조건의 차이에 따른 다양화의 경향을 보이고 있다. 예를 들어, 도시지역에 있어서는 고령화 비율은 낮으나, 주택공급 면에 있어서의 제약이나 독신 노인가구와 부부 노인가구의 증가, 지역사회의 사회부조기능의 상실, 땅값(지가) 상승 등으로 인한 주택난과 노인복지시설의 입지난 등의 문제가 있다. 한편 농・어촌 지역에 있어서는 인구의 고령화가 진행되고 수발을 담당할 자녀세대가 현저하게 감소하고 있음과 동시에 지방자치 행정상의 재정난이나 노인복지서비스의 이용에 대한 저항감, 서비스를 이용하고자 하는 노인의 공간적인 분산에 의한 비효율성 등 도시와는 매우 다른 양상들을 보이고 있다. 이러한 지역 간의 격차에 대응하여 노인복지 욕구를 보다 다양하게 개발하여 분석하고 보완할 필요가 있다.

다음은 평균수명의 연장으로 건강상태, 가족관계, 소득・자산, 취미・오락 등에 있어서 다양한 개인차를 나타내고 있다. 따라서 앞으로 노인복지의 욕구는 보다 다양하고 광범위하게 확대될 전망이다. 그러므로 자신의 노후생활을 다양한 형태로 설계하거나 장수화에 따른 긴 노년 기간을 어떻게 유효・적절하게 보낼 수 있는지를 연구해야 한다. 노인요양제도의 시행으로 노인요양시설이 다양화되어 참으로 다행이다. 그러나 보완 발전시켜야 할 부분도 많다. 제도적으로 국비의 손실은 줄이고 질적인 서비스를 향상하고, 욕구의 다양화에 걸맞는 서비스 보완이 요구된다.

끝으로 노인들도 문화 창달과 지금까지 해 보고 싶었으나 시간과 금전적인 면이 부족하여 하지 못했던 부분에 대한 욕구가 많고, 실제 지역단위 복지센터를 이용하는 어른들이 많아지고 있다. 이와 같이 노인들도 보다 적극적으로 노인복지 서비스를 요구하고 있으므로, 모든 노인이 건강하고 삶의 질을 높여 보람을 느끼며 살아갈 수 있는 서비스 개발이 요구된다.

4) 고령화 사회의 문제점과 대처방안

통계청이 발표한 「2020년 고령자 통계」 인구추이에서는 '20년 우리나라 총인구(5천 178만 1천 명)중 65세 이상의 고령자가 15.7(8백 12만 5천 명)%이며, '25년에는 비율이 20%를 넘어서는 초고령사회로 진입할 것이라는 전망을 내 놓았다. 또한 '30년 25%, '40년 33.9%, '50년 39.8%, '60년 43.9%로 계속 늘어날 것으로 예측된다. 이는 곧 길을 가다 마주치는 사람 중 다섯 중에 하나는 65세 이상이라는 말이 된다. 이렇게 수치로 보면, 우리나라가 늙어 가고 있다는 말이 정말 실감이 난다. 이렇게 초고령사회가 되면서 발생할 수 있는 대표적인 문제점에는 다음과 같은 것들이 있다.

첫째, 노인 빈곤 문제이다.
둘째, 노인복지비 증가로 인한 국가 및 지방자치단체의 부담 증가 문제이다.
셋째, 생산가능인구의 부족으로 인한 경제성장의 둔화 문제이다.
넷째, 노인인구와 생산인구의 비율이 1:1로 되는 문제이다.

따라서 이러한 문제를 해소하기 위한 대처방안으로는 다음과 같이 4가지로 요약할 수 있다.

첫째, 연금제도 및 노인장기요양보험 등의 고령자들을 위한 사회안전망 확보방안이 제시되어야 한다.

둘째, 출산장려정책을 적극적으로 시행해 출산율 증가정책이 확립되어야 한다.

셋째, 정년 연장 등을 통해 고령자에게도 지속적인 일자리 제공방안을 모색해야 한다.

넷째, 은퇴자를 위한 재취업 교육프로그램 제공을 통해 생산인구의 증가를 모색해야 한다.

노화 관련 신체적 및 심리적 이해

인간은 30세를 넘으면 노화에 의해서 신체활동이 서서히 완만하게 되며, 노동에서도 작업능률이 저하된다. 이러한 신체적 저하 상태 자체는 자연적인 변화로, 건강하지 않다고 말할 수 없다. 또한 나이가 들어감에 따라 신체 외적인 변화뿐 아니라 신체 내부의 기능 면에서도 많은 변화가 일어나게 된다. 노화현상은 신경계통 및 혈액순환, 호흡, 소화, 배설, 생식과 같은 모든 기능에 영향을 미치게 되고, 수면의 질이나 양 등이 감소하여 불면증을 일으키게 된다.

노인은 각기 자신을 지각하는 방식, 문제해결방식, 활동하는 방식, 상황에 반응하는 방식이 있고, 평소 생활양식에 따라 생각하고 행동하며 반응한다. 청년기나 중년기에 문제에 적절이 대처했던 사람은 노인이 되어서도 수많은 문제 직면 시 그 대처 기술을 계속 사용한다.

따라서 이 장에서는 노인들의 노화와 관련하여 신체적 노화와 심리적 노화를 이해하며, 그리고 마지막으로 노화와 관련된 신체적 및 심리적 주요 사례를 살펴본다.

제1절 신체적 노화

1. 노인 신체의 일반적 변화

1) 세포의 노화

뼈와 근육의 위축으로 키가 줄어들고, 등이 굽어지며, 피하지방이 감소하여 전신이 마르고 체중도 감소하며 주름이 많아진다. 노력하면 근육이 유지되기는 하나 생성되기는 쉽지 않다.

2) 방어능력의 저하

잠재하고 있던 질병이 출현되거나 질병이 발생하고, 노인이 나이가 들수록 스스로 방어역할을 할 피의 회전을 통해 방어할 수 있었던 방어능력이 급격하게 떨어져서 상황이 악화되면, 죽음을 급격히 맞이하게 된다.

3) 예비능력의 저하

보통은 자체적으로 방어를 못하던 조직에 예비자원이 조달되어 방어하지만 그 조직의 예비능력도 저하되어 일상생활의 적응능력이 떨어져 힘든 상황이 발생할 수 있다.

4) 회복능력의 저하

만성적인 질환을 가진 노인은 다른 합병증도 쉽게 올 수 있어 사소한 원인으로도 방어능력과 예비능력이 떨어져 한번 병에 걸리게 되면 회복능력이 저하되어 대부분 중증 상태에 빠지게 된다.

2. 신체 내외부의 변화

1) 소화기계 변화

소화기계는 길고 근육으로 된, 입에서 시작하여 항문으로 끝나는 관으로 구강, 인후, 식도, 위, 소장 및 대장을 포함한다. 침샘, 간, 담낭, 췌장과 같은 기관은 위장관의 외부에 위치한 분비샘으로 관내로 소화에 필요한 소화효소를 분비하고 저장한다.

노인들은 소화기계와 관련하여 많은 불편감을 호소하는데, 그들을 케어하는 전문가들은 노인들의 상황과 이들의 호소를 제일 처음 확인할 수 있으므로 소화기계의 정상적인 기능에서의 변화에 대한 지식이 필요하다.

노인에게 영양소의 흡수 및 소화기능과 관련된 변화는 소화기계 자체라기보다 심혈관계 및 신경계의 변화에 기인할 수 있고, 이렇기 때문에 다른 부위의 질병, 식이습관, 환경적 요인 및 약물의 효과도 고려해야 한다.

2) 호흡기계 변화

호흡기계는 환경과 폐 실질 조직 사이의 가스교환을 담당하며, 세포수준에서의 호흡은 산소 분자와 세포 사이의 가스교환을 의미한다. 호흡기계는 두 영역으로 크게 나누어지는데, 상기도는 비강, 구강, 인두로 구성되고, 하기도는 기관, 폐, 폐실질 조직으로 구성된다.

노년기에 이르면 폐의 여러 가지 구조적, 생리적인 변화가 생기고, 지난 성장 발달 기간 중의 일상생활 양식에 따라 만성 호흡기계 질환이 발생하여, 노인의 사망률을 높이는 원인 중의 하나가 된다. 정상적 노화현상으로, 호흡기계 근육의 위축과 근력 감소, 흉곽의 전후경 증가, 폐순환 양 감소, 폐 기능 저하, 기도저항 증가, 기침반사 저하, 섬모운동 저하 등이 나타나고 근래에 들어 공기오염, 흡연, 미세먼지, 스트레스, 운동부족, 비만 등의 문제가 늘어나 노인의 건강을 악화시키고 삶의 질까지 저하시키고 있다. 노년기에 흔히 나타나는 호흡기계 건강문제는 기침, 만성 기관지염, 천식, 폐기종, 만성 폐쇄성 폐질환, 폐렴, 폐결핵 등이 있다.

3) 심혈관계 변화

심장은 노화에 따라 심근섬유의 탄력성 반동 작용이 감소되어, 에너지 잠재력이 감소되고 심실 분출과 심실 충만의 속력도 감소한다. 감염, 환경오염 물질, 좋지 못한 생활습관 등에 의해 심장이 쉽게 손상받으며 동맥경화증 발생률도 높다.

노화에 따른 심혈관계의 변화는 심박출량 및 1회 심박출량 감소, 심박동수 감소, 혈압 상승, 말초혈관내성 증가 등을 들 수 있다.

심혈관계의 변화는 인체의 모든 장기에 산소와 영양소의 공급에 차질을 주므로 노화의 가장 중요한 변인이 된다. 65세 이상 노인들의 가장 큰 사망원인은 심혈관계 질환으로, 이로 인하여 병원에 입원하는 비율과 비용부담이 점차적으로 증가되고 있다.

4) 근골격계 변화

근골격계의 변화는 겉으로 현저하게 나타난다. 즉, 전형적인 노인의 모습은 굽은 허리, 가늘고 긴 팔과 다리, 다리를 넓게 벌리고 걷는 비틀거리는 걸음 등으로 근골격계의 구조와 기능상의 변화가 나타난다. 근골격계의 노화는 이와 같은 외적인의 변화는 물론 일상생활 기능에 크게 영향을 미칠 수 있다.

노화가 진행됨에 따라 근골격계의 많은 변화와 함께 골다공증, 낙상, 골관절염 등의 건강문제가 올 수 있으며, 경우에 따라 노인에게 사망이나 장기간 재활의 필요성을 요구하게 되는 상황을 초래할 수 있다.

노인에게 적당하고 규칙적인 운동은 피로 감소, 신체적 기능 향상뿐만 아니라, 관절 질환, 폐렴, 변비, 우울과 같은 다양한 건강문제도 감소시킬 수 있다. 따라서 운동을 시작하기 전에 먼저 노인의 건강력과 신체검진을 실시하여, 운동의 형태, 강도, 빈도, 시간을 고려한 개별적이고 적정 수준에 맞는 운동을 실시해야 한다. 노인에게 적합한 운동의 유형에는 유연성 신장 운동, 근력 증진 운동, 걷기, 지구력 운동, 수중운동, 타이치, 고무 밴드를 이용한 운동 등이 있다.

5) 생식 및 비뇨기계 변화

노인은 성 호르몬의 감퇴로 성적흥분 시 일어나는 심혈관계의 급격한 반응이 둔화되고 속도도 느려진다. 테스토스테론, 에스트로겐이나 프로게스테론과 같은 순환호르몬의 감소로 인해 성적흥분, 오르가즘, 주변 생식기 등에 변화가 올 수 있는데 이들 생리적인 요인은 정신적 요인과 상호작용하여 노인들의 성기능에 많은 영향을 미친다.

노화에 따라 신장 기능은 다른 어떤 조직이나 기관에 비해 그 변화가 현저하다. 노인의 신장 기능은 전체적으로 감소하는 가운데 외상이나 질환이 발생하면 변화가 가중되어 취약성이 증가된다. 잔뇨량이 늘어나고, 방광용적이 250㎖ 정도로 감소되어 자주 소변을 보게 된다. 또한 방광근력을 저하시켜 방광이 완전히 비워지지 않게 하고 요류의 힘을 감소시킨다. 요실금은 특히 노인에게 매우 중요한 문제로, 요실금으로 인한 신체적 문제뿐만 아니라 심리적, 사회적, 재정적으로 많은 어려움을 겪게 한다.

6) 피부계 변화

노인에게 피부장애는 흔하게 나타나며 때로는 정상적인 노화과정과 그별하기가 매우 힘들다. 노인은 노화로 인하여 피부가 얇아져 쉽게 손상되는 경향이 있으며 피하조직의 감소로 인하여 저체온이나, 오한, 압박에 대한 손상 등의 위험 또한 높다. 피부장애를 일으키는 원인은 대부분 햇볕에 장기간 노출되어 나타나는 경우가 많으며 각화증, 피부암, 진균감염, 피부염, 착색, 건선 및 소양증 등이 흔하게 발생한다.

피부는 나이가 들어가면서 주름이 생기고 늘어지며 흰머리가 생기고 머리가 벗겨지기 시작한다. 노인에게도 피부는 미적 가치로서 중요하여 개인의 자존감 및 자아개념에 많은 영향을 미친다.

제2절 심리적 측면

1. 노인의 정신적 문제

1) 질환(疾患)

몸에 생기는 온갖 병으로 보통 신경성 질환을 말한다. 고혈압이 오래 지속되면 동맥 경화를 유발하고 뇌, 심장, 신장 등에 중대한 질환을 초래한다. 정신적 이상으로 인해 고통을 느끼게 되는 현상으로는, 고통으로 변화된 기능, 신체 이미지 손상, 외모의 축소 등이 있다. 따라서 실내 환기를 자주 순환시키고, 물을 많이 섭취하면 호흡기 질환을 예방할 수 있다.

2) 사망(死亡)

사람의 목숨이 끊어지는 것으로 친구, 남편이나 부인 사망, 가족 사망, 중요한 지지자 등의 사망이다. 일반적 권리 및 능력을 상실하고 재산적 권리의무의 상속이 시작된다.

3) 퇴직(退職)

현재의 직업이나 맡은 일에서 물러나는 것으로 노인들은 퇴직과 동시에 사회생활이나 가정에서 역할을 잃게 되고, 가정의 수입이 감소되며, 목적의식 상실 등이 나타난다.

4) 취약성(脆弱性) 증가

전반적인 기능장애가 발생하는 증후군으로 무르고 허약한 성질이다. 노인들에는 범죄, 약물 남용, 알코올 및 흡연 증가 등이 나타난다.

5) 사회적 고립(孤立)

다른 주변과 단절되어 왕래나 다른 사람과의 교류가 없이 홀로 떨어져 나가거나 홀로 남게 되는 것으로, 노인들에게는 재정적 고립, 건강, 친구의 부족, 자녀의 별거 등이 나타난다.

6) 감각 결핍(感覺 缺乏)

감각은 신체기관을 통하여 안팎의 자극을 느끼거나 알아차림 또는 그런 능력으로, 시각, 청각, 후각, 미각, 촉각 등의 오관(五官)을 포함한다. 결핍은 있어야 할 것이 빠지거나 모자람을 의미하는 것으로, 노인들은 청각, 시각, 미각, 촉각, 기능의 감소 혹은 손상 등이 나타난다.

2. 지각 및 정신 기능의 변화

1) 우울증 경향의 증가

우울증은 노인에게 볼 수 있는 가장 흔한 기능적 정신질환으로 전 세계적으로 노인 인구의 약 15% 정도가 경험하고 있는 것으로 나타났다. 노인이 경험할 수 있는 의존성 증가는 절망감, 무기력, 자기통제력 저하, 자아존중과 자기가치의 저하 등을 일으키고, 이러한 변화는 노인의 일상생활 기능에 지장을 초래하게 되어 우울증이 되기도 하며, 치료되지 않은 채 남아 있을 때는 사망률이 높을 수 있다.

노인이 우울할 때 경험하는 증상에는, 불쾌감, 피로, 흥미 결여, 쾌락을 경험하지 못함, 쓸모없다는 느낌, 절망, 무기력, 성적 관심의 저하, 의존성 증가, 불안 등의 증가가 있다. 우울을 경험하는 노인에서 흔히 볼 수 있는 신체 증상으로는 근육통, 복부의 통증, 팽만감, 구역과 구토, 구강건조, 두통 등을 들 수 있다.

2) 내향성 및 수동성의 증가

노년기에는 자기 자신의 사고나 감정에 의해 사물을 판단하게 되는 경향이 많아지고 누군가의 도움을 받아 문제를 해결하려고 하는 수동적 경향이 증가하게 된다. 생의 전반은 생물학적이고 사회적인 역할이 활발함에 반해 생의 후반은 정신, 심적 및 내적 발견으로 특징지어 지는데, 정신 및 인간 내면성의 발달은 개인적 의미와 영적인 의미를 추구하고자 하는 경향과 함께 생기나, 많은 노인들은 심리적 탐구에 별로 관심을 두지 않는다.

3) 경직성의 증가

노인은 문제를 해결함에 있어서 어떤 해결방법이나 행동이 옳지 않거나 이익이 없음에도 불구하고 자신의 생각대로 행동하는 경향을 보이며, 이는 노화와 함께 증가되는 양상을 보이기 때문에 학습능력과 문제해결능력이 낮아지는 것으로 평가된다. 노년기에는 경직성이 증가되어 새로운 환경에 적응하기가 어렵고 이로 인하여 노인의 학습능력과 문제해결능력이 저하된다.

경직성의 증가는 상황에 대한 판단이나 질문에 조심스러운 태도를 보이면서 결단력에 대한 자신감이 감퇴되어 확실성이 높다고 생각될 경우에만 반응하는 모습을 보인다.

4) 조심성의 증가

노년기에는 노인 스스로의 정확성을 중요시하기 때문에 조심성이 증가하게 되며, 시각, 청각 등의 감각능력 쇠퇴를 비롯한 신체적, 심리적 기능이 쇠퇴하여 부득이 조심스럽게 되기도 한다. 또한 노인의 경우 결정에 대한 자신감이 쇠퇴하기 때문에 확실하지 않다면 어떤 결정을 내릴 때 더욱 조심스러워지는 경향이 있다.

5) 의존성의 증가

노인은 신체적 기능의 약화와 경제적 능력의 쇠퇴로 인한 의존성과 뇌기능 감퇴로 인한 정신적 의존성, 생활에서 의미 있는 중요한 사람을 잃음으로써 생기는 사회적 의존성이 증가하는 경향이 있다.

6) 친근한 사물에 대한 애착심

노인이 될수록 오래 사용해 온 물건에 대한 애착심이 증가한다. 집, 가재도구, 사진, 골동품, 일용품 등 여러 가지 친숙한 물건들은 노인들로 하여금 지나온 과거를 회상하고 마음의 안락과 만족을 느끼게 한다. 비록 자신은 나이가 들었지만 주변 세상과 세월은 남아 있다는 느낌이 들어 마음의 안정을 갖게 하는 것이다.

7) 성역할 지각의 변화

노인의 성적인 특성으로는 사회적으로 받아들여진 남성 또는 여성 행위의 표준으로서 이는 그들이 활동해 온 세월 동안 역할 모델을 반영하고, 삶의 후반기가 되면 자신에 대한 앎의 깊이가 깊어진다. 따라서 이전까지 억압되었거나 무의식에 머물러 있던 개인의 본질이 재발견되는 경향을 보이고 이 시기에 억제되었던 남성성과 여성성이 출현하여 남성은 부드럽고 편안해지고 여성은 자기주장을 하는 경향을 보인다. 일반적으로 남성 노인은 사회생활로부터 은퇴함에 따라 점점 위축되어 수동적으로 변하는 반면에 여성 노인은 오히려 가사로부터 벗어나면서 능동적이고 의사결정에 있어서도 권위적으로 되어 간다. 이러한 경향은 인간으로서 일생 동안 억제되었던 자기 역할 표현의 전환이라고 평가된다.

제3절 노인의 신체·심리적 노화의 주요 사례

1. 노쇠(Frailty)와 일상생활동작(ADL) 장애의 이해

1) 노쇠

(1) 노쇠의 개념

노쇠(老衰; Frailty)는 늙어서 기운이 약하다는 것이며 또는 기능 저하, 즉 허약해지는 것이다. 다시 말해, 노인성 퇴행 변화가 빠른 속도로 진행된 상태이다. 노화가 되면서 노쇠가 일어나지 않도록 하는 것이 건강한 노화이다. 노쇠와 다른 노화는 나이가 들면서 나타나는 신체적, 인지적인 자연스런 과정이다. 노화는 일정한 속도로 천천히 진행된다. 지속적인 스트레스는 사람의 노쇠를 빠르게 한다. 사람이 30대 중반을 넘으면 육체의 노쇠가 시작된다고 한다.

(2) 노쇠의 주요 증상

적어진 식사량, 기운이 없어지고 걸음걸이가 느려지는 현상, 자꾸 눕고 싶은 현상이다. 노쇠의 기준은 5가지인데, 그중 3가지 이상에 해당되면 노쇠에 해당된다.

첫째, 중요한 뼈와 근육 크기가 줄어드는 현상이다. 구체적으로 몸무게가 줄어드는 현상이다.

둘째, 힘, 즉 기운이 떨어지는 것이다.

셋째, 똑같은 일, 즉 하루 일상생활을 하는데 자꾸 피곤하고 피로감을 자주 느끼는 것이다.

넷째, 느려지는 것이다. 구체적으로 걸음걸이 속도가 느려진다.

다섯째, 활동량이 줄어드는 것이다. 외출도 안하게 되고 집에 있거나, 집에 있으면서 누워 있으려 한다.

(3) 노쇠의 위험성과 부작용

한번 다치거나 흉터가 생기면 회복되는 시간이 길어지거나 불완전한 회복이 이루어진다. 운동하다 다치면 회복이 제대로 이루어지지 않는다. 그래서 한번 다치거나 넘어지면 위험하다. 사고나 사망이 일어날 수 있다. 또 한 곳이 다치면 다른 기능도 동반해서 기능이 노쇠하여진다.

(4) 근육상태 알아보는 방법

양손의 검지와 엄지로 원을 만들어서, 이 원의 크기보다 종아리가 더 두꺼우면 좋다. 원을 만들어 종아리의 가장 두꺼운 부위를 감싸 보면 알 수 있다. 양손의 엄지와 검지로 감싸지지 않고 벌어지는 것이 좋은 것이다. 반대로 남는다면, 근육이 많이 줄어든 것이다.

(5) 노쇠 예방법

폭풍노쇠는 자연스러운 것이 아니기 때문에 피할 수 있다. 일상생활에서 노쇠를 역주행하려면 생체나이에 그 답이 있다. 생체나이는 신체 노화 상태를 기초한 나이로 생체나이를 역주행시키면 폭풍노쇠를 늦출 수 있다.

(6) 근육량 감소 예방법

식사와 운동이 중요하다. 양양소를 골고루 섭취해야 한다. 특히 단백질과 항산화식품을 섭취해야 한다. 나이가 들어도 육류, 생선, 콩을 섭취해야 한다. 항산화식품인 채소와 과일 섭취가 중요하다. 과일은 당뇨 위험성도 있으니 채소는 색깔별로 다양하게 섭취해야 한다. 육류를 통한 단백질, 다양한 색깔의 채소 섭취가 중요하다. 음식 섭취뿐만 아니라 운동을 해야 한다. 또한 가만히 있는 것은 제일 좋지 않다. 나이가 들수록 자꾸 움직여야 한다. 이것이 근육 감소증과 노쇠를 막는 비결이다.

(7) 노쇠를 막기 위한 쉬운 운동법

나이가 들면 운동하기가 쉽지 않다. 걷기 운동도 많이 하면 관절이 아프고 발바닥도 아프게 된다. 따라서 노인에게 알맞은 운동을 해야 한다. 그렇다면 기력 저하를 막고 활력을 찾는 운동은 무엇이 있을까? 바로 누구나 쉽게 꾸준히 따라 할 수 있는 근력운동법이 있다. ① 스쿼트 운동으로, 천천히 앉았다가 일어나는 것을 반복하는 것이다. ② 발뒤꿈치 쿵 운동으로, 발뒤꿈치를 들었다가 쿵하고 내려놓는 동작을 반복하는 운동이다. 이 운동은 골밀도를 높여 주고, 종아리 근육을 기를 수 있다. 하체 운동은 쇠약을 예방하는 중요한 운동이다.

(8) 식사 · 운동보다 중요한 기력 회복법

식사와 운동보다 효과적인 기력 회복법은 봉사활동과 문화활동이다. 운동을 안 하는 경우의 기력저하와 노쇠 위험도가 6.4배 증가한다고 한다. 운동을 하지 않지만, 봉사활동과 문화활동을 하는 경우는 기력저하와 노쇠 위험도가 2.2배 증가했다고 한다. 또한 아무것도 하지 않는 경우의 기력저하와 노쇠 위험도는 16.4배 증가한다고 한다.

이렇듯 건강은 사람과의 관계 속에서 이루어지는 것이다. 문화활동, 봉사활동도 사람과의 관계 속에서 함께하는 것이기 때문이다. 또 친구를 잘 안 만나면 노쇠증후군이 11% 증가하고, 월 1회만 만나면 5배 이상 증가한다. 식사를 혼자 하는 경우도 우울감 증가, 역할 불균형, 기력저하가 더 빨리 온다고 한다. 친구를 만나면 정서적으로 지지를 받음으로써 우울증 예방, 영양실조 발생을 예방하게 된다. 가족과 이웃, 사람들을 자주 만나는 것이 노쇠증후군 예방에 효과적이다. 개인 접촉이 뇌의 큰 자극이기 때문에 사회활동에 적극 참여하여 어울리면 노화속도를 늦출 수 있다. 이것은 바로 뇌 호르몬 옥시토신이 관여하기 때문이다. 옥시토신은 사람과의 관계 · 친밀감에서 나온다. 옥시토신은 스트레스 호르몬 감소와 통증 완화, 긴장해소의 역할을 한다.

☆ 노인운동

무병장수하기 위해서는 노년기에 적당한 운동생활 습관이 꼭 필요하다. 적당한 운동으로 인하여 근육량, 혈중 고밀도 지방단백질(HDL; hardware description language), 골밀도, 호흡기능은 증가되었고, 체지방, 혈중 저밀도 지방단백질(LDL; low density lipoprotein), 고혈압, 그리고 혈중 중성지방은 감소하였다. 운동의 종류, 강도, 빈도, 시간, 기간 또는 단계를 반드시 고려하여야 한다. 심장 운동량을 최소화하고 큰 근육군을 쓰는 반복적이고 지속적인 운동을 선택하는 것이 좋다. 지구력 향상에는 걷기, 조깅, 등산, 계단 오르기, 수영, 사이클 등이 좋고 어깨 및 고관절 부위의 회전 운동은 유연성 증진과 근력 유지에 도움이 된다. 여기에는 맨손 체조, 노 젓기, 수영, 스트레칭 동작, 요가, 명상, 단전호흡, 기공, 웃음 등이 있다. 또한 걸으면서 하는 가벼운 팔다리 동작은 골다공증이나 골연화증에 효과가 있다.

2) 일상생활동작(ADL) 장애의 이해

(1) 일상생활수행능력의 개념

카츠 등(Katz. et al., 1963)에 의해 처음 일상생활수행능력(ADL; Activities of Daily Living)이 소개되었다. 의식주를 포함한 기본적인 생활을 영위하기 위해 필요한 활동으로, 주로 옷 갈아입기, 위생활동, 식사, 대소변 활동 등 심신의 기능상태가 타인의 도움을 받지 않고 수행할 수 있는 능력을 말한다.

노인들이 이러한 일상생활수행능력(ADL)을 잃고 혼자 생활하기에 부적절하기 때문에 이를 해결하고자 「노인장기요양보험법」을 제정하여 심신의 장애로 일상생활에서 다른 사람의 도움 없이 필요한 대상자에게 서비스를 하도록 「노인장기요양보험법」 제15조 2항에서 65세 이상 노인 또는 65세 미만이라도 노인성질병을 가진 자로서 거동이 불편하여 장기요양이 필요한 자로 등급판정위원회는 6개월 이상 동안 혼자서 일상생활을 수행하기 어렵다고 인정하는 경우, 장기요양서비스를 받을 자로 결정하고 심신상태 및 요양이 필요한 정도에 따라 등급을 판정한다고 되어 있다.

일상생활수행능력(ADL)은 신체의 기능적인 부분을 측정하는 보편적인 방법으로 사용된다. 사회적, 신체적, 정신적 장애로 일상생활을 독립적으로 수행하는 데 어려움을 겪는 환자 스스로 일상생활을 수행할 수 있도록 훈련시키는 것이 일상생활동작의 훈련목표로, 요양보호사는 환자의 잔여 기능과 환경에 따라 일상생활동작수준을 설정하고 서비스계획을 세워 진행한다. 일상생활수행능력 서비스대상은 주로 외상성 뇌손상/척추손실, 골절·절단 등 근골격계 손상, 화상, 감각 및 신경손상, 수부손상 등의 환자들처럼 일상생활수행능력이 불가능한 자들에게 서비스를 제공한다.

(2) 장애의 개념

장애의 기준은 「장애인복지법」 제2조 제1항에서 "신체적·정신적 장애로 인하여 장기간에 걸쳐 일상생활 또는 사회생활에 상당한 제약을 받는 자"로 정의하고 있다. 상대적 약자로 분류되는 취약계층인 노인이 장애를 가진다는 것은 생존은 물론 삶의 의지와도 직접 연관되어 있다. 이미 발생한 장애는 개인의 노력만으로 개선되기 어려워서 관리를 포기하는 경우에는 신체적 건강약화와 함께 일상생활을 독립적으로 수행하기 힘들기 때문에 타인의 도움이 요구된다(김성철 외, 2021).

(3) 일상생활수행능력(ADL)의 분류

자조활동	식사, 옷 갈아입기, 위생활동, 대소변 활동, 몸치장 활동 등
이동기술	교통수단 활용, 보행, 침대에서의 이동 등
의사소통	말하기, 읽기, 쓰기, 수화 등
주변도구 이용	컴퓨터 사용, 전화기 사용, 가위 사용 등
가정관리 활동	음식준비, 시장 보기, 청소하기, 세탁하기, 물품관리, 우편업무 등

(4) 일상생활수행능력(ADL)에서 치료자의 역할

① 일상생활수행능력을 수행하는 데 필요한 동작활동 분석 후, 독립성을 방해하는 요소 확인

② 환자가 동작을 수행하는 데 필요한 보조도구 준비

③ 치료 목표를 설정하고 훈련을 단계적으로 시행

(5) 일상생활에서 나타나는 장애와 치료방법

① 마비로 생긴 일상생활 기능저하: 마비로 생긴 전반적인 일상생활 기능저하엔 근력강화치료 및 보조도구를 사용한 훈련이 적합함

② 마비로 이동이 불가능한 경우: 마비로 인해 독립적으로 이동이 불가능한 경우의 자차 이용훈련 및 목발 사용법에 대한 훈련이 적합함

③ 감각 및 지각 저하: 감각 및 지각 저하로 화상 및 기타 상해의 위험이 있을 경우는 감각 자극 치료와 더불어 저하된 감각을 시각으로 보완하는 법에 대한 훈련이 적합함

④ 읽기, 쓰기, 말하기 등 의사소통 장애: 읽기, 쓰기, 말하기 등의 어려움이 있는 경우는 낱말카드 등을 이용한 의사소통방법을 지도하는 것이 적합함

이 밖에도 일상생활에서 다양하게 발생할 수 있는 문제를 예상하고, 그에 따른 해결법과 가이드라인을 제공해 환자의 복귀를 돕는다.

3) 장수인의 특성(사례)

장수인의 특성, 다시 말하면 '백세인(百歲人)의 공통점'이라고 볼 수 있다. 「국제 백세인 심포지엄」에 참석차 방한한 미국 조지아대학교 심리학과 레너드 푼(Leonard Poon)(61) 교수와 서울대학교 의과대학 박상철(56) 교수가 '세계 장수인의 특성과 노화 연구'를 주제로 특별 대담을 가졌다.

장수 연구의 세계적 대가인 미국의 푼 교수는 미국 국립보건원 산하 정신건강연구소(NIMH)가 연간 1300만 달러의 연구비를 들여 추진하고 있는 국제 장수연구 프로젝트의 총괄 책임자다. 또 1988년부터 진행되고 있는 '조지아 백세인 조사'도 주도하고 있다.

요약된 그들의 심포지엄 내용을, 고령화 시대를 살고 있는 우리 노인들에게 건강한 장수를 위한 사례로 소개한다.

박: 인류 최대의 관심사는 사람이 얼마나 오래 살 수 있을까 하는 것이다. 세계 도처에서 '백세인 조사'를 벌이는 이유도 장수 요인을 도출해 내기 위함이다. '조지아 백세인 조사'에서 밝혀진 장수의 예견 척도를 설명해 달라.

푼: 유전, 성(性), 가족 또는 친지의 부양, 인지 능력, 영양 상태 등 5가지 척도를 도출해 낼 수 있었다. 유전적으로는 어머니보다 아버지의 수명이 장수에 더 큰 영향을 미치는 것으로 드러났다. 성별로는 여성이 더 장수한다. 세계 어느 곳이든 여성의 평균수명이 남성보다 훨씬 높은데, 백세 이상 장수노인의 경우 산업화된 나라에선 4~6:1의 비율로 여성이 많다. 그러나 산업화가 덜 된 사르디니아(이탈리아)의 경우 백세인 남녀 성비가 1:1이어서 학계의 관심이 집중되고 있다.

박: '부양'의 문제와 관련, 한국에선 아들 딸 며느리 손자 등 가족들의 정서적 지지와 유대감이 장수에 큰 영향을 미치는 것 같다. 특히 백세인들은 며느리와 밀접한 정서적 유대감을 갖고 있는데, 그중에서도 여성 백세인과 며느리와의 관계는 친자식 이상이었다.

푼: 미국에선 가족과 떨어져 혼자 사는 백세인들도 많다. 그 경우엔 이웃이 가족의 역할을 대신했다. 정서적 지지 또는 유대감 자체가 중요하지 그 대상이 반드시 가족일 필요가 없다는 의미로 해석할 수도 있을 것 같다.

박: 일반적으로 건강한 식사습관, 금연, 절주, 정신적 안정(스트레스 관리) 등이 장수에 긍정적 영향을 미친다고 알려져 있다. 그중 어떤 것이 중요한 변수인가?

푼: 사람은 하나의 '정답'을 원하지만 정답이 여러 개라는 것이 오히려 다행이다. 이 말은 특정 유형의 사람만 오래 사는 게 아니며, 어느 누구라도 여러 가지 방법을 통해 장수할 수 있다는 의미다. 설혹 당신의 부모나 가계(家系)에 장수한 사람이 없다고 해도 당신이 장수할 수 있다는 의미가 된다. 어떻게 보면 '운(運)'도 장수의 중요한 요인 중 하나다.

박: 생활습관, 그중에서도 식사습관은 장수를 결정짓는 매우 중요한 원인이 된다. 그러나 한국 백세인 조사에선 음식과의 뚜렷한 상관성을 발견할 수 없었다. 육류・어류・나물류 등 좋아하는 음식은 제각각이었다. 그러나 세끼 식사시간이 항상 일정하며, 저녁식사 시간이 매우 이르다는 게 공통점이었다.

푼: 조지아 대학 연구에서도 규칙적 식사가 장수에 영향을 미치는 것으로 나타났다. 그 밖에 조지아주 음식은 매우 기름진데 백세인들은 보통 사람보다 지방 섭취량이 훨씬 적었다. 그러나 식사량 자체는 크게 차이 나지 않았다. 그들은 보통 사람보다 비타민A 섭취량이 훨씬 많았다.

박: 한국 백세인 조사를 통해 성격과 장수와의 연관성도 발견할 수 있었다. 백세인들은 대부분 성격적으로 매우 적극적이고 활동적이었다. 끊임없이 집안 대소사에 관여했으며, 조금도 쉬지 않고 부지런히 몸을 움직였다.

푼: 우리는 사람의 성격을 16가지 유형(Type)으로 나눠 관찰했는데 그중 자기주장과 고집이 강한 성격, 의심이 많은 성격(다른 사람 의견을 무턱대고 받아들이지 않고 반드시 스스로 생각하고 확인하는 성격), 낙천적이고 편안한 성격, 실용주의적 성격 등 4가지 타입의 성격이 장수에 긍정적 영향을 미치는 것으로 조사됐다.

박: 인간은 몇 살까지 살 수 있다고 생각하나?

푼: 누구도 알 수 없지만 평균 수명과 최고 수명은 계속 증가하고 있다. 중요한 점은 장수사회가 행복한 사회인가 하는 점이다. 고령화 시대에 잘 대비가 돼 있는 사회에선 그것이 축복이지만, 그렇지 않은 사회에선 부담이 될 수도 있다. 장수가 축복이 될 수 있도록 사회적 대비책을 마련할 필요가 있다.

2. 치매의 이해

1) 치매의 개념

2020년 65세 이상 노인 인구 중 치매환자 수는 84만 명이고, 치매환자는 계속 증가하여 '30년에는 127만 명, '40년에는 196만 명으로 급속하게 증가할 전망이다. 치매는 나이가 들면서 뇌세포가 후천적 외상이나 질병 등 외부적 요인과 기질적 요인에 의해 파괴되어 학습장애, 언어장애 및 지능저하를 유발시키는 병으로 고등 정신기능이 비정상적으로 감퇴되는 복합적 임상증후군을 통칭한다. 치매 중 가장 흔한 치매 원인인 알츠하이머병(Alzheimer's disease)은 인종, 지역, 사회적 여건, 지위에 상관없이 찾아오는 질병이며, 다음으로 흔한 치매 원인인 다발성 뇌경색은 뇌의 모세혈관이 막힘으로써 뇌의 일부에 혈액이 공급되지 않아 발생한다. 치매의 초기 증상은 기억감퇴와 상실로써 몇 분 전에 발생한 사실도 망각한다.

치매는 그 자체가 하나의 질환을 의미하는 것은 아니고, 여러 가지 원인에 의한 뇌 손상에 의해 기억력을 위시한 여러 인지기능의 장애가 생겨 예전 수준의 일상생활을 유지할 수 없는 상태를 의미하는 포괄적인 용어이다.

치매(dementia)라는 원어는 라틴어 'dement'에서 유래한 말로, '없다'라는 'de'와 '정신'이라는 'ment'가 합해져 '제정신이 아니다, 정신이 나갔다(out of mind)'를 의미한다. 한문으로는 '어리석을 치(痴)'와 '어리석을 매(呆)'가 합쳐진 단어로 '의심이 많아지거나 아는 것에 병이 든 상태'를 의미한다(권중돈, 2020). 주로 노인 연령층에서 나타나므로 '노망'이라는 말로도 흔히 불리며, 65세 이상 노인에게 나타난 경우에 '노인성 치매'라고 한다.

치매는 황폐화된 정신상태(deteriorated metality)라는 영어의 준말로서 용어 그대로 정서, 기억, 사고, 인지능력 등이 저하되면서 나타나는 여러 가지 증상을 총칭하며, 국제질병기준에 따르면 치매의 일차적 징후는 기억, 판단의 장애이며 2차적 징후는 그로 인해 후발하는 인격의 변화, 그리고 취업이나 사회생활, 인간관계를 원만히 해결하지 못하는 상태, 통념적으로 설명하자면 치매는 노후에 이르러 다양한 원인에 의해 대뇌의 기능이 저하되면서 일어나는 전반적 정신기능의 장애를 말한다.

백과사전에서 현재 사용되는 치매(癡呆, Dementia)의 정의는 '인지 기능의 장애로 인해 일상생활을 스스로 유지하지 못하는 상태'이다. 흔히 한 가지 종류의 질환을 가리키는 것처럼 쓰이는 말이지만 실제로는 여러 가지 원인에 의해 생긴다.

앞의 관련 질환에 언급되는 알츠하이머병, 파킨슨병 등과 같이 퇴행성 뇌질환으로 발생하는 예가 많지만 전적으로 퇴행성 뇌질환에 의해 생기는 것은 아니다. 원인은 다양하지만 공통적으로 뇌세포가 감소되거나 판단에 필요한 뇌의 연결이 깨지면서 인지기능이 떨어지게 된다. 원인 질환의 대부분이 퇴행성 질환이므로 노년에 발생률이 증가한다. 노인성 치매가 시작되는 연령대는 70대 중반~80대 초반 사이에 포진되어 있다. 하지만 60대에 오는 경우도 있고 90대에 갑자기 오는 경우도 있다.

앞의 내용을 종합하면, 치매는 '정상적으로 성숙한 뇌가 후천적인 외상이나 질병 등 외인에 의해 손상 또는 파괴되어 인지적인 기능, 즉 기억력, 사고력, 지남력, 이해력, 계산능력, 학습능력, 언어 및 판단력 등을 포함하는 고도의 노피질 기능의 다발성 장애'이다.

치매는 주로 노년기에 많이 생기며, 현재 심장병, 암, 뇌졸중에 이어 4대 주요 사인으로 불릴 정도로 중요한 신경 질환이다.

2) 치매의 원인

치매의 원인 질환으로는 80~90가지가 알려져 있다. 그중에서 가장 중요한 3대 원인 질환은 '알츠하이머병', '혈관성 치매' 그리고 '루이체 치매'이다.

알츠하이머병은 가장 흔히 발생되는 치매의 원인으로, 전체 원인의 약 50%를 차지한다. 뇌졸중 후에 발생하는 혈관성 치매는 약 10~15%, 알츠하이머병과 혈관성 치매가 동시에 발생하는 경우는 약 15%인 것으로 알려져 있다. 기타 질병에 의한 치매로는 '픽병', '크로이츠펠트-야콥 병', '헌팅톤 병', 그리고 '후천성 면역 결핍증에 의한 치매' 등이 있다. 또한 알코올성 치매 및 뇌 손상 후의 치매도 있다.

전반적인 뇌기능의 손상을 일으킬 수 있는 모든 질환이 치매의 원인이 될 수 있다. 흔히 알고 있는 알츠하이머병은 원인 미상의 신경퇴행성 질환으로 전체의 50~60%를 차지하고, 뇌의 혈액순환장애에 의한 혈관성 치매가 20~30%를 차지하며, 나머지는 그 밖의 기타 원인에 의한 치매라고 볼 수 있다.

3) 치매의 증상

치매는 후천적으로 기억력, 시공간 능력, 언어 능력, 집중력, 실행 능력 등의 인지기능이 떨어지고 이로 인해 일상생활에 지장이 생기는 질환이다. 치매는 흔히 증상이 서서히 나타난다는 인식이 있는데, 원인에 따라 증상이 서서히 나타나기도 하고 급격하게 나타나기도 한다. 서서히 치매가 되는 퇴행성 뇌 질환은 '알츠하이머병, 레비소비병, 전측두엽 치매, 피질하 혈관성 치매, 파킨슨병'이 있으며 갑자기 치매가 되는 비퇴행성 뇌 질환은 '뇌졸중이나 뇌출혈 이후 치매, 두부외상 후 치매, 감염성 질환으로 인한 치매, 신체 질병에 의한 치매'가 있다.

치매의 증상은 뇌 손상의 결과로 나타나기 때문에 뇌의 손상 부위가 어디냐에 따라 다른 증상이 나타난다. 전두엽이 손상되면 판단력이나 성격에 이상이 오고, 두정엽이 손상되면 시간, 공간, 계산 능력이 떨어지며, 측두엽이 손상되면 기억이나 언어 능력이 떨어진다. 후두엽이 손상되면 시각 능력에 이상이 온다. 치매 종류별 초기 증상은 다음과 같이 8가지로 구분된다.

(1) '최근' 일이 기억이 나지 않는다 = 알츠하이머병

최근 대화나 사건 일부를 기억하지 못하는 건망증이 점차 증가한다면 알츠하이머병 초기 증상을 의심해 볼 필요가 있다. 알츠하이머는 초기에 최근 기억을 저장하는 뇌의 내측 측두엽(해마)이 손상되기 때문에 최근 기억부터 사라지는 것이 특징이며, 옛날 일은 수년 후까지 잘 기억할 수 있다.

(2) 누워 있는 시간과 건망증이 있다 = 피질하 혈관성 치매

힌트를 주지 않으면 기억하지 못하는 건망증이 증가하고 활동은 저하되며 굼뜬 행동, 우울증 증세가 반복된다면 피질하 혈관성 치매의 초기 증상을 의심해야 한다.

(3) 충동적인 행동, 성격의 변화가 있다 = 전두엽치매(행동형)

길거리에서 소변을 보는 등 충동조절 능력이 저하되고 자기중심적 사고, 감정기복 등의 성격변화가 생긴다면 전두엽치매(행동형)의 초기 증상을 의심할 수 있다.

(4) 잘 아는 사물의 이름이 기억나지 않는다 = 전두엽치매(언어형)

토끼를 동물로 표현하는 등 마치 아이들이 이야기하는 것처럼 언어표현 수준이 저하되면서 서툴러지면 전두엽치매(언어형) 초기 증상을 의심할 수 있다.

(5) 다른 사람의 말을 못 알아듣는다 = 측두엽치매(의미치매)

혼잣말은 잘하지만, 다른 사람의 말뜻을 알아듣지 못해 대화가 어려워지고 기억력 저하로 착각하는 일이 늘어난다면 측두엽치매 초기 증상을 의심할 수 있다.

(6) 헛것을 보는 등 이상행동을 한다 = 루이소체치매

환각이나 수면 이상행동, 강상, 우울증 등 정신이상행동 증상을 보인다면 루이소체치매의 초기증상을 의심할 수 있다. 루이소체치매는 초기에 뇌의 후두엽 부위가 손상되어 이런 증상이 나타난다.

(7) 종종걸음, 손 떨림 등의 행동을 한다 = 파킨슨병 치매

굽은 자세, 종종걸음, 손 떨림이나 몸이 뻣뻣한 운동증상을 보인다면 초기에 뇌의 흑색질이 손상되는 파킨슨병 치매의 초기 증상을 의심해야 한다.

(8) 팔다리 마비 등 뇌졸중 증상을 보인다 = 혈관성 치매

팔다리 마비, 발음 이상, 두통, 쓰러짐 등 다양한 뇌졸중 증상을 보이면 초기 뇌혈관 출혈이나 뇌혈관 경색으로 인한 혈관성 치매의 초기 증상을 의심할 수 있다.

4) 치매의 진단

(1) 치매의 진단 기준

치매는 그 자체가 질환을 의미하는 것은 아니고, 여러 가지 원인에 의한 뇌손상에 의해 기억력을 위시한 여러 가지 인지기능의 장애가 생겨 예전 수준의 일상생활을 영위할 수 없는 상태이다. 즉, 치매는 다발성 인지 장애와 일상생활 능력 장애의 결합으로 정의할 수 있다. 다발성 인지 기능 장애는 기억 장애, 언어 장애, 시공간 능력 장애, 성격 및 감정의 장애, 전두엽 기능 장애 중 3개 이상으로 정의하는데, DSM-IV에 따르면 기억 장애와 다른 인지 장애가 하나 이상 있는 경우를 치매로 정의하기도 한다.

치매에 대한 DSM-IV 진단기준은 알츠하이머형, 혈관성 치매, 일반적인 의학 상태에 의한 치매, 복합적 원인에 의한 치매로 분류하고 있다. 치매를 진단하기 위해 가장 널리 사용되는 미국 정신과 학회의 DSM-IV(diagnostic and statistical manual of mental disorder, 4th edition) 진단 기준은 다음 〈표 2-1〉와 같다.

〈표 2-1〉 DSM-IV 진단기준 치매

A. 여러 가지 인지 결핍이 발생하는데, 다음 두 가지로 나타난다.
다음 중 A1을 포함한 두 가지로 나타난다.
1. 기억장애(새로운 정보를 학습할 능력 장애, 과거 학습한 정보를 회상하는 능력의 장애 됨)
2. 다음의 인지장애 중 하나(또는 그 이상)가 존재
① 실어증(언어장애)
② 실행증(운동기능이 정상인데도 운동 활동 수행 능력의 손상)
③ 실인증(감각기능이 정상인데도 대상을 인지하지 못함)
④ 실행기능(예: 기획, 구성, 배열, 조직, 연결, 추상)

B. A1 및 A2 기준의 인지적 결함 각각이 사회적 및 직업적 기능의 유의한 장해를 초래하며, 과거 기능 수준으로부터 유의한 감퇴를 나타낸다.
C. 경과는 점진적 발생과 지속적 인기기능 감퇴가 특징이다.
D. A1 및 A2 기준의 인지적 결함은 다음의 어느 것 때문도 아니다.
   1. 기억과 인지의 점진적 결함을 야기하는 다른 중추신경계 상태(예: 뇌혈관계 장애, 파킨슨병, 헌팅톤병, 경막하혈종, 정상압 수두증, 뇌종양)
   2. 치매를 야기하는 것으로 알려진 전신상태(예: 갑상선 기능저하증, 비타민 B12, 또는 folic acid 결핍증, hypercalcemia, 신경매독, HIV감염)
   3. 물질 - 유도성 상태

5) 주요 치매의 진단

치매 중에서 알츠하이머형 치매, 혈관성 치매, 루이소체 치매의 원인과 증상, 임상적 경과 등에 대해 간략히 살펴보면 다음과 같다(박귀영, 2019).

(1) 알츠하이머형 치매

알츠하이머형 치매는 치매 중에서 가장 흔한 형태로서 전체 치매의 절반 정도를 차지하는 것으로 알려지고 있다. 알츠하이머형 치매는 1911년 독일의 알로이 알츠하이머(Alois Alzheimer) 박사가 처음으로 보고한 대표적인 치매의 유형이다.

이 치매는 정상적인 기능을 수행하던 뇌세포들이 특정한 원인 없이 서서히 죽어감으로써 개인의 인지기능은 점진적으로 감퇴하며 성격 변화, 대인관계 위축, 사회활동의 제한은 물론 기본적 일상생활조차 어렵게 만드는 퇴행성 치매다. 발병 초기 단계에서는 일상생활의 수행능력이 좀 늦거나, 대화 중에 얘기의 초점을 잊어버리는 정도여서 노년기의 건망증 정도로 잘못 판단할 수 있다. 그러므로 가족들이 노인이 이상하다고 생각하여 병원에 갔을 때에는 이미 2~3년 정도 경과된 경우가 많다. 치매가 진행되면서 실언, 지남력장애, 배회, 야간착란증세, 환상이나 망상 등의 증세가 뚜렷하게 나타나고 말기에는 고도의 인지장애가 수반되어 자신의 이름이나 가까운 가족도 알아보지 못하며, 자기 자신을 전혀 돌보지 못할 정도로 황폐화된다.

(2) 혈관성 치매

혈관성 치매란 뇌출혈, 뇌경색 등 뇌혈관질환이 그 원인이며, 치매 중에서 두 번째로 흔한 유형이다. 혈관성 치매는 뇌혈관질환이 누적되어 나타나는 치매를 말하는데, 고혈압, 당뇨병, 고지혈증, 심장병, 흡연, 비만 등이 있는 사람에게서 잘 나타난다. 정상적으로는 부드럽고 탄력 있는 뇌혈관이 지속되는 고혈압이나 당뇨병 등에 의해 딱딱해지고 두꺼워지며, 혈관이 좁아지거나 막히거나 터져서, 뇌의 원활한 혈액순환이 안 되어 뇌 활동에 필요한 산소와 영양분이 공급되지 않게 됨으로써 나타난다. 뇌혈관이 막히게 되면 운동장애가 바로 나타나고 치매가 곧바로 진행되지만, 작은 혈관들이 막히는 경우 처음에는 특별한 증상을 보이지 않지만 누적되면 다발성 경색치매가 된다.

(3) 루이소체 치매

루이소체(Lewy body)병은 호산성 세포질 봉입체인 루이소체가 대뇌세포에 미만성으로 발견되는 뇌의 퇴행성 병변에 의해 일어나는 질환이다. 임상적으로 파킨슨병에서 잘 나타나는 경직과 같은 운동장애가 나타나고 섬망이나 환시와 같은 정신병 증상이 잘 일어난다. 또한 항정신병 약물에 대한 부작용이 잘 나타나, 치료 시 고전적인 항정신병 약물의 사용을 어렵게 한다.

3. 치매의 예방 및 치료

1) 치매 예방

치매의 원인이 매우 다양하고 아직까지 정확한 원인이 밝혀지지 않는 치매가 절반 이상을 차지하고 있기 때문에 확실한 치매예방 방법은 찾기 어렵다. 그렇지만 예방적 조치를 꾸준히 실행하게 되면 일부 치매는 예방이 가능하며, 그렇지 않은 경우에는 치매의 발병을 최대한 지연시킬 수 있다.

2) 치매의 치료

보통 사람들이 생각하기는 '치개에 걸리면 치료할 수 없다'는 잘못된 생각 때문에 치매에 대해 적극적 치료를 하지 않는 경향이 있다. 그러나 치매의 10~20%는 치료가 가능하며, 조기에 치료하면 지연 가능한 혈관성 치매를 비롯하여 통제 가능한 치매를 합치면 최대 25%까지는 효과를 거둘 수 있다. 그러므로 조기에 뇌세포의 혈액순환을 원활하게 하고 기억력을 향상시킬 수 있는 약물 또는 영양소를 공급하여 치매가 더디게 진행되도록 노력하고, 마지막까지 자신의 힘으로 최소한의 생활을 영위할 수 있도록 도와야 할 것이다.

(1) 약물치료

많은 약물이 인지기능을 회복시키기 위하여 사용되어 왔다. 치매 치료제로서 처음으로 미국 식품의학청의 공인을 받은 약은 타크린이다. 타크린은 뇌세포의 퇴행성 변화 자체를 막을 수는 없지만 인지기능의 저하를 늦출 수는 있는데, 작용시간이 짧고 독성이 심하기 때문에 현재는 거의 사용되지 않고 있다. 아리셉트는 취침 전 하루에 한 번 복용하는 간편한 약물이며, 타크린보다 훨씬 선택성이 우수하여 부작용이 적어졌지만 이 제품 역시 현기증, 구토증, 설사 등의 부작용이 있다고 보고되고 있다. 엑셀론 역시 유사한 작용기전을 갖고 있는 약물이다.

현재까지 이들 약물이 치매 치료제로 사용되고 있으며, 치매 초기와 중기에 어느 정도 효과가 있는 것으로 알려지고 있으나, 아직 치매에 확실한 효과가 있다는 정확한 연구는 없는 상태다. 그 외에 비타민E와 셀레질린(Selegiline), 황산화제, 황소염제, 여성호르몬제 등이 효과가 있는 것으로 알려지고 있지만, 이 역시 효과가 확실히 입증되기 위해서는 좀 더 시험이 이루어져야 한다. 은행잎 추출물은 유럽에서 뇌일혈 환자의 회복 및 치매 치료에 효과가 있다고 알려지고 있으며, 또 현재 사용 중이다.

(2) 정신사회적 치료

정신치료는 환자의 부정이나 투사 등을 통한 심리적 적응과정을 적절하게 도와주는 것이라고 할 수 있으며, 다음과 같은 몇 가지 중요한 원칙이 강조되고 있다. 첫째, 자아존중감을 잘 유지할 수 있도록 도와주고, 둘째, 특징적인 방어기제를 평가하여 그것을 건설적으로 사용할 수 있도록 한다. 셋째, 지남력장애를 극복하기 위하여 달력을 가까이 두도록 하거나, 기억력장애에 따른 불편을 줄이기 위해 기록을 하게 하고 일일 계획표를 짜게 한다든가 하는 것처럼 인지기능의 한계성을 보완하는 방법을 찾아 준다. 넷째, 부정적인 관계를 줄임으로써 환자의 자아존중감을 지지해 주는 새로운 방식의 관계를 가질 수 있도록 가족들을 도와주는 것이다.

정신사회적 치료는 행동지향적 치료(행동의 유발요인과 결과를 평가하고 이에 따른 치료적 개입을 결정한다), 감정지향적 치료(지지적 정신치료, 회상치료, 조정치료, 감각통합 치료 등이 포함된다), 자극지향적 치료(오락치료와 예술치료를 통하여 문제행동을 줄이고 감정을 개선시킨다), 인지지향적 치료(현실지남력과 기술훈련이 포함되며, 인지적 결손을 교정하는 데 목적)로 구분하며, 치매노인의 기능을 극대화하고 삶의 질을 개선시키는 데 목표를 둔다.

(3) 치매증상의 단계별 치료전략

치매의 초기에는 환자와 가족 모두 치매증상에 대처하는 방법에 대해 관심을 가지고 있다. 치매노인의 치료는 증상의 경과에 따라 다양하게 이루어진다. 대부분의 치매증상은 치매의 전 단계에 두루 나타나지만, 어떤 특정한 증상은 특정한 단계에서 잘 나타나기 때문에 이에 맞추어 치료전략을 세우는 것이 환자나 가족 모두에게 도움이 된다.

Senior Social Welfare | chapter 03

사회적 노화 이론

인간의 노화(aging)를 연구하는 학문인데, 이러한 노화가 단순히 시간이 경과함에 따라 신체 내의 세포, 조직, 장기 등 신체 전반에서 끊임없이 퇴보적인 변화를 일으키는 현상만을 취급하는 것인지 아니면 노화현상이 일상생활과 관련된 사회·정치·경제·문화와도 관련이 있는 것인지에 대해서 연구한다.

사회적 노화 이론을 3세대로 분류·도식화하여 전개하는 것이 반드시 타당하지는 않다고 하더라도, 사회적 노화 이론을 전개(1세대), 반대논제(2세대), 그리고 종합법을 대표하는 3세대로 분류하여 개념화하는 일은 큰 의미가 있을 것이다(Hendricks & Hendricks, 1992).

근래에 사회적 노화 이론은 여러 수준에서 노령화 과정 자체에 대한 가설을 검증하기 위해 다양한 시도를 하고 있다. 노령화는 어느 정도로 신체적·심리적 그리고 사회적인 요인들에 의해 결정되는 것일까? 정상적 노화란 존재하는 것일까? 이러한 의문들을 가지고 정리하였다.

따라서 이 장에서는 제1세대 이론, 제2세대 이론, 제3세대 이론을 이해하며, 그리고 마지막으로 노화에 관한 7가지 가설을 살펴본다.

제1절 제1세대 이론

제1세대 이론은 사회학의 기능주의와 상징적 상호작용의 입장에 근원을 두고 있다. 일반적으로 이 이론들은 노령화를 촉진시키는 개인적 특성이나 환경에 대해서 관심을 가지고 연구되었다. 이 이론에는 분리이론, 활동이론, 역동이론, 하위문화이론, 역할이론 그리고 연속이론이 있다.

1. 분리이론

분리(은퇴)이론은 커밍과 핸리(Cumming&Henry, 1961)에 의해서 제시되었다. 이 이론은 노화의 기초적 가설에 초점을 두고 연구되었다. 신체적 · 경제적으로 능력 있는 50~90세 사이에 있는 미국 갠사스(Kansas)시의 주민 275명을 대상으로 횡단적 조사(cros-sectional study)를 실시한 결과의 자료를 토대로 구축되었다. 이 이론에서 노인은 젊은 사람에 비하여 건강하지 못하고 사회에 대한 공헌도 역시 미약하며 급격히 사망할지도 모르기 때문에, 이들을 중요한 사회적 위치로부터 해방되는 과정이라고 전제하고 노화로 인한 은퇴(withdraw)는 하나의 자연스러운 것이지 사회적 압력에 의해 밀려나는 것이 아니라고 이야기한다.

은퇴이론에서는 은퇴기에 처한 노인들은 사회를 위하여 은퇴를 당연히 인정해야 하며 사회발전의 책임은 그들로부터 사회화된 보다 젊은 사회구성원들의 몫이라고 하였다. 그러므로 노인들은 늙음을 자연스럽게 받아들이고 자아를 재편성하여 자기 나름대로의 만족이 있는 휴식의 생활로 들어가야 한다는 입장이다(Cumming&Henry, 1961; Hendricks & Hendricks, 1992: 4).

사회로부터 분리(은퇴)의 결정은 개인이 먼저 선택할 수 있고, 또한 사회제도에 의해서 취해질 수도 있다. 전자의 경우는 개인이 자신의 신체적 및 지적 조건, 연령, 그 외 여러 가지 여건을 감안하여 스스로 은퇴를 결정하는 것이며, 후자의 경우는 사회가 노인이 소유하고 있는 기술과 지식이 발전된 현대적인 조건에 적응하기에는 너무 뒤떨어졌다고 판단될 때 개인의 의사와는 관계없이 먼저 사회가 정년제 같은 제도로 분리시키는 것을 말한다. 이와 같이 분리가 개인의 의사에 의해 행해지는 경우를 개인적 분리(individual disengagement)라고 하고, 사회적 제도에 의해서 행해지는 경우를 사회적 분리(social disengagement)라고 한다(Hendricks & Hendricks, 1992: 4).

2. 활동이론

활동이론(activity theory)은 하비거스트(Havighurst, 1968)와 그의 동료들에 의해서 주창된 이론이며, 그 후 레몬과 그의 동료들(Lemon, Bengton, & Peterson, 1972)에 의해서 상징적 상호작용이론의 관점에 입각한 이론으로 발전했다.

활동이론은 기본적으로 성공적인 노년기를 위하여 새로운 사회활동 영역을 찾아 활동적인 생활을 해야 한다는 것이다. 이 이론은 분리이론과 상반된 위치에 있으며, 노인 사회활동의 참여 정도와 생활만족도는 긍정적 상관관계가 있다는 것이다. 즉, 노인의 사회적 활동의 참여 정도가 높을수록 노인의 심리적 만족감 또는 생활만족도는 높다는 것이다. 이와 같은 주장은 "생물학적 측면과 건강의 불가피한 변화를 제외하고는 노인은 근본적으로 중년기와 다름없는 심리적 및 사회적 욕구를 지니고 있다(Havighurst, 1968)."는 가정에서 나온 것이다(Cavan, 1962; Bengton, & Peterson, 1972).

'인간은 연령을 초월하여 사회인으로서 역할이 주어져야 한다'는 활동이론은 대부분의 노인들이 일반적으로 마음이 통하는 사람들과 어울리는 것을 좋아한다고 하였다. 노인들은 고독을 싫어하고 타인으로부터 배제당하는 것에 노여움을 나타내며 특히 사회의 중요한 지위에서 배제되는 것을 싫어할 뿐만 아니라 저항의식을 나타낸다고 보았다(Cavan, 1949).

뉴거튼과 그의 동료들에 의하면(Neugarten et al., 1968), 개인이 가지고 있는 특성은 노년기가 되어도 크게 변하지 않으므로 사회분리(은퇴)이론은 받아들이기는 어렵다고 했고, 라이카드 등(Reichard et al., 1962)은 노인이 사회적 활동에서 은퇴할 것인가의 여부는 노인 자신이 신체적·심리적·지적 정도에 따라 스스로 결정할 문제라고 주장했다. 사회활동이론가들은 은퇴가 아니라 사회참여가 노화에 훌륭하게 적응하는 방법이라고 주장한다. 생리적 면에서도 기계를 쓰지 않고 버려두면 녹슬어 쉽게 마모되는 것처럼 사람의 신체 및 정신기능도 쓰지 않으면 더 빠르게 퇴화하여 죽음을 재촉하게 된다는 것이다. 그러므로 활동하기를 좋아하는 사람들은 계속적으로 일할 기회가 주어지기를 희망하고 그래야 행복하고 만족스럽게 생각한다.

많은 연구결과에서는 은퇴 전보다 사회로부터 해방되는 은퇴 후에 신체적·정신적으로 건강이 좋아지지 않는 것 같다고 보고하고 있다(Kahamna, 1982). 물론 모든 은퇴자들이 젊었을 때처럼 격렬하게 활동하기를 원하지 않을지라도 은퇴자들 중, 자신이 이 세상에서 더 이상 쓸모없는 존재라고 생각한 노인보다 자신이 사회의 일원으로 공헌하고 있다고 생각하면서 사는 자아개념이 확립된 노인은 여생을 보다 건강하고 의미 있게 살아간다.

3. 역동이론

역동이론(성공적 이론)은 은퇴이론과 활동이론의 중간이론 혹은 절충이론으로 평가된다. 이 모델은 발테스(Baltes, 1990)에 의해서 성공적 노화를 위한 하나의 모델로 제시되었다. 이 모델은 '보상이 있는 선택적 적정화(Selective Optimization with Compensation; SOC)' 혹은 '선택과 보상에 의한 적정화(Optimization by Selective and Compensation; OSC)'라고 불리어진다. 다시 말하면, 역동이론은 노후에 신체 및 지적 퇴화로 인해 젊었을 때처럼 사회활동에 적극적으로 참여할 수도 없지만, 동시에 사회적 지위나 활동으로부터 전적인 단절은 오히려 노화를 재촉할 수 있다는 관점에서 개인에게 알맞은 일(역할)과 보상이 주어짐으로써 성공적인 노후를 보낼 수 있다는 이론이다.

발테스의 SOC 모델에 의하면, 연령증가로 인한 신체적·인지적·사회적 영역 등에서 잠재력이 쇠퇴하거나 감소를 경험하더라도 SOC의 전략을 사용한다면 노후의 효율적 삶(effective life)을 유지할 수 있다는 것이다. 이 역동이론의 전략에서는 인간의 노화를 인정하지 않는 것이 아니라 노화에 따른 노년기 특성을 전제하고 그 개인에게 알맞은 현실적 책략을 세운다.

1) 적정한 선택

노년기는 노화로 인해 인간의 잠재력에는 한계가 있을지라도 인생행로의 경험에서 얻은 실용적인 지식과 지혜 등 생산을 위한 독특한 잠재력이 있다. 그러므로 개인의 능력에 따른 잠재력을 최대화하기 위해서 적정한(optimization) 영역을 선택(selection)하여 역할을 발휘할 수 있다. 적정한 선택을 위해서는 무엇보다 연령 증가에서 나타나는 상실을 감안하여 그 개인에게 적합한 특정 영역만을 선택하고 그 외 다른 영역은 과감히 버리는 방법이다. 다른 하나의 선택의 적정화는 선택된 직무와 관련된 필요한 새로운 지식 및 기술을 학습함으로써 직무능력을 최대화시키는 전략이다.

2) 적정한 보상

보상이란 노화로 인하여 생물학적 · 사회적 · 정신적 · 인지적 기능 등 일반 잠재력의 쇠퇴로 인해 문제해결능력이 감소할 때, 그 감소분을 보충하여 정상에 가깝도록 하는 전략이다. 예를 들어, 신체적 기능저하를 보충하기 위해서 보청기나 돋보기, 안경을 사용함으로써 연령의 증가와 함께 나타나는 능력의 감소를 보완하여 조직사회에서 개인에게 가해지는 부정적 평가를 예방할 수 있을 뿐만 아니라 노후 역할 수행을 다할 수 있다.

성공적인 노화를 위해서는 연령의 증가와 함께 나타나는 쇠퇴와 상실을 저항 없이 받아들이고 자아를 재편성하여 자신에게 적당한 영역만을 선택하여 그 일만을 성실히 연구하고 수행해야 하며, 이렇게 하면 노후를 성공적으로 보낼 수 있을 것이다.

4. 하위문화이론

하위문화이론(subculture theory)은 활동이론과 마찬가지로 상징적 상호작용이론을 활용하고 있다. 그러나 이 이론의 일차적 초점은 활동 자체에 있는 것이 아니라 대인관계에서 창출되는 자아개념에 두고 있다. 자신에 대한 사랑과 존중감 등 긍정적 자아감을 갖고 있는 사람은 대인관계에 있어서도 긍정적인 대인관계를 창출할 수 있다는 것이다. 즉, 긍정적 상호작용은 긍정적 자부심을 고양시키고 부정적 상호작용은 긍정적 자부심을 약화시킨다. 하위문화이론은 노인들이 스스로의 기준과 노인들과의 하위문화를 개발하는 것이 노년기 생활에 도움이 된다는 입장이다.

하위문화이론은 노인들만의 상화작용으로 인하여 독특한 노인 하위문화가 발생한다는 이론이다. 즉, 노령기에 속해 있다는 공통적인 특성과 사회로부터의 소외와 노인에 대한 사회의 부정적인 반응 및 정책 등이 노인들끼리만의 상호작용을 촉진시켜 노인 특유의 하위문화를 유발케 한다는 것이다.

로스(Rose)에 의하면, 하위문화란 한 계층에 속한 성원들이 다른 계층에 속한 성원보다 더 많이 관계를 유지할 때 생기는 것으로, 건강하고 상호작용이 가능한 65세 이상의 노인들로서 도시 주변 빈민촌의 노인들, 계획된 은퇴 공동체, 그리고 젊은 사람들이 도시로 떠나고 남게 되는 농촌 노인들이 하위문화를 형성한다고 한다(Rose, 1965).

하위문화이론은 노인들을 활동적으로 보고 그들의 조직력을 인정하며 노인들이 사회정책에 영향을 행사할 수 있다고 보는 장점을 갖고 있다. 로스는 노인사회행동집단의 창설, 그레이 팬서스(Gray Panthers)와 은퇴인협회(AARP) 같은 예들이 노인 하위문화의 표본이라고 말했다. 우리나라에서는 대한노인회의 조직, 노인정, 노인학교 등이 노인 하위문화에 속한다고 볼 수 있다.

5. 역할이론

역할이론은 직업으로부터 은퇴, 배우자 상실, 자녀양육 의무의 종료 등 노령기 의 무역할 혹은 역할상실은 지금까지 유지되어 오던 사회적 상호작용 관계와 보상체계의 파괴를 의미한다고 본다. 이때 적절한 역할을 찾지 못하는 데서 오는 문제점들은 사회로부터의 소외감, 쓸모없다는 인식, 외로움 등으로 나타난다.

에릭슨(Erikson)에 의하면, 은퇴를 사회적 역할로부터 배제당한 것으로 간주한 사람들은 종종 자신이 이 세상에서 더 이상 쓸모없는 존재라고 생각한 나머지 신체적 · 정신적 위기를 경험한다고 한다.

반면에 자신이 사회의 일원으로 공헌했다고 생각하면서 사는 자아개념이 확립된 사람은 그가 비록 신체적으로 노화되었을지라도 여생을 의미 있게 살아간다고 한다. 그러므로 노인에게 활동의 기회 및 역할을 제공함으로써 사회적 적응 및 통합을 이룰 수 있다고 본다.

로파타(Ropata, 1973)는 노령기에 접어든 미국 도시의 여자 미망인들의 지위 및 역할상실의 경험과 외로움은 중요한 사람의 죽음 그 자체에 의한 것이라기보다는 그와 같이 생활하고 이루어 왔던 모든 경험의 종말에 의한 것으로 보고 있다. 따라서 역할상실은 상호작용의 기회 감소 또는 상실을 의미한다고 보고 있다. 또한 이 이론은 새로운 역할을 대처하는 일과 상황에 적응하는 요인을 제시하고 있다.

6. 연속이론

연속이론(continuity theory)의 많은 심리학자들은 노년기에는 신체, 심리, 그리고 사회여건의 변화로 인해 노인 특유의 성격이 나타나며, 이러한 변화는 노년기에 두드러진다고 믿고 있다. 그러나 연속이론은 노년기와 그 이전의 생애기 사이에서 간격이 있다는 견해를 부인하고 전 생애를 통한 성장발달의 연속성에 초점을 맞추고 있다.

이 이론의 주류는 연속성(continuity)을 사회·경제적 결과로 보기보다는 퍼스널리티(personality) 변수 면에서 보려고 한다. 즉, 노년기에는 조심성과 수동성이 증가하고 자신의 생활에 안정성이 유지되기를 바라는 성격 특성이 있기 때문에 새로운 일을 찾아나서는 것보다 자신이 해 오던 일이나 생활양식을 그대로 유지하는 것이 보다 적합하다는 것이다.

예를 들어, 농촌에서 농사를 지으면서 젊은 시절을 보낸 사람은 노후에도 한적한 시골에서 농사를 짓는 것이 신체 및 정신건강에 유익하다는 것이다. 그러나 이 이론에 동의하지 않는 학자들은 노인들의 연속성 유지능력은 개인의 사회적 자원, 건강, 역할에 대한 유착과 기회 등에 따라 차이가 있다고 본다.

제2절 제2세대 이론

제2세대 이론을 주장하는 웨버(Weber), 미드(Mead), 블루머(Blumer)와 같은 사회적 행동주의자들과 사회적 상호주의자들은 사회는 사회 최소 단위인 개인행동에서부터 출발한다고 보고 있다. 즉, 사회라고 하는 전체 체계는 개인행동으로부터 구성되는 것이라고 본다.

이 이론에는 현대화 이론, 연령계층화 이론, 교환 이론, 그리고 실존사회화 이론이 있다.

1. 현대화 이론

현대화 이론(modernization theory)으로, 사회변동을 노인의 지위와 역할에 관련시켜 본 학자들은 사회의 현대화가 이루어질수록 노인들의 지위는 낮아지고 역할이 상실된다고 주장한다. 대표적 학자로는 카우길과 홈즈(Cowgill & Homes, 1972; Cowgill, 1986)로서 이들의 현대화 이론이 의하면 사회·문화적 배경에 따라 노인들의 사회적 역할이 다양하게 나타내고 있음을 거시적·구조적 상태에 초점을 맞추어 설명하고 있다. 이 이론이 구조기능 이론에 속하는 근거는 사회구조의 변화를 산업화 및 현대화로 보고 노인의 지위 및 역할변화를 진화론적으로 설명하고 있기 때문이다.

사회변화 과정에서 현대화란 불가피한 것이며 이러한 현대화는 노인의 사회적 지위를 하락시키고 역할을 빼앗아 간다는 것이다. 즉, 문명이 발달되지 않는 전통 사회구조에서의 노인의 지위는 상대적으로 낮아진다는 것이다.

왜냐하면 현대화는 산업화와 밀접한 관련을 가지고 있는데, 산업사회의 주요 특성은 과학 기술의 발달로 인한 생활수준의 향상, 도시화, 핵가족화를 수반하므로 이러한 현상들은 옛 지식을 소유한 노년층의 경험과 지식을 쓸모없게 만들어 노인계층을 사회로부터 추방하는 결과를 초래하게 되기 때문이다.

2. 연령계층화 이론

연령계층화 이론(age stratification theory)은 라일리와 포너(Riley&Foner, 1968)에 의해 제창된 이론이다. 1970년 초기에 등장하여 이 분야에 크게 영향을 미치고 있다. 이 이론의 기본적 가정은 사회는 기본적으로 연령 등급에 의하여 구분되는 연령층으로 구성되어 있고, 서열화되어 있다는 것이다. 한 연령계층에 속한 사람들은 같은 문화권에서 서로 비슷한 역사적인 경험을 하면서 성장해 왔기 때문에, 비슷한 가치관과 태도가 형성되어 다른 역사적 경험을 하면서 자란 다른 연령집단과는 구별된다.

따라서 같은 시기에 출생한 집단은 그 사회의 각 연령층에 부여된 역할을 이행하며, 그 사회의 패턴에 따라 같이 이동하게 된다. 예를 들어, 1970년대에 출생한 베이비붐(baby boom) 집단은 그 사회의 노령인구 구조를 갑자기 변화시키고 이로 인해 앞 세대가 경험했던 것과는 전혀 다른 노동시장 여건에 당면하게 되었다. 이 같은 사회변동은 사회가 바라는 새로운 모형과 행동규범을 낳게 하여 사람들의 경험에 영향을 미치며, 따라서 전형적 모형과 규범을 준수하던 고령화 패턴도 변화하게 만든다.

연령계층 이론에서는 이와 같이 다른 연령계층에 속해 있는 사람들은 사회적 역할 수행능력이나 의지가 서로 다르기 때문에 노인 연령집단은 다른 연령집단과 여러 가지 면에서 구별된다고 본다.

따라서 노인은 다른 집단과 구별되는 자신들의 연령집단에서 자신에게 알맞은 지위와 역할을 찾아야 하며, 그러한 기회를 확보하기 위해 관심을 기울여야 한다는 것이다.

3. 교환 이론

교환 이론(ezchange theory)은 경제학의 공리주의(utility theory)와 심리학의 행동주의(behavior)에 영향을 받아 호만스(Homans, 1961, 1974)에 의해 사회적 행동의 기초형태를 설명하고자 제시되었다. 교환 이론에 의하면, 인간은 합리적 존재이기 때문에 자신에게 보상을 최대화하고 비용을 최소화하는 행동 혹은 인간관계를 택한다는 것이다. 즉, 인간은 이익을 추구하는 존재라는 것이다. 그러므로 모든 인간관계 혹은 사회적 행동은 "적어도 두 사람 사이에서 일어나는 교환적 활동"으로서 사람들은 서로 간의 관계에서 자신에게 이익 혹은 보상이 교환되어야 사회적 관계가 유지된다는 것이다. 이와 같이 자아와 타인과의 관계에서 인간의 역할 기대와 이익에 대한 가치는 관계에 따라 또는 상황에 따라 달라진다고 본다.

따라서 역할에서 오는 결과나 보상은 주어지거나, 고정되거나, 미리 정해진 것이 아니고 협상과 교환에 따라 달라질 수 있다고 본다.

4. 실존사회화 이론

실존사회화 이론(subculture theory)은 노령의 본질적 의미를 알아보기 위한 입장으로서 나이를 먹는다는 것은 무엇을 의미하는지 평생을 살고 나서야 비로소 알 수 있다고 본다.

노년기는 경제적 · 신체적으로는 상실의 시기이다. 그러나 한편으로는 자아를 통합하고 실현하는 시기이다. 노인들은 생애주기의 마지막 단계에서 자신의 삶이 "성공적이었다"고 생각하면 육체적으로나 정신적으로 건강한 노후가 될 것이며, 반대로 자신의 삶이 "실패했다"고 자각하는 노인은 쓸모없는 인간이라는 심리적 갈등으로 상처를 입게 된다.

실존사회화 이론은 노인들이 어떻게 자신의 삶의 의미를 발견하는지를 그들의 삶의 현장인 사회와의 관계에서 알아보기 위한 이론이다. 즉, 그들의 삶을 이끌어 왔던 엄격한 사회구조가 그들로부터 유연해질 때 생의 의미를 어떻게 부여했는지를 알아본다. 또 이 이론은 노인들의 일생생활을 관찰하고 그들이 배운 대로, 믿고 있는 대로 또는 믿고 싶은 대로 살아가는지를 알아본다.

제3절 제3세대 이론

제3세대 이론은 앞에서 논의한 이론들의 연계관계와 통합적 접근을 시도하고 있다. 제3세대 이론들은 사회·심리학적 시각과 정치·경제학적 시각에서 개인과 사회구조와의 관계를 검토한다. 즉, 사회심리학적 이론을 토대로 한 제3세대 이론들은 사람들이 사회구조의 영향에 어떻게 대처하고 있는지를 검토하며, 정치·경제를 토대로 한 이론들은 사회구조에서 개인들이 영향을 받는 사회·경제적 속성들에 초점을 맞추고 있다. 다시 말하면, 이 이론들은 사회구조가 구속하는 결과에 대해서 사람들은 어떻게 반응하는지, 그리고 또 사람들은 그 사회구조에 어떻게 영향을 행사할 수 있는지에 대해서 관심을 두고 있다(Marshall, 1986).

제3세대 이론들은 또 다음과 같은 질문들을 한다. 사회정책은 누구를 위한 것인가? 사회정책들은 어떻게 조성되었는가? 사회정책들은 다양한 노인집단에 어떻게 영향을 미치고 있는가? 이와 같은 생각들을 더욱 발전시켜 정책의 기반이 되는 전제에 대해 도전하고 있다.

이 이론에는 사회·심리학적 이론, 정치·경제학적 이론, 그리고 도덕성과 정치·경제적 이론이 있다.

1. 사회 · 심리학적 이론

노인연구의 사회 · 심리학적 이론에서 우리들은 사회변화와 인간과의 관계에서 "사람이 사회를 변화시키는 것인지?"에 대해서 묻게 된다. 이 물음에 대한 대답으로, 앨빈 토플러(A. Toffler)는 초기 산업사회의 물결을 만들어 가는 사람들은 보통 사람과는 다른 가치관과 뛰어난 두뇌와 건강, 그리고 부를 누리며 살고 있는 지구상 인구의 약 3% 정도의 사람들이라고 말했다. 그의 생각에 의하면, 대부분의 사람들은 변화하는 사회의 물결에 휩쓸려 가는 존재에 불과하다. 그러나 마샬(Marshall, 1981, 1986)은 사회구조란 사람들에 의해 창조되는 동시에 개인들을 창조하는 양면이 있다고 보았다. 다우드(Dowd, 1987)는 인간의 본질은 사회적 관계의 앙상블이며 사람은 그 속에서 자신들의 생존수단을 생산하는 것뿐만 아니라 그들 자신도 생산된다고 주장했다. 이렇게 보면 이 물음에 대한 대답은 사람이 그 사회를 변화시키는 주체자인 동시에 그 사회의 물결에 따라 변해 가는 존재인 것이다.

사회심리학은 사회적 행동을 연구한다. 사회적 행동은 사회장면에서 일어난다. 인간이나 동물의 사회행동을 결정하는 요인은 유전적 소질, 사회화 그리고 사회장면 세 가지이다. 이들 세 가지 사회행동을 결정하는 요인들 가운데 사회심리학자들은 현재의 사회장면에 초점을 맞춘다. 즉, 현재의 어떤 양상이 어떤 사회행동에 어떤 영향을 끼치는지 분석한다.

이들이 유전적 소질이나 사회화의 요인을 뒤로 하고 사회장면의 효과 분석에 초점을 맞추는 이유는 적어도 인간의 상호 행동에 있어서는 사회의 장(fields)이 가장 큰 영향을 미치기 때문이다.

2. 정치 · 경제학적 이론

노인연구의 정치 · 경제학적 이론(subculture theory)은 자본주의 사회에서 노인의 문제를 설명하기 위하여 국가의 정책·경제 그리고 사회와의 관계에 초점을 두고 있다. 즉, 이 이론의 관점은 노화의 문제를 야기시키고 있는 정치·경제적 조건을 탐구한다.

미국의 정치·경제적 시각의 개발은 1970년대 후반과 1980년대 초기에 시작되었다. 에스터스(Estes, 1979)는 노인들을 사회의 중추적 역할에서 차별하는 사회정책과 서비스에 대한 비판적 분석을 했으며, 올슨(Olson, 1982)은 미국사회보장체계 발달분석을 통해 시장, 계층, 성(性) 그리고 인종 간의 부정적 영향을 경험하는 사람들이 노령기에 한층 더 어려운 생활을 하게 된다는 점을 지적했다.

정치·경제적 접근 방법은 고령화 패턴 형성에 있어서 사회정책과 사회조직, 그리고 집단 권익의 역할을 조직적으로 검토함으로써 사회구조와 개인생활 간의 연결성에 관심을 보이고 있다. 그러나 정치·경제적 접근은 개인적 차원에 무게를 두지 않는다는 비판을 받기도 했다. 이 두 이론, 즉 정치·경제적 시각이나 사회·심리적 관점도 권력형성을 이해하는 데 극히 중요한 사회구조와 개인의 의도성 간의 관련성을 분명하게 규명하고 있지 못하다는 것이다. 극히 최근에 이러한 문제와 관련된 이론이 시도되고 있다.

3. 도덕성과 정치·경제적 이론

노인 연구의 도덕성과 정치·경제적 이론은 노인들의 권력 취득 통로를 규명하기 위하여 정책형성의 기초적 가설 검토에 초점을 맞추고 있다. 이들 분석은 두 개의 전통이론을 토대로 하고 있는데, 그 하나는 그램시(Gramsci, 1971)의 경제·정치·사회에서 패권을 잡는 헤게모니(hegemony)의 개념이고, 다른 하나는 톰슨(Thomson, 1971)의 도덕적 경제이념 혹은 상호관계 규범이다.

그램시의 이 같은 헤게모니의 개념에 의하면, 모든 사회에서 볼 수 있는 일반적 현상은 한 정당이 정권을 획득하더라도 이미 존재한 사회구조나 규범형태를 새롭게 바꾸기보다는 오리려 능동적으로 인정해 주게 된다는 것이다. 이러한 결과는 때로 한

집단이 다른 집단의 문화를 자신들의 문화중심으로 변화시켜 지배하는 효과를 자아낸다는 것이다. 예를 들면, 여성들은 사회생활에서 하나의 관습으로 되어 있는 저임금과 미약한 혜택을 쉽게 수용하는데, 이러한 결과로 인하여 여성들의 노년기 빈곤을 타당한 것으로 받아들이는 경우를 들 수 있다.

그램시는 이 같은 헤게모니의 지배·강화에 관심을 갖고 이러한 모순된 헤게모니를 타파하기 위하여 새로운 도덕적·철학적 지도력이 필요하다고 보았다. 그런 지도력이란 사람들이 자신들의 장기적 이익을 위해서 필요한 다른 형태의 헤게모니를 장악하는 상태이다.

이와 같은 상태는 정의로운 가치와 자유롭게 공유하는 이상적인 사회적 구조의 토대가 되는 것이다. 그러나 헤게모니 장악의 실패는 다양한 집단들로 하여금 자신들만의 경제적 이익을 위하여 경쟁하게 할 것이며, 이러한 결과는 다수의 이익을 도모하는 데 지장을 줄 수가 있다(Hendricks & Leedham, 1991; 문인숙, 1992).

제4절 노화에 관한 가설과 수명

노화란 수정에서 시작되어 사망에 이르기까지 연속되는 과정으로, 연령에 따라 신체 전반에 걸쳐 일어나는 기능, 구조 및 생화학적인 변화·세포의 수가 적어지고, 기초대사량이 저하되며, 일상생활 활동도 감소되므로 열량소모량 및 필요량이 낮고 성인열량 권장량에 비해 50~60세는 10%, 65세 이상은 20% 정도가 낮다. 또 신체의 여러 기관들이 정상적인 기능을 수행할 수 있는 능력이 점차 저하한다.

노화란 55세 또는 65세, 75세와 같이 특정연령에서 시작되는 것이 아니라 수정 당시부터 전 생애 동안 지속되는 일련의 과정이라 말한다. 65~74세를 노년 전반기, 75~84세를 노년 중반기, 85세 이상을 노년 후반기로 구분하여 영양소 필요량을 설명하기도 하고 한국인 영양권장량에서는 노인기를 65~74세와 75세 이상으로 구분하여 제시하고 있다.

노화 이론은 크게 세포사멸설과 세포분열의 제한설, 텔로미어설, 손상설, 산화스트레스설, 대사속도설, 유리기설 이렇게 7가지 가설로 나누어지는데, 세포사멸이 진행되는 속도와 일정 단계에서의 노화 정도는 유전, 환경, 그리고 생활방식의 복합적인 작용에 의해서 영향을 받는다.

1. 노화에 관한 가설

1) 세포사멸설

세포사멸은 세포기능을 방해하는 유전자들이 활성화될 때 나타난다는 것으로 개별적인 세포 또는 세포군에 대해서 선택적이고 순차적인 세포사멸을 야기하기 때문에 세포사멸의 프로그램화라 한다. 즉, 성장한 세포들이 사멸하기 전에 몇 차례 분열하는 것이 관찰되는데, 이때에 늙은 개체의 세포들은 어린 개체의 세포들보다 사멸하기 전의 분열횟수가 적다. 따라서 장수하는 경우는 수명이 짧은 경우보다 사멸하기 전의 세포분열 횟수가 훨씬 많을 것이다. 한 유기체 내의 세포들이 분열을 멈추고 사멸을 계속한다면 총 세포 수는 점차 감소할 것이고 기관의 기능도 퇴화할 것이다. 세포사멸 프로그램이론에서 세포사멸이란 세포기능을 방해하는 유전자들의 활성화를 말하는 것으로 유전자의 계획된 프로그램에 따라 세포가 노화된다는 것이다. 성장한 세포들이 사멸하기 전에 몇 차례 분열하는 것이 관찰되는데, 이때에 늙은 개체의 세포들은 어린 개체의 세포들보다 사멸하기 전의 분열 횟수가 적다. 한 유기체 내의 세포들이 분열을 멈추고 사멸을 계속한다면, 총 세포 수는 점차 감소할 것이고 기관의 기능도 퇴화할 것이다.

2) 세포분열의 제한설

노화연구의 아버지로 불리는 해부학자인 레오나드 헤이플릭(Leonard Hayflick)은 1960년 초, 단일 세포는 죽게 되어 있으며 그와 함께 인간도 죽게 된다는 사실을 발견

했다. 해부학자인 헤이플릭은 사람의 실험에서부터 시작해, 먼저 태아의 조직에서 세포를 떼어 내서 분열시켜 봤는데 100번 정도 분열하더니 그냥 분열이 멈추고 세포들이 축 늘어져 버리고, 다음엔 70세 노인에게서 세포를 떼어 내서 분열시켜 봤는데 이번엔 20~30번 정도 분열하고 나서 노화가 진행되었음을 밝혔다. 이 문제를 해결하려고 많은 생물학자들이 이 문제에 매달렸고, 이런 작용에 관계된 유전자를 찾기 위해 노력했다. 그러던 중 발견된 것이 텔로미어(telomere)이다.

이것은 염색체 끝부분의 핵산 서열인데, 세포가 분열할 때마다 조금씩 크기가 줄어들어서 다 없어지고 나중엔 작은 매듭만 남게 되는데, 이때 세포가 복제를 멈추게 된다.

결국 이때가 되면 세포가 노화되어 죽게 되는 것이다. 그래서 이것이 노화나 수명을 결정하는 유력한 용의자가 된 것이다. 재미있는 것은 생식세포와 암세포는 텔로미어가 줄어들지 않는다. 결국 무제한 증식이 가능하다. 특히 암세포에 대한 연구가 많이 진행되었는데, 암세포가 분열할 때마다 텔로미어가 DNA에 계속 첨가되어 암세포의 무한증식이 가능하다.

이런 암세포의 무한증식을 가능하게 하는 것은 텔로머레이즈(telomerase)라는 효소인데 사람의 난자를 만드는 전구세포, 혈액세포를 만드는 조혈모 간세포, 그리고 거의 95%에 이르는 대부분의 암세포에서 발견되고 있다. 모든 세포들은 세포 수명 동안에 세포분열 횟수를 결정하는 유전자 암호를 갖고 있다. 즉, 세포가 분열한 후에 세포들은 죽어 가기 시작한다. 예를 들어, 파리의 체세포들이 3일간의 수명과 15회의 분열횟수를 갖고 있다면 그 파리는 45일간 살 수 있다. 이론에 따라 헤이플릭은 인체의 세포는 40~60회 분열한다는 것을 근거로 인간의 잠재수명이 110~120세라고 추산하였다. 그러나 사람은 만성질환으로 사망하는 경우가 많아서 사람을 통해 증명하기는 쉽지 않다.

3) 텔로미어설

세포의 염색체 끝부분의 유전자 조각으로, 세포분열 때 다른 염색체는 정확히 2배로 복제되어 나눠지는데 유독 텔로미어는 한 번 분열할 때마다 그 길이가 짧아져 텔로미어가 모두 없어지면 세포는 더 이상 분열하지 않는다. 즉, 새로운 세포들이 생성될 수도 없고, 이미 존재하고 있는 세포들도 기능을 발휘할 수 없게 된다.

4) 손상설

몸에 유해한 각종 물질이 누적되어 세포를 손상시켜 신체기능이 약화된다는 학설로, 신체가 구조와 기능 면에서 질병, 상처 등이 퇴행성 변화로부터 회복되는 능력을 점차 상실해 가면서 중년 이후 임상적 증후가 표출된다. 나이가 든 사람들의 피부에서 볼 수 있는 갈색점이 눈에 띄는 예이다. 이와 같은 점들은 피부에 축척되는 지질대사 산물들의 결집체라고 할 수 있다.

5) 산화 스트레스설

정상적인 대사과정에서 생성되는 불안정한 산소는 세포막을 공격하면서 세포손상을 초래하고 정상적인 대사과정을 변경시킨다.

① 인체에서 생성되는 항산화효소에는 카탈라아제(catalase), 글루타타이오닌(glutathionine), 과산화물환원효소, 슈퍼옥사이드 디스뮤타제 등이 있다.

② 식품을 통한 항산화제 충족은 셀레늄, 비타민E, 파이토케미컬(phytochemical), 베타카로틴(β-carotene), 리코핀(lycopene) 등이 있다.

6) 대사속도설

산화 스트레스설과 유사하다. 대사속도가 높고 에너지 소모가 크면 모든 체조직의 교체가 크게 증가한다. 즉, 빠른 대사속도는 수명을 단축하고 느린 대사과정은 생명을 연장한다는 것이다. 대사회전속도설이라고도 한다. 이는 생체 내에서 분해 반응과 합성 반응이 조화되어 동적 평형이 유지되고 있는 것을 대사회전이라고 하는데, 동위원소로 표지한 화합물의 혼잡 실험 따위에 의해서 이 대사회전을 수량적으로 나타낼 수 있는 것이다.

7) 유리기설

생체 내 산화반응의 중간산물로서, 세포의 정상적인 기능이 손상되고, 이와 같은 손상이 축적되면 결국 세포가 죽게 된다. 이것이 조직 및 생체의 기능감퇴와 형태적 변화를 일으킴으로써 노화가 된다는 것이다.

지금까지 노화에 관한 7가지 가설에 대해서 알아보았다. 결론적으로 노화는, 유전적인 영향과 일부는 환경적인 요인에 의해서 일어난다는 것을 알 수 있다. 이 외에도 여러 가지 가설이 있지만, 확실한 근거가 없어 연구가 계속 진행되고 있는 실정이다.

2. 사람의 수명

2021년 8월 말 기준으로 100세를 넘는 인구가 2만 1,411명으로 남자가 5,203명, 여자가 1만 6천 208명이며, 여성이 남성의 약 3배 정도 장수한다. 총 인구의 0.04%가 100세 이상이라는 놀라운 조사가 이루어진 만큼 전 세계는 장수비결을 연구하고 있다. 100세까지 사는 것도 대단한 일인데, 1900년대에 태어나 100살을 넘겨 20세기를 지나 21세기까지 3세기를 걸쳐 살아온 것이다.

현존하는 의학계에서 연구한 결과, 가시권에 들어온 현대판 불로초 '노화치료제'로 그동안 과학자가 찾은 노화를 늦추는 대표적인 물질은 라파마이신(rapamycine)과 메트포르민(metformin)이다. 라파마이신은 장기 이식 환자에게서 나타나는 거부반응을 예방하는 면역억제제이자 항암제이고, 메트포르민은 2형 당뇨병 치료제다.

기네스북에 기록된 전 세계 사상 최고령자는 1875년에 태어나 1997년에 사망한 프랑스의 잔 칼멩(Jean Calmeng)으로, 그는 122년 164일을 살았다고 하나 학계에서, 즉 미국 조지아주 샌디 스프링스에 있는 노인학연구그룹은 현존하는 세계 최고령자를 116세인 일본인 여성 다나카 가네로 인정하고 있다. 그 외 여러 국가에서 자국민이 최고령자라고 주장하고 있으나 신빙성에서 의문점을 가지고 인정하지 않고 있다.

국내 최고령자인 김엄곡(119세; 경기 구리시 수택동)할머니가 명예 제천시민이 됐다. 충북 제천시는 "이근규 시장이 구리시의 한 요양원을 찾아 김 할머니에게 명예시민패를 전달했다"고 밝혔다.

최대 연령인 수명은 고등동물들을 대상으로 실험한 결과 성장나이의 5배가 수명이라고 한다. 그렇다면 사람은 평균 24에서 25세가 일반적인 성장나이라면 수명은 120세에서 125세 정도라고 할 수 있다(박귀영 외, 2021). 그러나 일반적으로 사람들은 그들의 수명만큼 오래 살지 못한다. 살면서 많은 스트레스와 욕심으로 인한 죄에 대한 부담감 등이 수명을 단축하고 있다. 일반적으로 수명을 다음과 같이 구분한다.

첫째, 기대수명으로, 숨이 끊어지기 직전까지의 수명을 말한다. 태어나서 운명하는 순간까지의 살아 있을 수 있는 총 기간을 말한다.

둘째, 건강수명으로, 자신의 신체활동을 할 수 있는 수명을 말한다. 남의 도움을 받지 않고 일상생활을 혼자서 할 수 있는 건강한 삶의 기간을 말한다.

3. 건강수명을 늘리기

인간이 살 수 있는 최대 연령에 일반적으로 사람들은 그들의 수명만큼 오래 살지 못하고 개인차가 있는데, 이것은 유전, 생활방식 또는 환경요인에 영향을 받는다. 노화로 인한 신체기능 변화의 정도와 속도는 유전, 환경 및 생활방식에 따라 다르다. 개인의 실제 수명은 생활방식, 각종 사고 또는 질병을 예방할 수 있는 환경이나 생활습관의 영향을 크게 받는다면 우리의 생활습관과 영양보충은 매우 중요하다 하겠다.

세계은행 발표 기준, 세계 1위 장수 지역은 홍콩이다. 사실 이런 통계는 조사기관별로 차이가 좀 있긴 한데, 홍콩이 모든 통계에서 상위권이라는 사실을 부정하는 사람들은 없다. 홍콩이 2016년부터 1위를 달리고 있는데, 대부분의 사람들이 의아하게 생각할 것이다. 홍콩이 그간 우리가 장수 비결이라 믿어 왔던 좋은 공기, 신선한 채소나물, 달고 짜거나 기름기 적은 음식과는 아예 거리가 멀기 때문일 것이다. 홍콩의 배후에는 중국 최대 공업도시 선전이 있다. 낮은 산이 가로막혀 있지만, 선전의 대기오염은 홍콩의 대기와 직결될 수밖에 없다. 홍콩 사람들은 모두 엄청나게 단 디저트에 열광하고, 식물성 기름만 섭취하지 않으면 죽을 것처럼 호들갑을 떠는 한국 사람들과 달리 돼지기름인 라드에서 에그타르트 같은 간식거리까지 광범위하게 섭취한다.

세계보건기구(WHO)와 영국 임페리얼 칼리지 런던 연구팀이 경제협력개발기구(OECD) 35개 가입국의 기대수명을 분석한 결과에 따르면 한국 남녀의 수명이 10여 년 후 선진국 중에서 최고가 될 것으로 전망됐다.

특히 한국 여성은 평균 기대수명 90세를 돌파할 것으로 전망됐다. 연구논문에 따르면 2030년에 태어나는 한국 여성의 기대수명은 90.82세를 기록할 것으로 예상했다.

조사 대상국 남녀 중에 기대수명이 90세를 넘는 집단은 한국 여성이 유일했다. 한국 여성의 뒤를 프랑스 여성(88.55세), 일본 여성(88.41세), 스페인 여성(88.07세), 스위스 여성(87.07세) 등이 뒤따랐다. 남성들의 2030년 출생자를 따질 때도 한국이 84.07세로 세계 최고를 기록했다. 오스트리아(84.00세), 스위스(83.95세), 캐나다(83.89세), 네덜란드(83.69세) 등이 그 다음이었다.

그렇다면 이렇게 장수를 할 수 있는 비결은 무엇일까. 이와 관련해 미국의 건강, 의료 포털 웹 엠디에 실린 '장수하는 비결 10가지'를 알아본다.

- **체중을 줄여라=**살을 빼면 당뇨병과 심장병, 그리고 생명을 단축시키는 다른 요인을 차단할 수 있다.
- **담배를 끊어라=**50년간 실시된 영국의 한 연구결과에 따르면 30세에 담배를 끊

으면 수명이 10년 연장되며 40세 때는 9년, 50세 때는 6년, 60세 때는 3년 목숨이 느는 것으로 나타났다.

- **숙면하라**=잠자는 시간이 5시간 이하인 사람은 일찍 사망할 위험이 크다. 잠을 충분히 자야 각종 질병도 예방하고, 병에서도 빠르게 회복된다.
- **운동을 하라**=1주일에 2시간 30분 이상 적당한 수준의 운동을 하라. 이렇게 하면 심장병, 뇌졸중, 당뇨병, 우울증 등에 걸릴 위험이 줄어들고, 나이가 들어도 정신력을 예민하게 유지할 수 있다는 연구결과가 많다.
- **성실하라**=80년에 걸쳐 시행된 한 연구결과에 따르면 장수 여부를 예측할 수 있는 최고의 변수는 성실한 성격이었다. 성실한 사람은 건강을 지키기 위해 더 많은 것을 하며, 더 나은 직업을 선택하고 사람들과 더 긴밀한 관계를 맺으며 산다.
- **용서하라**=원한을 털어 버리면 불안감이 줄어들고, 혈압이 떨어지며 숨쉬기가 편안해진다. 나이가 들수록 이 같은 효과는 커진다.
- **친구를 사귀라**=호주의 연구진은 사교성이 있는 노인은 친구가 적은 동년배와 비교했을 때 10년 안에 사망할 확률이 낮다는 사실을 확인했다. 기존 연구 148건을 분석한 결과도 다양한 사교활동과 장수와의 관계를 입증하고 있다.
- **결혼하라**=결혼한 사람은 혼자 사는 사람보다 오래 사는 것으로 나타났다. 결혼은 사회적 경제적으로 큰 혜택을 준다. 심지어 이혼하거나 배우자를 잃은 사람도 결혼을 한 번도 하지 않은 사람보다는 사망률이 훨씬 낮은 것으로 나타났다.
- **종교를 가져라**=65세 이상의 노인들을 대상으로 12년간 실시된 연구결과에 따르면 매주 한 차례 이상 예배를 드리는 사람은 그렇지 않은 사람보다 면역계에서 핵심적 역할을 하는 단백질을 더 많이 갖고 있는 것으로 나타났다.
- **안전장비를 착용하라**=미국에서 1~24세의 사망 원인 1위는 사고다. 교통사고의 경우, 안전벨트만 잘 착용해도 사망이나 심각한 부상을 50% 줄일 수 있다.

Senior Social Welfare | part

02

노인복지 정책 및 제도 이해

Senior Social Welfare | chapter 04

노인복지의 개관

사회복지를 국가나 사회가 주체가 되어 인간을 대상으로 삶의 질을 향상시키려는 노력이나 활동이라고 정의할 때, 노인복지는 생애주기(life cycle)상 고령기에 처한 노인을 위한 대책이라고 할 수 있다. 즉, 노인은 태내기로부터 청·장년기의 발달단계를 거치면서 사회적 작용을 확대해 왔지만 노년기에 이르면 생산 관계에서 역할이 감소하고, 결국 노인의 생산성 약화는 사회적 지위의 약화로 귀착된다.

따라서 노년기의 인간은 그들의 삶의 영위를 위한 생활상의 욕구를 사회가 해결해 주지 않으면 그들 스스로의 능력으로는 한계가 있는 계층이다. 이른바 사회적으로 취약 계층이고 소외 계층에 속하는 것이다. 흔히 노인의 4고(苦)는, ①빈고, ②병고, ③고독고, ④소외고 등으로 지칭되고 있지만, 이들에게는 경제적·심리적·사회적 욕구와 의료적 욕구가 있으며, 노인복지는 바로 이러한 욕구에 대응한 조치를 의미한다. 그리고 이러한 복지 조치에는 반드시 '원리'나 '원칙' 등이 사회적으로 결정되고 산출되는 이념이 그 기저에 있는 것이다.

여기에서는 노인복지정책과 법제의 개괄적인 이해를 위한 첫 단계로서 노인복지의 개념과 특성, 노인복지의 역사, 노인복지의 원칙과 주요내용, 노인복지정책 및 실천체계를 논의하였다.

제1절 노인복지의 개념과 특성

1. 노인복지의 개념

노인복지 개념은 하나의 사물을 나타내는 여러 관념 속에서 공통적이고 일반적인 요소를 추출하고 종합하여 얻은 관념이다. 앞에서 노인복지를 개괄적으로는 정의하였지만, 노인복지란 한마디로 간파하기란 어려운 개념이다. 그럼에도 불구하고 이는 노인복지정책학 전반에 토대가 되는 핵심적인 개념이기도 하다. 우선 기존의 학자들의 견해를 보면 다음과 같다.

- 오까무라시게오(岡村重夫) 교수는 노인복지를 노령에 의하여 일어나는 사회생활상의 곤란에 대하여 사회복지적으로 원조하는 것으로 보고, 노인의 기본적 욕구에 대응한 일반적 노인 정책을 제시하였다(間村重夫・三浦文夫, 1974: 84-85).
- 장인협, 최성재 교수는 노인복지를 노인이 인간다운 생활을 영위하면서 자기가 속한 가족과 사회에 적응하고 통합될 수 있도록 필요한 자원과 서비스를 제공하는 데 관련된 공적・사적 차원에서의 조직적 제반 활동이라고 정의하였다(장인협・최성재, 1987: 266).
- 이혜원 교수는 노인복지를 노인 문제를 예방하고 해결하기 위한 공・사의 조직적 활동이라고 정의하였고(이혜원, 2000: 130), 한편 한국노인문제연구소의 학술계간지(1997 춘계호: 통권 제5호)에 의하면 노인복지를 빈곤, 불건강, 고독, 무위 등의 노년기의 문제를 해결해 주는 것으로 보고 있다.

이상의 노인복지에 대한 범주적 정의를 정리해 보면 다음과 같다.

첫째, 노인복지의 제반 활동 주체는 공적 영역과 사적 영역이 있다.
둘째, 노인의 욕구나 문제는 예방하기 위한 복지 조치 기능과 사후 해결하기 위한 기능으로 구분할 수 있다.

셋째, 노인복지 역시 사회복지 영역에 속하므로 대응 방법에서도 정책적이고 거시적인 방법이 있고, 전문 기술적이고 미시적인 사회 사업적 개입방법이 있다.

이제 기존의 정의와 범주적 영역을 고려하여 노인복지에 대한 개념화를 해 보면 노인복지의 영역은 노인이라는 특수한 계층을 대상으로 그들의 일상생활의 질을 높이기 위한 사회적 대응책이라고 하겠다.

구체적으로 노인복지의 개념화를 시도해 보면, 노인복지란 노인이 가지고 있는 빈곤, 질병, 고독, 무료함 등의 4중고(重苦)를 해결하고, 경제적·심리적·사회적 욕구에 대응하여 경제적인 안정, 심리적이고 신체적인 건강 유지, 사회적인 참가와 역할 수행을 돕는 원조 활동이라고 정의할 수 있다. 물론 원조 활동의 방법은 정책과 임상을 포함한 국가와 민간의 주체가 된 조직적 체계에서 수행된다.

2. 노인복지의 특성

사회의 고령화 추세에 따라 노인복지는 이제 미래사회의 준비라고 해도 과언이 아닐 만큼 중요한 실천 분야가 되었다. 노인인구의 증가는 대인 서비스를 향한 욕구의 증가라는 측면에서 노인복지사업의 필요성을 역설할 수 있으며 다음에서 노인복지의 특성을 찾아보고자 한다.

1) 욕구의 다원성

매슬로우(Maslow)의 인간의 욕구 5단계를 설명하지 않더라도 인간은 성장과정에 따라 그 행복의 조건 및 인간적 욕구가 변화하고, 특히 나이가 들수록 그 욕구가 다양해져서 노인들의 경우에는 경제적 빈곤, 건강의 약화, 고독감, 역할의 상실 등 어려운 문제에 당면하고 있다고 할 수 있다. 또한 후손들의 장래에 대한 어른으로서 대접을 받겠다는 욕구 등 그 욕구가 다원적인 성격을 띠고 있다.

2) 대상의 보편성

장애인이나 전과자, 윤락여성 등 특수한 약자를 대상으로 하는 갱생복지 등과 구분되는 노인복지는 인간은 누구나 노인이 되고 모든 사람이 조만간 노인복지의 대상이 된다는 점에서 타 복지와는 달리 대상의 보편성을 띠고 있다.

3) 대상의 격증성

현대사회는 과학기술의 발달과 의학기술의 발전, 인구의 자연적인 증가현상 등으로 생활수준이 향상되고 평균수명이 연장되어 인구의 고령화 현상이 나타나고 있다. 노인복지 대상으로서 노령인구는 이와 같은 요인 때문에 급격하게 증가하고 있다. 그리고 새로운 기술개발, 산업화 정책, 정년제 등 인위적인 정책에 따른 제도적인 노인 취급에 의하여 노인층은 격증하고 있으며, 노인복지의 필요성이 대두되고 있다.

4) 선봉사 후수혜성 및 보상

현재의 노인은 경제활동이 가능했던 활동기간 중에 보험료 또는 납세 등에 의해 보험재정이나 국가재정에 기여해 왔으며 사회적 활동을 통해 사회발전에 기여해 왔기 때문에 경제능력을 상실한 노후에는 오늘의 경제활동 인구층으로부터 부양받을 권리를 갖고 있다.

5) 사회의 고령화

건강 · 보건의료기술의 발달로 인한 평균수명의 연장은 노인인구의 증가 및 사회를 고령화시키고 또 다른 사회문제로서 노인문제의 발생과 노인복지욕구의 증가를 불러왔다. 특히 우리나라는 아주 짧은 기간 동안 고령화 사회에서 고령사회로 진전되었고, 또한 고령화 진행은 다른 선진국에 비하면 너무나 빠른 속도로 진행될 것으로 예상하고 있다.

노인인구의 증가는 결국 요보호대상 노인의 증가를 의미하므로 노인복지는 매우 중요하고, 또한 노인인구가 증가한다는 것은 그만큼 욕구 계층이 많아지는 결과이므로 전 노인계층을 위한 보편적인 노인복지의 필요성이 제기된다.

6) 사회공헌에 대한 보상

노인은 젊은 시절 사회의 발전을 위해 직·간접적으로 노동력을 제공하였으며 자녀의 양육과 사회의 유지기반인 가정을 이끌어 온 세대로, 사회의 이익을 위해 기여했기 때문에 공헌의 대가로서 노인복지의 필요성이 제기된다고 보는 관점이다.

대부분의 노인들은 자녀양육과 생계의 유지를 위해 수입을 소비하여 은퇴를 준비하기도 전에 무방비 상태에서 은퇴를 맞이함으로써 심리적인 부담감이 더욱 커진다. 따라서 사회가 고령화 추세에 발맞추어 은퇴 이후의 삶에 대한 준비, 즉 노인 재취업 기회의 확대, 다양한 여가 프로그램 조성 등 노후 프로그램의 활성화와 관련 정책 및 제도의 도입, 전문가의 양성 등 노인복지의 필요성이 요구된다고 할 수 있다.

제2절 노인복지의 역사

역사적으로 오래 산 사람은 사회에서 칭송받고 존경받으며 작은 파티로 이를 기념하기도 하였다. 인간의 삶은 영원히 살 수 있는 생명체가 아닌 일정 기간의 '수명'이라는 것을 가지고 있다. 물론 이 수명은 지구에 살고 있는 모든 생명체가 가지고 있다. 대부분 100년이 안 되는 수명을 가지고 있으며 인간도 이에 포함된다. 하지만 의술의 발전과 라이프스타일이 개선되면서 인간의 수명은 점차 늘어나고 있다. 삶의 시간이 연장된 인간은 그 자체만을 존중받을 뿐, 사회적으로는 약자로 취급받으며 소외되기 일쑤였다.

고대의 아리스토텔레스(Aristoteles)는 '노령자는 지나치게 비관적이고 불신이 강하며, 악의적이고 의심이 많아 너그럽지 못하다'며 노인을 비판하기도 했다. 전통적으로 서양에서 노인에 대한 시각은 상당히 이중적이었으며, 고대와 중세에 사람들이 노인에 대해 가졌던 이중적 태도는 사료에서 쉽게 찾아볼 수 있다. 중세에 숲속에서 살던 노인들은 오랜 경험을 바탕으로 의학적 지식을 가지고 있었으며, 종종 이들은 그들의 외모 때문에 마법사와 마녀로 오인을 받기도 하면서 공포를 불러일으켰다. 하지만 사람들의 병을 치료해 주는 긍정적 역할도 동시에 수행하며 사회적으로 필요한 존재가 되었다.

노인에 대한 사회문제가 언제부터 시작되었는가를 알기 위해선 노인복지가가 대두되기 시작한 역사를 찾아 그들의 평가가 어떻게 이루어졌는지 살펴볼 필요가 있다.

여기서는 크게 자선적 노인복지시대와 근대적 복지시대로 구분하였다.

1. 자선적 노인복지시대

1) 삼국시대

삼국시대는 효와 경로를 존중하는 시대였으나 국가가 나서서 노인을 지원하는 복지제도는 없었다. 다만 자선적 복지시스템에 의존하는 경향을 보였고 효 사상에 입각한 우대활동을 보였다. 우리나라를 비롯한 유교문화권에서는 경로효친사상이 매우 강조되었다. 특히 공자는 『효경』에서 부모에게 효도하는 것이 백행의 근본이며, 하늘과 땅에 이르는 모든 도덕적 질서의 근본이라고 하였다. 이러한 유교문화의 영향으로 우리나라에서는 이미 삼국시대부터 효와 경로가 강조되었다.

신라시대 때는 환과고독(鰥寡孤獨)이라는 제도가 있었는데, 궁핍한 사람들에 대한 민생고를 해결하기 위한 제도이다. 환(鰥)이란 늙고 나이가 들어 아내가 없는 홀아비를 말하고, 과(寡)는 늙고 나이가 들어 남편이 없는 홀어미 말하며, 고(孤)는 나이가 어리서 부모가 없어서 혼자서는 아무것도 할 수 없는 고아들이고, 독(獨)은 늙어서 부양할 자식이 없는 노인과 병자, 장애인으로 이들을 위문하고 먹을 것을 나누어 주었다(우리나라 노인을 위한 최초의 복지).

백제시대에는 환과고독은 물론 천재지변으로 피해를 당한 백성에게 음식을 나누어 주었고, 진대법의 제정으로 노인을 위한 구빈사업이 활발하게 이루어졌다.

예를 들어, 『삼국사기』에 의하면 신라 유리왕은 늙은 홀아비와 과부, 자식 없는 노인 등 스스로 생계를 유지할 수 없는 노인을 관에서 돕도록 하였다. 즉, 삼국시대 이래 역대 왕들이 경로정신의 모범을 보임으로써 백성들로 하여금 이를 보고 따르게 하고자 했으나 대개 임시적으로 노인을 위한 양로연 등의 은사를 베푼 정도였다. 따라서 국가적 차원에서의 노인복지에 대한 제도적 개입은 매우 빈약했으며, 각 나라마다 왕들의 노인 보호에 대한 책임의식의 정도에 따라 당대의 노인문제 해결의 정도가 결정되었다고 볼 수 있다.

2) 고려시대

고려시대에 들어서 불교문화가 전파되며 본격적인 노인복지정책이 펼쳐지게 된다. 농사에 실패한 노인에게 세금을 면제해 주었고, 늙고 병든 노인에게는 의복과 식량을 나눠 주었다. 특이한 것은 노년에 관직을 부여하여 노후문제를 해소할 수 있도록 지원했다는 점이다. 또한, 늙은 부모와 부양 휴가 제도를 펼치며 근대적 복지시스템을 운영했다. 불교의 자비사상은 노인보호사업에 큰 영향을 미치게 되어 고려시대에 들어와 노인복지에 대한 다양한 사업이 시행되었다. 특히 이때는 불교 승려들이 시료, 행려자보호사업 등 사회복지사업의 일익을 담당하였다.

태조 11년(928)에는 고령자에게 노인봉사자인 시정을 두어 양로하게 하였다. 성종 9년(989)부터 노인구호대책은 상당히 구체적이면서 광범위하게 실시된 것으로 기록되어 있다. 즉, 성종 10년에 왕이 서부에 거동할 때, 백성 중에 질병이 있고 또 농사에 실패한 자에게는 조세를 면제하고 병이 심한 자에게는 약을 주었다. 80세가 넘은 자에게는 특별구제를 행하였다.

현종 2년(1010)에는 환과고독에 의복과 식량을 주었고, 노인들에게는 특정 관직을 주어 노후문제에 대처하게 하였다. 현종 11년(1019)에는 70세 이상의 부모가 병들었을 경우 관리들에게 20~200일의 휴가를 주어 양로하게 하였다.

이상과 같이 고려시대에 시행된 다양한 노인보호사업 가운데, 특히 노인관리에게 베풀어진 관직 부여, 병든 노부모를 위한 부양휴가제도, 그리고 노인봉사원제도 등은 근대적 의미의 노인복지제도라고 평가될 수 있겠다.

3) 조선시대

조선은 왕권강화를 위한 수단으로 '경로정책'을 강화하였다. 조선시대로 들어서며 유교가 들어오자 경로효친사상에 날개를 달게 된다. 태종 때는 70세가 넘은 문관에게 휴가를 주었고, 봄과 가을에 잔치를 베풀어 사기를 올려 주었으며 오늘날 「노인복지법」과 유사한 양로조건을 세종 때 충족하였다. 또한 문종 때는 정년 제도를 시행하였으며, 영조 때는 복지시설제도를 확립하는 등의 노인복지정책을 시행하게 된다.

유교사상에 바탕을 두고 있는 경로효친사상은 조선시대에 들어와 더욱 강하게 나타났고, 노인복지 또한 상당히 구체화되어 제도화되는 단계에 이르렀다. 특히 조선왕조에서는 경로정책이 국가 초기의 왕권강화 정책과 맥을 같이하여 조선의 역성혁명을 합리화시키는 민심 구합의 한 방법으로 더욱 확대·실시되었다.

조선시대의 구체적인 노인보호사업은 『경국대전』에 집대성되어 있다. 중요한 사업내용으로는 태종 3년(1403)에 전함재추소(前銜宰樞所)를 설치하여 70세가 넘는 2품 이상의 문관들이 쉴 수 있는 장소를 마련해 주었고 매년 봄·가을에는 왕이 양로연을 베풀어 주었다. 이것이 세종 때 와서 기로소로 명칭이 바뀌었다.

태종 4년(1404)에는 양민원을 설치하여 부양자가 없는 노인들을 보호했고, 특히 세종 8년(1425)에는 오늘날의 「노인복지법」과 같은 양로조건을 확립하였다.

문종 2년(1452)에는 치사하고 공직에 있는 자가 연로하여 벼슬에서 물러난 전직고관들을 지방수령들로 하여금 생활을 돌보게 하였다.

영조 32년(1756)에는 기로직을 두어 60세 이상의 선비에게만 과거를 보게 하여 등용의 기회를 우선적으로 제공하기도 하였다.

이상과 같이 조선시대에 시행된 노인보호사업은 시설보호, 재가보호, 퇴직제도 등

이전 시대보다 제도적으로 발전된 형태로 구체화되었다고 평가될 수 있으나, 그 대상이 매우 제한된 고령인구로서 환과고독을 제외하고는 양반계급 가운데서도 특권층에 속한 관리들의 노후문제에만 선별적으로 접근했다고 볼 수 있다.

2. 근대적 노인복지시대

1) 천주교의 전래와 노인복지

우리나라의 근대적 노인복지사업은 천주교의 한국 전래와 함께 시설보호사업으로 시작되었다. 1885년 3월 15일 곤당골에 기와집 3채를 사서 남아, 여아, 그리고 직원들이 각각 한 채씩 쓰고 정식으로 '천주교고아원'이라 이름 짓고 제1대 원장에 백주교가 취임하였다. 동시에 종로 똥골(현 관철동)에도 큰 기와집 한 채를 사서 의지할 곳 없는 남녀 노인 40명을 모아 서비스를 제공하였다. 이것이 한국 최초의 근대적 노인복지서비스가 이루어진 양로원이었다. 이 양로원은 그 후 종현으로 옮겼다가 1894년 이후 한때 폐지되기도 했다. 그 후 1924년 종현의 몇몇 유지신자들이 '아긍회(愛矜會)'를 창립, 무의무탁한 노인들을 거둠으로써 양로원이 다시 시작되었고 1931년까지 8년간 경비가 8천여 원에, 수혜 연인원이 96명이나 되었다는 기록이 있다.

2) 구빈대책의 노인복지

(1) 일제 강점기

일제 강점기였던 1910년 한일합방 이후 구빈대책의 일환으로 총독부에 의해서 노인복지를 운영하게 된다. 이러한 시책들은 식민지 통치에 반대하는 민족운동의 무마책이었고, 동시에 식민지통치를 연장하기 위한 도구로써 시행된 것으로, 시혜 또는 자선적 성격의 단순구호사업에 불과하였다.

조선총독부 『시정25년사』에 의하면 1910년에는 특수계층인 양반, 유생의 기노, 효자・효부, 환과고독의 궁핍한 사람들에게 임시 은사금을 주었고, 1916년에는 60세 이상의 노인에게 은사진휼자금을 지급하였다. 그러나 이는 일제의 식민지 지배 전략의 일부로서 소수의 노인들에게만 제한적으로 제공되었고, 규모와 내용 또한 보잘 것 없었던 것으로 평가된다. 한편, 『조선사회사업개요』에 의하면, 당시 전국에 6개 양로시설이 있었고 수용인원은 58명이었다. 이들은 대부분 종교단체에 의해 운영되었다.

특히 1944년 3월 공포된 '조선구호령'은 우리나라를 구원해 주겠다는 거짓말로 시작된 지배강화 정책이었다. 조선구호령은 일본 본토에서 실시되던 구호법에 모자보호, 의료보호 등을 부분적으로 추가하여 조선에 확대 시행하고자 만든 것이었다. 근대적 의미의 공공부조였지만 식민정책을 강화하기 위한 방법이었기 때문에 큰 의미는 없는 정책이었다. 이 악법은 1961년 「생활보호법」이 우리나라에 제정(1962년 시행)되면서 폐지되었다.

이러한 시책들은 식민지 통치에 반대하는 민족운동의 무마책이었고, 동시에 식민지통치를 연장하기 위한 도구로써 시행된 것으로, 시혜 또는 자선적 성격의 단순구호사업에 불과하였다

(2) 해방 이후~1950년대

1945년 해방과 더불어 남북분단에 의한 미군정기(1945~1948), 1950년 6・25전쟁 등의 시대적 격변으로 인해 이재민, 고아, 부녀자 등 구호 대상자가 급증하면서 임시적 구호 수준에 불과했던 노인복지는 정책제도 밖으로 밀려나게 되었다. 한 예로, 1969년에는 아동보호시설이 98개소였음에 비교하여 양로시설은 12개소에 불과해 다른 구호 대상에 비해 노인은 상대적으로 경시되었음을 알 수 있다.

휴전 이후에도 전쟁복구사업에 국가적 관심이 집중되어 노인복지는 더욱 소홀하게 되었다. 다만 외원기관에 의해 운영되던 많은 사회복지서비스는 우리나라에서 전문적 사회복지의 임상적 기반을 구축했다고 보는 것이 좋으나 노인복지에 관한 한 타 분야에 비해 매우 낙후된 상태였다.

(3) 1960년대

1960년대는 4·19혁명과 5·16군사쿠데타 등 정치·사회적 변동과 더불어 경제개발정책이 국가정책의 핵심이 되었으며, 사회복지에 관한 법률이 점차 정비되기에 이른다.

1961년에 「생활보호법」, 「아동복리법」, 「윤락행위등방지법」, 「군사원호보상법」 등이 1962년에는 「공무원연금법」, 「재해구호법」 등이, 1963년에는 「군인연금법」, 「산업재해보상보험법」, 「의료보험법」, 「사회보장에 관한 법률」 등이 제정되어 1960년대 초는 우리나라에 있어 사회보장제도의 형식적 기틀이 마련되었다고 평가되기도 한다. 하지만 노인복지 분야에 있어서도 제도적 기반이 마련되었다고 볼 수는 없다. 다만 「생활보호법」 제3조 및 제25조의 근거하여 65세 이상 생활능력이 없는 무의무탁한 노인들을 대상으로 구빈 차원의 노인보호사업이 전개되었을 뿐이고, 실제적인 보호수준도 최저생계비 보장에는 훨씬 곳 미치는 것이었다.

(4) 1970년대

1970년대에 이르러 경제성장의 가시적 성과와 더불어 산업화, 도시화, 핵가족화, 그리고 인구의 고령화 등이 급속히 진행되었다. 1970년대에 「사회복지사업법」이 제정되었고, 경제발전을 시작, 노인문제가 사회적으로 대두되면서 관심을 갖기 시작했으나, 실제적인 노인복지제도의 기반을 마련하지는 못하였다. 그러나 매스컴이나 일반 사회에서도 「노인복지법」 제정이 심심찮게 거론되어 1976년에는 「의료보험법」이 개정되어 강제가입이 의무화되었다. 1977년에 실시된 「의료보호법」은 「생활보호법」(1961년)을 근거로 무능력자에게 무료 진료사업을 실시하는 의료부조라고 할 수 있다. 1979년 보건사회부는 「노인복지법」 초안을 만들었다. 보건복지부의 전신인 보건사회부가 「노인복지법」 초안을 작성하며 노인문제를 국가가 직접 개입하기 위해 노력하게 되었다.

노인문제가 점차 사회문제로 대두되었고, 노인들의 욕구도 다양하게 나타나기 시작하였다. 일부 도시 노인들은 빈곤, 가사 일손, 의료비, 정서적 고통 등 노인 스스로 구체적인 욕구를 호소하기에 이르렀다. 당시에 노인문제가 객관적인 사회문제로 인식되면서도 정부의 주도이다 보니 관심은 여전히 경제와 안보 분야에 있었으므로, 「노인복지법」 제정 이전에 사회보장제도 속에 산재해 있던 노인복지 관련 시책들로는 연금보험 부문에서 공무원연금, 군인연금, 사립학교교직원연금, 의료보험제도 등에 의해 급여가 지급되었고, 공공부조제도를 통해서는 생활보호, 의료보호, 군사원호보상 등이 제공되었다.

(5) 1980년대

1980년대 제5공화국이 들어서자 노인문제의 심각성이 크게 인식되면서 국정지표로 '복지사회건설'이 시작되었다.

국민들의 행복추구권을 「헌법」(제5공화국 「헌법」(1980)은 기본권에 행복추구권을 추가하면서 사회복지를 강조)으로 지정하게 된다.

1981년 「노인복지법」(1989년 개정을 통해 노인복지 대책위원회가 설치되었고, 65세 이상의 노인에 대한 노령수당 지급과 실비양로시설, 유료노인요양시설 및 노인복지주택 추가 등의 노인복지시설의 범위가 변화)이 제정되면서 지속적으로 치솟는 노인문제에 체계적으로 대응하려는 노력과 더불어 지역사회복지와 재가복지가 강조되면서 가정봉사원 사업을 시도하였다. 특별히 노인의 빈곤문제를 해결하고 노인이 과거에 사회적 발전에 기여했던 점을 감안하여 중앙정부 또는 지방정부가 노령수당을 지급하도록 하였고, 유료노인복지시설과 노인복지주택의 설치 및 관리 등의 매뉴얼이 만들어졌다. 노인복지의 확립단계라 할 수 있을 정도로 많은 발전이 있었던 단계이다.

(6) 1990년대

1990년에 들어서는 65세 이상 노인인구비율이 5.1%를 넘어서면서 고령화시대의 태동을 예고하였다. 1991년에는 「고령자고용촉진법」이 제정되어 고령자들의 고용 안정을 도모하였다. 하지만 신자유주의와 IMF 경제 위기를 경험하면서 복지예산은 전반적으로 축소되었고, 노인복지예산 또한 감소되어 재가복지와 복지주체의 민영화가 점차 확대되었다.

3차에 걸쳐 「노인복지법」이 개정되면서 다방면에서 노력은 했으나 외환위기의 광풍으로 인해 그 후폭풍은 20년이 지난 지금까지도 여전히 남아 있다. 비정규직 문제, 취업대란, 소득 양극화 등 오늘날 심각한 사회 문제들의 뿌리가 되었다. 그러나 나라가 어려울수록 복지소요는 늘어나기 마련이어서 소요는 증대하였으나 대책은 미흡한 복지암흑의 시기라고 할 수 있다.

(7) 2000년대

2001년 8월, IMF 관리 체제가 끝나면서 "이례적으로 빠르게 위기를 극복했다"고 자화자찬할 정도로 조기 극복했다.

2005년에 「저출산·고령사회기본법」이 제정되어 2014년 일부 개정되었으며, 고령화사회정책으로는 고용과 소득보장, 건강검진과 의료제공, 생활환경과 안전보장, 여가문화 및 교육과 노후 설계에 대한 내용이 포함되어 있다.

「노인장기요양보험법」이 2007년 4월 제정되어 노인장기요양보험제도가 세계에서 3번째로 제정, 공포되었으며 2008년 7월 1일부터 현재 시행되고 있다.

2011년 「국민건강보험법」이 제정되어 2012년 9월 1일부터 시행되고 있으며, 세계에서 부러워할 정도로 전 국민이 값은 서비스를 제공받고 있는 제도 중 하나이다.

2012년에는 「치매관리법」이 제정되어, 노인들의 제일 많이 가지고 있는 질병인 치매 서비스제도로 치매에 대한 조기 진단과 예방 및 상담, 치료 등을 종합적으로 시행하고 있다.

2014년 「기초연금법」이 제정되어, 삶이 어려운 노인들에게 일정 금액을 지불하고 있는 제도로 2021년 현재 30만 원씩 지급하고 있다.

제3절 노인복지의 원칙과 주요 내용

1. 노인복지의 원칙

1) 존엄성의 원칙

대한민국 「헌법」 제10조에는 “모든 국민은 인간으로서의 존엄과 가치를 가지며, 행복을 추구할 권리를 가진다. 국가는 개인이 가지는 불가침의 기본적 인권을 확인하고 이를 보장할 의무를 진다”라고 명시되어 있다.

「헌법」에 나타난 바와 같이 노인복지실천 현장에서도 이러한 원칙은 적용이 되는데, 노인은 누구나 평등하며 존엄한 가치를 지닌다. 연령과 성별, 직업, 사회적인 지위, 경제적인 상태 등의 어떠한 면에 있어서도 차별받지 않으며 인간적인 권리를 누리며 존중을 받아야 한다.

이는 노인복지서비스 제공 대상에 있어서 보편성의 원리와도 일맥상통하는데, 노인은 사회적으로 공헌하고 국가의 이익을 위해 노동력을 제공해 온 존재로서 노인이라면 누구나 인간적인 대우와 존중을 받아야 한다.

2) 개별화의 원칙

개별사회사업의 7대 원리 중에서 개별화의 원칙은 노인복지 실천현장에서도 요구되는 항목이다. 세상에 똑같은 성격과 기질을 가진 사람은 없으며 인간의 행동에는 나름대로의 고유의 특성과 이유가 있다고 보아야 하며 그러한 시각으로 실천적인 접근이 이루어져야 한다.

인간은 타인과 구별되는 고유한 개인적인 성질이 있으므로 차별당하지 않아야 하고 개별화되어 다루어져야 하는데, 특히 노인의 노화에 대하여 부정적인 시각을 버려야 하며 개별적으로 대우하여야 한다.

3) 자기결정의 원칙

자기결정의 원칙은 앞서 언급한 인간의 존엄성과 관련이 있는 항목으로서 노인의 욕구와 문제에 대하여 노인복지실천가는 노인의 개인성과 권리성을 최대한 인정해야 하며 노인 자신의 문제를 스스로 해결할 수 있도록 경청하고 공감하며 지지하는 역할을 수행해야 한다.

그러한 욕구나 문제를 해결하는 데 있어 지원이 요구된다면 노인복지실천은 지역사회에서 동원 가능한 최대한의 자원을 확보해 주어 노인의 문제를 해결할 수 있도록 원조해야 된다. 노인은 인간으로서 존엄성을 가진 존재로서, 결정에 있어 노인이 선택할 수 있고 정할 수 있도록 도와야 한다.

4) 권리와 책임성의 원칙

노인은 국민의 한 사람으로서 존엄성과 안정된 삶을 보장받을 권리를 가지고 있는 반면, 노인이라고 무조건 받기만 하거나 의존하려고만 할 것이 아니라 자신의 심신을 건강하게 유지하고 기존의 지식과 경험을 활용하여 사회의 발전에 기여해야 되는 책임성을 동시에 지니고 있다.

오늘날 젊은이들의 가치체계도 많이 달라졌으며 이러한 변화 속에서 노인 스스로도 과거 전통사회의 노인상을 고집하는 것은 지양해야 될 것이라고 본다.

노인복지 실천현장에서 사회사업가는 노인은 무언가를 제공해 주면 무조건 좋아할 것이라는 생각을 버려야 하며 노인의 욕구가 무엇인지 정확히 파악하고 노인 스스로가 서비스를 선택할 수 있도록 노인의 의사를 충분히 반영해야 한다.

또한 노인은 은퇴 이후 사회적 역할이 소멸되었다고 생각할 것이 아니라 노년기에 적합한 다양한 사회참여를 통해 기여해야 될 책임성을 가지고 있다.

5) 보편성과 선별성의 원칙

사회복지서비스 제공에 있어 보편성과 선별성의 원칙이 있는데, 로마니쉰(Romanyshin)에 의하면 사회복지란, 선별적인 의미로서 서비스의 대상이 장애인, 아동, 노인, 여성 등 사회적인 약자에게 한정되어 제공되는 원조라고 하였으며, 보편적인 의미로서 사회복지란 전 국민의 보편적인 욕구에 따라 국가와 사회가 책임을 지는 형태를 의미한다. 이는 노무현 전 대통령이 이끄는 참여정부가 지향했던 "전 국민의 복지실현"과 흐름을 같이한다.

노인복지실천 현장에 있어서 보편성과 선별성의 원칙은 '보편주의를 지향해야 한다. 또는 선별주의를 지향하여야 한다.'는 어느 한쪽으로 치우침을 가져서는 안 되며 노인복지에 있어서 대부분의 노인들이 가질 수 있는 보편적인 욕구에 대해서는 보편성이 요구되고 경제적인 차이처럼 개인적인 차이가 있는 욕구에 대해서는 선별성이 요구된다.

6) 전체성의 원칙

사회복지라는 학문은 인간과 그를 둘러싼 환경을 다루는 실천학문이며 그렇기 때문에 실천현장에서 욕구나 문제를 볼 때 인간의 신체적 · 심리적 · 사회적인 특성을 전체적으로 또는 종합적으로 접근해야 하는 것이다.

인간은 개별적이며 또한 감정의 동물이기 때문에 다양성이 존재한다는 것을 전제로 해야 되며 인간의 욕구나 문제는 결국 사회와 상호작용에 의해 발생한다고 보기 때문에 사회복지학문은 학문 간의 연계가 요구되고 협력이 필요한 것이다.

노인복지실천현장에 있어서도 대상이 되는 노인은 다른 세대와는 다른 독특한 성격이 존재한다. 신체적으로 노화가 일어나며 심리적으로 젊은 세대와 다른 새로운 성향이 발생하게 되고 사회적으로는 기존의 역할이 소멸되고 그로 인해 새로운 역할들이 생성되기 때문에 더욱 전체성의 원리를 가지고 접근해야 될 필요가 있는 것이다.

7) 전문성의 원칙

노인의 문제는 신체적인 노화와 더불어 복합적이고 광범위하게 발생하기 때문에 전문가의 참여가 매우 중요하다. 사회복지사를 비롯하여 의사, 간호사, 물리치료사, 영양사, 요양보호사 등이 전문적으로 팀을 이루어 접근하는 것이 바람직하며 이러한 전문가는 객관적으로 자격이 인정된 사람이어야 하고 업무에 대해 권위와 자율권, 결정권 및 책임성을 가지고 있어야만 소기의 목적을 달성할 수 있다.

8) 시대적 욕구반영 원칙

오늘날 사회의 고령화가 빠른 속도로 진전되면서 노인인구가 급증하고 있다. 이는 노인의 욕구도 그만큼 증가하고 있으며 그 형태도 다양해지고 있다는 것을 의미하는데, 노인복지실천가는 수시로 욕구조사를 통해 시대적인 상황에 따라 다변화하는 노인의 욕구에 부응하여 서비스를 제공하여야 한다.

2. 노인복지의 국제원칙

1) 노인인권선언

노인권리선언(Declaration of Old Age Rights)은 제2차 세계대전 직후인 1948년에 발표하였는데, 이는 아르헨티나(Argentina)의 제안에 근거하여 맨 먼저 노인의 권리에 대해 언급한 역사적 선언이라 할 수 있다. '노인권리선언'에는 사회권을 중심으로 원조받을 권리, 의식주, 노동에 대한 기본권리에서부터 신체적 건강, 정신적 건강의 케어에 대한 권리, 여가의 권리에서부터 안전, 안심에 대한 권리, 존경받을 권리 등 10가지 권리가 제시되었다.

〈표 4-1〉 노인권리선언

1. **원조 받을 권리(right to assistance)**: 모든 노인들은 자기의 가족에 의해서 충분히 보호받을 권리를 가진다. 빈곤자의 경우, 직접적으로 혹은 이를 위해 만들어진 여러 기관이나 재단을 통하여 보호하는 것은 국가의 의무이다. 그 경우 의무수행을 게을리한, 지불할 능력이 있는 친척에게 해당되는 노인의 지원을 위하여 적당한 부담을 청구하는 국가 또는 앞에 말한 기관의 권리를 해쳐서는 안 된다.
2. **거주의 권리(right to accommodation)**: 모든 사람은 인간으로서의 안락함과 건강한 거주 환경을 가질 최저한의 고유한 권리를 가진다. 이러한 이유 때문에 노인도 거주의 권리를 가진다.
3. **식사에 대한 권리(right to food)**: 개인의 연령과 신체에 적합한 건강한 식사의 제공에 대해서 특별한 주의가 이루어져야 한다.
4. **의복에 대한 권리(right to clothing)**: 개인의 고유의 권리는 환경이나 기후에 적합하고 충분한 의복에 대한 권리를 포함한다.
5. **신체적 건강을 돌볼 수 있는 권리(right to the care of physical health)**: 노인의 신체의 건강에 대한 케어와 보호는 제 기관과 정부의 특별하고 계속적인 관심이 없어서는 안 된다.
6. **정신적 건강을 돌볼 수 있는 권리(right to the care of moral health)**: 노인이 정신적으로 건강한 상태를 유지할 수 있도록 하는 자유로운 정신적, 종교적, 지적 발달에 대한 권리가 지켜져야만 한다.
7. **여가에 대한 권리(right to leisure)**: 노인은 여가와 퇴직 후의 생활을 만족하며 지낼 수 있도록 합리적인 최저한의 여가에 대한 권리를 가진다.
8. **노동의 권리(right to work)**: 모든 노인은 노동력이 있는 한 노동할 권리를 가지며, 제 기관과 국가는 노인의 생산 능력을 평가하여 노동의 가능성을 고려해 주어야만 한다.
9. **안정에 대한 권리(right to stability)**: 모든 노인은 일정하게 확보되어진 안정 상태에 대한 권리와 인생의 말년에 있어서 고민과 근심에서 해방된 생활에 대한 권리를 가진다.
10. **존경받을 권리(right to respect)**: 노인은 다른 사람으로부터 충분한 존경을 받고 배려되어야 할 권리를 가져야 한다.

2) 비엔나 국제고령화 행동계획

비엔나 국제고령화 행동계획(International Plan of Action on Ageing)은 1982년 7월 오스트리아(Austria) 비엔나(Vienna)에서 개최된 세계고령화대회(World Assembly on Ageing)에서 '고령화 관련 행동계획'이 채택되고 같은 해 UN 총회에서 인준이 되었는데, 이를 흔히 '비엔나 국제계획'이라고 명명된다. 이 계획은 인구고령화에 효과적으로 대처할 있도록 정부와 시민사회의 능력을 강화하고 노인들의 잠재적 개발능력과 의존 필요성을 알리는 것을 목적으로 하고 있다. 이는 지역적 그리고 국제적인 협력을 증진하는 바, 조사, 자료수집과 분석, 훈련과 교육을 위한 행동계획을 제시하였다. 또한, ① 건강과 영양, ② 노인소비자 보호, ③ 주거와 환경, ④ 가족, ⑤ 사회복지,

⑥ 소득보장과 고용, ⑦ 교육 분야의 51개 권고사항을 제시하였다. 여기에는 고령화 과정에 있는 개인들의 관심분야와 관련된 권고를 포함하고 있다(보건복지부, 2000).

3) 노인을 위한 UN 원칙

UN은 1982년 7월에 오스트리아 빈에서 노인문제 해결 방안을 강구하기 위한 세계대회(The World Assembly on Aging)를 개최하였다. 같은 해에 UN 총회는 노화에 관한 국제 활동계획을 인준하였다.

1990년에는 총회에서 매년 10월 1일을 '국제 노인의 날(The International Day for the Elderly)'로 제정하였으며, 1991년 12월 16일 유엔총회에서 '노인을 위한 UN 원칙(The United Nation Principles for Older Person)'을 채택하였다.

주요 골자는 독립(independence), 참여(participation), 보호(care), 자아실현(self-fulfillment), 존엄(dignity) 등 5개 영역에서 정부가 고려해야 할 18개 원칙을 제시하였다. 구체적으로 노인들의 건강과 영양, 노인소비자의 보호, 주거와 환경, 가족 사회복지, 소득보장과 고용, 교육 등을 강조하고 있다. 이 원칙은 인구고령화를 효과적으로 대처하도록 정부와 시민사회의 능력 강화 및 노인들의 잠재적 개발능력의 필요성을 강조하고 있다. 이의 내용에 따르면 노인인권은 좁은 의미로는 노인이 학대받지 않을 권리부터, 넓은 의미로는 연령차별 없이 적극적으로 사회에 참여할 권리에 이르기까지 매우 광범위한 개념이라 할 수 있다.

〈표 4-2〉 노인을 위한 UN원칙

1. 독립(independence)
   - 1-1 노인은 소득, 가족과 지역사회의 지원 및 자조를 통하여 적절한 식량, 물, 주거, 의복 및 건강보호에 접근할 수 있어야 한다.
   - 1-2 노인은 일을 할 수 있는 기회를 제공받거나, 다른 소득을 얻을 수 있는 기회에 접근할 수 있어야 한다.
   - 1-3 노인은 직장에서 언제 어떻게 그만둘 건인지에 대한 결정에 참여할 수 있어야 한다.
   - 1-4 노인은 적절한 교육과 훈련 프로그램에 접근할 수 있어야 한다.
   - 1-5 노인은 개인의 선호와 변화하는 능력에 맞추어 안전하게 적응할 수 있는 환경에서 살 수 있어야 한다.

1-6 노인은 가능한 한 오랫동안 가정에서 살 수 있어야 한다.

2. 참여(participation)

2-1 노인은 사회에 통합되어야 하며, 그들의 복지에 직접 영향을 미치는 정책의 형성과 이행에 적극적으로 참여하고, 그들의 지식과 기술을 젊은 세대와 공유하여야 한다.

2-2 노인은 지역사회 봉사를 위한 기회를 찾고, 개발하여야 하며, 그들의 흥미와 능력에 맞은 자원봉사자로서 봉사할 수 있어야 한다.

2-3 노인들을 위한 사회운동과 단체를 형성할 수 있어야 한다.

3. 보호(care)

3-1 노인은 각 사회의 문화적 가치체계에 따라 가족과 지역사회의 보살핌과 보호를 받아야 한다.

3-2 노인은 신체적, 정신적, 정서적 안녕의 최적 수준을 유지하거나 되찾도록 도와주고 질병을 예방하거나 그 시작을 지연시키는 건강보호에 접근할 수 있어야 한다.

3-3 노인은 그들의 자율과 보호를 고양시키는 사회적, 법률적인 서비스에 접근할 수 있어야 한다.

3-4 노인은 인간적이고 안전한 환경에서 보호, 재활, 사회적, 정신적 격려를 제공하는 적정수준의 시설보호를 이용할 수 있어야 한다.

3-5 노인은 그들이 보호시설이나 치료시설에서 거주할 때도 그들의 존엄, 신념, 욕구와 사생활을 존중받으며, 자신들의 건강보호와 삶의 질을 결정하는 권리도 존중받는 것을 포함하는 인간의 권리와 기본적인 자유를 향유할 수 있어야 한다.

4. 자아실현(self-fulfillment)

4-1 노인은 자신들의 잠재력을 완전히 개발하기 위한 기회를 추구하여야 한다.

4-2 노인은 사회의 교육적, 문화적, 정신적 그리고 여기에 관한 자원에 접근할 수 있어야 한다.

5. 존엄(dignity)

5-1. 노인은 존엄과 안전 속에서 살 수 있어야 하며, 착취와 육체적·정신적 학대로부터 자유로워야 한다.

5-2. 노인은 나이, 성별, 인종이나 민족적인 배경, 장애나 여타 지위에 상관없이 공정하게 대우받아야 하며, 그들의 경제적인 기여와 관계없이 평가되어야 한다.

4) 마드리드 고령화 국제행동계획

세계적인 인구고령화 현상에 대응하여 2002년 제2차 고령화 총회가 개최되어 '마드리드 고령화 국제행동계획(Madrid international plan of action on aging; MIPAA)'을 채택하였다. 이 계획의 목적은 모든 사람들이 존엄성을 갖고 안전하게 노후를 보내며 안전한 권리를 가진 시민으로서 사회에 계속적으로 참여하도록 보장하는 것이다. 이 계획은 서문(1항 ~11항), 행동을 위한 권고(노인과 발전에 8과제 14항, 노년까지의 건강과 안녕 증진 6과제 13항), 능력을 부여하고 지원하는 환경확보(4과제 8항)로 3개 장, 46문항으로 구성되어 있다. 노인의 권익보호를 위하여 '노인과 발전, 노년까지의 건강과 안녕 증진, 능력을 부여하고 지원하는 환경확보' 등 주요 정책 방향을 설정하고 그 아래 18개 분야의 과제를 제시하여 분야별 목표와 행동지침을 권고하고 그 이행과 후속조치를 규정하고 있다. 이 계획서에는 노인에 대한 모든 형태의 유기, 학대 및 폭력의 근절, 노인학대에 대한 인식 고양 캠페인 등 일반 공중의 교육, 노인학대 근절 법률 제정 및 법률적 노력 강화, 노인학대에 대응함에 있어서 시민사회와 정부 사이의 협력체계 구축, 유기, 학대/폭력에 대한 경각심 고취 및 노인보호, 폭력 원인 및 성격 규명의 조사연구, 노인학대 대응을 위한 지원서비스 신설 등 다양한 행동계획을 제시하였다(권중돈, 2012).

이러한 고령자에 관한 국제인권규범은 대체로 노인의 건강과 소득, 의료서비스 등 기초생활의 보장, 노인의 사회참여와 존엄의 보장, 노인에 대한 차별의 금지와 학대 예방 등에 초점을 맞추어 노인인권의 보호의 방향과 과제를 제시하고 있다.

제4절 노인복지정책 및 실천체계

1. 노인복지정책의 개념

노인복지를 위한 정책적 접근 방법이란 각종 노인문제 발생의 원인이 노인 개인에게 있다고 보지 않고 사회 구조적인 모순에 있다는 인식하에 국가나 사회가 주체가 되어 대응책을 강구하는 것을 말한다. 즉, 노인이 가지고 있는 개별적인 욕구에 대응하여 사후 대책적인 복지기능을 수행하거나 사전 예방적인 복지기능을 국가 책임하에 수행하는 것을 의미한다. 그러므로 노인복지 역시 다른 사회복지 영역과 마찬가지로 사회적 여건과 국가 정책의 흐름과 상관되어 있다. 전체적인 국가 정책의 범주에서 자유로울 수 없는 것이며, 경제·사회적 구성원들의 지지 속에서 발전을 도모할 수 있는 것이다.

특히 지난 20세기는 세계의 인류가 '고령화'라는 위대한 성취를 하였지만 동시에 인류 스스로가 풀어야 할 과제로 대두되고 있는 이 시점에서 각국의 중앙정부와 지방정부는 정치 · 경제 · 시민사회의 복지이념이나 인식을 기반으로 하여 정책적으로 접근해야 한다(사회복지에 있어서 정책적 접근의 상대적인 접근으로서는 주로 전문적이고 방법론적인 접근 방법).

노인복지정책이라고 할 때 적절한 개념화를 위해서는 크게 두 가지의 분석 방법이 유용할 수 있는데, 첫 번째는 '노인'과 '복지정책'의 합성된 의미가 있다는 것이고 다른 하나의 방법은 '노인복지'와 '정책'이라는 두 단어가 합쳐진 용어적 의미가 있다는 점이다. 여기에서는 정책을 다루고 있으므로 이미 앞에서 정의해 온 후자의 경우에서 접근해 보면 다음과 같다.

먼저 노인복지는 앞에서 정의한 바와 같이 노인들의 생활의 질을 향상시키기 위한 국가의 활동이다. 그리고 정책을 랜덤하우스(Random House) 사전에서는 "일을 융통성 있게 효율적으로 운영하기 위한 방침, 방책"으로 보고 있다. 그러나 이것도 학자들 간에는 다양한 견해로 나타나고 있다.

우선 라스웰과 카프란(Lasswell & Kaplan)은 정책을 "사회 변동의 계기로서 미래 탐색을 위해서 필요한 가치와 행동의 복합"으로 규정하고 있다(Harald, 1970). 그리고 얀치(Jantsch, 1970)가 "규범적인 사고와 행위의 1차적 표상이며 지침"으로 보는 것은 정책을 장래의 행동계획으로 보는 견해이다.

또한, 정책의 공공성에 치중하여 공공 정책, 즉 정부의 정책으로 보는 유형이 있다. 정책연구학회가 정책을 "다양한 사회문제에 대응하기 위하여 고안된 실제로 나타나거나 잠재되어 있는 정부의 계획과 행동이다"라고 정의한 것이 그것이다(Policy Studies Organization, 1972). 그러나 이와 같은 어의적 개념도 노인복지정책의 정의를 규정하는 것으로는 충분하지 않다. 정책은 그 해당 정책에 영향을 주는 정책 환경이 있고 그 환경에서 산출해 내는 이념에 따라 달라지는 가변적인 의미가 있기 때문이다(고수현 외, 2002: 29-30 재인용).

그렇다면 이러한 노인복지를 향상시키기 위한 정책적 접근이 국가 중심으로 이루어져야 하는지를 시장 실패와 정부의 대응이라는 관점에서 설명하면 다음과 같다. 즉, 시장은 자원 배분을 위한 기구로서 여러 가지 재화나 서비스가 각 경제주체의 자발적 교환 행위(voluntary exchange behavior)에 의해서 이루어지는 것을 말하는데 소득분배나 사회복지서비스 등은 시장의 역할에서는 제대로 작동하지 않는 공공재(public goods)적 성격을 가지고 있으므로, 이른바 시장의 실패(market failure) 국면이 일어나는 것이다(시장실패의 상대적인 개념은 정부실패(government failure) 혹은 비시장실패(nonmarket failure)이다.).

첫째, 복지정책은 기업 정책이나 생산정책과는 달리 보이지 않는 손(invisible hand)에 의해 경쟁이 이루어지는 시장 메커니즘과는 차이가 있다. 복지는 생산보다는 재분배적 기제에 해당하며, 자본주의 국가에서는 불완전 고용이라는 시장실패 요인을 갖고 있고 고령자는 불완전 고용의 주요 대상이기도 하므로 정부가 정책적으로 접근할 필요가 있다.

둘째, 복지는 비배제성(non-excludability)과 비경쟁성(non-rivalness)의 성질을 갖고 있는 공공재라는 점에서 일정한 비용을 지불하지 않고 무임승차(free-riding)하려는 상황이 발생하게 되며, 이러한 경우 재화나 용역은 시장 내부에서는 공급이 되질 않고 정부에 의해서만 공급이 가능하다. 특히 사회보험이 아닌 공공부조나 일부 사회복지서비스 부문은 시장 내부적 결함에 의한 공급의 문제가 있다.

셋째, 시장이 완전하게 작동하여 수요와 공급에 문제가 없더라도 경쟁 체제에서는 노인 등의 고령 인력은 생계의 위협을 느낄 정도의 저소득층으로 남기 쉽다. 이때 정부는 고령자고용촉진이나 최저임금제 등을 통하여 외부적 결함에 대응할 수 있다.

2. 노인복지정책의 체계

현대의 복지 자본주의 국가는 20세기 전반의 양차에 걸친 세계 대전을 치유하고 국민들에게 비전을 제시하기 위하여 사회복지정책을 구체화하였는데 그 가운데 공공부조, 사회보험, 사회복지서비스는 주요 프로그램이다 즉, 사회보장 정책을 통하여 복지국가를 체계화하였다. 1935년의 미국의 사회보장법이나 1942년의 영국의 비버리지 보고서는 선진 자본주의 국가를 중심으로 한 사회복지정책 전개를 촉진하는 매개체가 되었다.

노인복지정책은 원칙적으로 노인이 가지고 있는 경제 · 사회 · 심리적 욕구에 대응한 정부의 시책이면서, 다른 한편으로 국가는 그러한 시책을 하나의 법으로 구체화하거나 일정한 원칙에 따라서 수행하는 영역이 있다. 사회보험, 공공부조, 사회복지서비스와 복지 관련 제도 등은 노인복지 체계를 구성하여 독자적인 영역을 차지하고 있다. 그중에서도 소득보장정책, 의료보장정책, 사회복지서비스 정책은 핵심 영역이다.

오까무라시게오(剛忖重夫)가 지적한 고령자의 사회생활상의 곤란에 대응하는 사회복지 활동으로서 기본적 욕구에 따른 대책을 보면 〈표 4-3〉과 같으며 그리고 이와 같은 견지에서 노인복지정책에 관한 체계를 영역별로 정리하면 〈표 4-4〉와 같이 제시할 수 있다(고수현, 1990: 85-87).

〈표 4-3〉 기본적 욕구별 일반적 노인 정책 체계

노인의 기본권 욕구	일반적 노인 정책
경제적 안정	연금 등 소득보장 대책
직업적 안정	중·고령자 직업 안정 시책
의료, 위생, 영양의 보장	의료보장, 공중위생
가족적 안정 및 주택 보장	가족 근대화 시책, 비영리적 주택 정책
사회적 협동의 기회	지역 · 지역 단체의 참가
교육의 기회	사회교육 시책
문화 · 오락의 기회	비영리적 레크리에이션 시책

출처: 고수현(1990: 98)에서 재인용.

〈표 4-4〉 노인복지정책의 영역

구 분	노인복지부문	세부적인 정책
노인복지정책	사회복지부문	• 연금(경제적 인정 욕구) • 의료보장, 공중위생(의료, 위생, 영양 보장 욕구) • 주택 정책, 가족 정책(가족적 인정 욕구) • 사회교육 시책(교육 기회 욕구) • 레크리에이션 시책(문화, 오락의 기회 욕구)
	노동력활용부문	• 취업 부문 활용(직업적 인정 욕구) • 사회 활동 부문 활용(사회적 협동 욕구)

출처: 고수현(1990: 87)에서 재인용.

그런데 정책이라고 하는 것은 앞에서도 논의한 바와 같이 인간의 욕구를 사회적으로 해결해 주는 대응책으로서의 특성과 장래의 일정한 행동 계획이라는 양면성을 가지고 있다. 특히 인간 생활의 여러 가지 곤란과 위험을 대비하고 그것을 해소함으로써 보다 인간다운 삶을 추구하고자 하는 사회복지정책에서는 다양한 정책적 방법이 구체화될 수 있다.

일반적으로 사회복지정책은 그 접근 방법 면에서 본다면 사회보장정책으로 명명하여도 무리가 없을 만큼 사회보장의 영역과 일치하고 있다. 물론 사회복지는 사회변동에 따른 사회적 가치변화에 민감한 부문인 만큼 시대에 따라 학자에 따라 다양한 견해가 있을 수도 있다. 비버리지(Beveridge)는 1942년 「사회보험과 관련 서비스」라는 이른바 비버리지 보고서를 발표하면서 사회보험(social insurance)을 주요방법으로 보았고, 국가부조(national assistance)와 임의보험(voluntary insurance)을 사회보험의 보조방법으로 보고 국가는 임의보험도 장려해야 한다고 주장하였다(Beveridge, 1958: 120-121) 그리고 최근의 학자로는 피터스(Pieters)가 1993년에 사회보장의 방법을 사회보험, 사회부조(social assistance; 사회부조와 국가부조는 재정을 정부 기금이나 일반 조세에서 부담한다는 의미에서 공공부조와 같은 용어에 해당한다.), 사회수당(demogrant), 사회보상(social compensation)으로 구분하였다(Pieters, 1993: 5-7). 피터스의 방법 중 사회보험과 사회부조는 현대 국가에서 많이 사용되는 부문이나 사회수당은 아동수당이나 노령수당 등이 일부 국가에서만 인정되고 있고, 사회보상도 국가의 권력 남용(예: 우리나라의 광주민주화사태 등)이나 전쟁 피해, 사회적 희생자에 대한 본인 또는 유족에게 보상금을 지급하는 제도이지만 사회보장제도에 포함하기에는 보편성이 없다.

우리나라의 「사회보장기본법」의 제3조(용어의 정의)에서도 사회보장을 사회보험, 공공부조, 사회복지서비스, 관련 복지 제도로 간주하고 있다. 여기서 관련 복지 제도란 보건·주거·교육·고용 등의 분야에서 인간다운 생활이 보장될 수 있도록 지원하는 각종 복지 제도로 보고 있으나 너무 광범위하여 구체적인 범주를 정하기는 어려움이 있다.

지금까지의 논의를 바탕으로 우리나라의 사회복지 부문 노인복지정책의 구체적인 영역을 범주화하면 다음과 같다.

첫째, 사회보험을 기초로 하는 소득보장정책 영역과 의료보장정책 영역이 주된 방법이 된다.
둘째, 공공부조에 의한 기초생활보장과 의료급여 정책 영역이 보조 방법이 된다.
셋째, 사회복지서비스 성격의 재가·시설·지역사회복지정책 영역이 있다.

그리고 노인 인력 활용 부문으로는 크게 두 가지 영역으로 범주화할 수 있다.

첫째, 노인의 직업적 안정 욕구에 대응한 중·고령자 취업 정책과 고용안정 정책의 영역이 있다.
둘째, 노인의 사회적 협동 욕구에 대응한 사회참여 정책과 자원봉사 활용정책의 영역이 있다.

이 외에도 노인의 문화·오락의 기회욕구에 대응한 레크리에이션 정책과 교육의 기회욕구에 대응한 평생교육 정책이 광의의 노인복지정책으로 제시되고 있으니 현재의 노인복지 전달 체계에서는 직접적으로 다루지 않고 있으며, 향후의 고령사회(Aged

Society)에서는 충분히 고려되어야 할 영역이다.

특히, 기존 사회복지학자들의 연구에서 미미하게 다루어지고 있는 노인과 죽음의 관계에서 대두되는 임종의 호스피스 활동이나 그 연장선상에서 고려되어야 할 장례 의식이나 매·화장 서비스 정책도 「노인복지법」 노인복지정책 영역에서 다루어야 할 부문이다.

3. 노인복지정책의 형성과정

노인복지정책의 형성과정을 살펴보면, 노인복지정책은 사회복지정책의 한 분야로서 사회복지 정책형성에 관한 절차에 의해 형성되는 것이 일반적인 원칙이다. 노인의 복지에 관한 행동(활동)계획이 국가·사회적인 차원, 지역·사회적인 차원 및 사회복지기관의 차원에서 형성될 수도 있고, 또는 공식 및 사적인 차원에서도 형성될 수 있다.

길버트와 스펙트(Gilbert & Specht)는 사회복지 정책형성의 과정을 다음의 〈표 4-5〉에서 보는 바와 같이 8단계로 구분하였다. 전문가의 역할은 극단적으로 한 사람에 의해 수행될 수도 있고, 각각 다른 사람에 의해서 수행될 수도 있다. 〈표 4-5〉에서 제시된 전문가의 역할은 각 단계마다 하나씩 되어 있는데, 이것은 각 단계에서의 가장 주된 전문가적인 역할을 나타낸 것이며, 다른 역할들이 각 단계에서 복합적으로 수행될 경우도 있음을 유의해야 할 것이다(권육상, 2002).

〈표 4-5〉 노인복지정책의 형성과정

절 차	내 용	전문가의 역할
1. 문제의 확인	• 노화나 노인에 관련된 문제로서 사회전체나 지역사회에 문제가 되는 것인지를 확인한다. • 해결되지 못한 노인의 공통적인 기본욕구나 발달적인 욕구인지를 확인한다. • 기존정책 수행상의 문제점을 확인한다.	직접서비스 전달자
2. 공제의 분석	• 문제에 관련된 자료를 수집한다. • 문제의 실태를 분석한다. • 문제의 원인을 규명한다.	사회조사자
3. 공중에 대한 홍보	• 사회전체나 지역사회 또는 사회복지기관의 구성원들에게 문제의 실태를 알리고 관심을 불러일으킨다.	지역사회조사자
4. 정책목표의 개발	• 문제 및 욕구에 대한 다양한 해결책을 연구한다. • 해결책을 종합・분석하여 정책의 목표를 설정한다.	계획가
5. 공중의 지지 및 합법성 확보	• 일반 공중이나 기관구성원들로부터 문제 해결에 대한 대책 수립의 지지를 확보한다. • 관련 집단(정당, 전문가집단, 서민집단, 사회복지조직, client 집단 등)으로부터 지지를 확보한다.	지역사회조사자
6. 정책 프로그램의 설계	• 정책목표를 달성하기 위한 프로그램에 대한 입법 또는 사회복지기관의 차원에서 구체적인 프로그램을 계획한다. • 프로그램 설계에서는 급여자격, 급여내용, 전달체계, 재정, 수행책임자, 시행절차 등을 고려하여 계획한다.	계획가
7. 정책의 수립	• 설계된 정책 프로그램을 수행한다.	행정가, 직접서비스 전달자
8. 평가 및 사정	• 프로그램의 효율성・효과성 및 영향에 대한 평가를 한다. • 평가결과를 프로그램의 설계 및 수행에 반영한다.	조사자, 간접서비스 전달자

출처: 장인협・최성재(2009) 재구성.

노인 소득실태와 소득보장

노인복지정책 중 소득 보장에 관련한 정책은 경로연금으로 시작되었으며, 정부지원 노인일자리사업이 2004년 시작되어 계속 발전되어 오고 있다. 2007년 4월 「기초노령연금법」이 제정되어 2008년 시행되면서 기초노령연금에 흡수되었다. 사회보험원리에 따라 노후 소득보장을 사회적으로 해결하기 위한 국민연금은 1988년 시행 후 20년이 경과하여 65세 이상 노인의 경우 연금을 납부한 경우에 한해서 수혜대상으로 하고 있다.

노년기에는 생물학적 노화와 사회적 제약 등으로 수입이 절감되어 최소한의 경제적 수입을 확보하지 못하는 사람들이 많다. 이러한 노인에 대해 현재 국가는 사회의 연대책임 정신을 발휘하여 최저한의 수입을 보장해 주는 소득보장제도를 마련하고 있다(박민, 2007).

앞으로 급속하게 고령화가 진행되고 있는 여건 속에서 노인들이 사회의 일원으로 삶을 건강하게 역할과 의무를 다할 수 있도록 하기 위해서 노인 소득실태를 파악하고 그 대책으로 소득보장대책이 있어야 할 것이다.

이 장에서는 노인소득보장실태와 빈곤, 노인소득보장정책, 노인소득보장정책의 문제점과 개선방안을 제시한다.

제1절 노인소득보장 실태와 빈곤

1. 노인소득보장 의의 및 필요성

1) 노인의 소득보장의 의의

노인소득보장이란 고령으로 인한 실업 및 소득상실로 인한 빈곤으로부터 대비해 소득재분배를 통한 공평한 사회로 가기 위한 제도이다. 이는 국가가 최소한의 정기적인 소득을 보장해 주려는 복지정책이다.

노인소득보장은 정보화 산업화시대에 노인의 노동력은 효율성이 떨어지고 핵가족화와 노인부양의식 약화로 국가나 사회가 노인을 빈곤 상태에서 벗어날 수 있도록 최소한의 정기적 소득을 확보해 주는 활동이다. 노인 빈곤 문제를 정책적으로 지원하고 있는데 그 대표적인 것이 노인소득보장제도이다. 즉, 노후소득보장제도는 노령이라는 소득상실 위험에 대비한 소득보장 제도를 총칭하는 것이다.

노인의 소득보장이란 노령으로 인한 실업 및 소득상실로 인한 빈곤으로부터 대비해 소득재분배를 통한 공평한 사회로 가기 위한 제도이다. 이는 국가가 최소한의 정기적인 소득을 보장해 주려는 복지정책이다. 노인들이 생물학적 노화와 노동 시장에서의 경쟁력 상실, 정년퇴직제도, 노년기 경제생활에 대한 준비 부족 등으로 인한 노인 빈곤에서 벗어날 수 있도록 최소한의 정기적인 소득을 보장해 주는 제도이다.

우리나라는 급속한 고령화로 인하여 2020년 65세 이상 고령인구가 15.7%, 2025년 20.3%, 2060년 43.9%가 될 것으로 예상되면서, 다양한 복지정책을 요구하고 있다. 노인복지정책은 여러 정책 중 단연 가장 시급하며 중요한 문제라 할 수 있다. 또한 심각한 문제는 노인들이 소외감을 느끼는 등 정신적으로 고통을 겪고 있다는 점인데 이러한 정신적인 고통은 경제적인 빈곤이 큰 원인이 된다. 따라서 노인들의 경제적 빈곤을 해결해 주는 정책인 노인소득보장제도가 현 상황에서 가장 필요한 정책이라 할 수 있다.

2) 노인소득보장의 필요성

생물학적 노화와 노동 시장에서의 경쟁력 상실, 정년퇴직 제도, 노년기 경제생활에 대한 준비 부족 등으로 인한 노인빈곤을 벗어날 수 있도록 최소한의 정기적인 소득을 확보해 주는 활동이다. 노인의 빈곤은 개인적인 문제점에서라기보다 생물학적 및 사회적 요인이 크기 때문에 사회적 차원에서 노인에 대한 소득보장의 대책이 필요하다.

통계청 자료(2020년)인 전국의 노인 생활실태 조사에서 보면 노인의 28.3%만이 경제적인 노후 생활을 준비했고 노인 스스로가 가장 관심이 있는 분야도 노후 소득지원이 49.4%, 취업 지원 23.6% 등으로 소득보장이 가장 중요한 것으로 인식되고 있다. 빈곤이라는 문제는 노인이 될수록 개인 스스로 해결하기 어려운 사회문제이며, 이를 해결하기 위한 대책이 필요하다.

소득보장이란 노인빈곤에 대한 사회적 대책으로서 국가와 사회가 노인이 빈곤상태를 벗어날 수 있도록 최소한의 정기적인 소득을 확보해 주는 활동을 말한다. 현대 산업사회에서 노인빈곤의 원인으로는 생물학적인 노화 현상, 노동시장에서의 경쟁력 상실, 정년퇴직이라는 인위적이고 사회적인 제도, 노년기 이전 소득 불충분으로 인한 노년기 경제생활에 대한 준비부족 등 개인적 성격결함 또는 도덕적 결함에 의한 것이라기보다 생물학적 및 사회적인 요인에 의한 면이 더 크기에 가족에게 책임을 전가하기보다는 국가가 사회적 차원에서 노인소득보장에 대한 확실한 대책이 필요하다.

노인의 빈곤은 개인적인 문제점이기보다는 생물학적 및 사회적 요인이 크기 때문에 사회적 차원에서 노인에 대한 소득보장이 필요하다.

2. 노인소득보장 실태

노인소득보장 실태를 노인의 생물학적 노화와 노동시장에서의 경쟁력 상실, 노년기 경제생활에 대한 준비상태를 알아보기 위하여 노인빈곤실태, 노인의 자산 소유액 및 구성과 노인 빈곤율, 준비율 및 방법, 경제활동실태인 실업율과 고용률, 공적 연금

수급률 현황을 제시하면 다음과 같다.

1) 노인빈곤 실태

우리나라의 경우 상대적 노인빈곤율이 2019년 현재 43.8%로 주요 국가들의 평균 14.8%에 비해 3배나 높아 전 국민 빈곤율과 노인빈곤율의 격차도 크게 나타난다. OECD가 적용하고 있는 기준에 따라 전체인구 대상 가처분소득 중위 값의 절반에 미달하는 고령층이 전체 고령층에서 차지하는 비율이 높게 나타났다. 여타 OECD 국가에 비교해서도 매우 높은 수준이다.

한편 우리나라 2인 가구 기준 중위소득이 2019년 2,847,097원 내외 수준임에 따라 1인 가구는 월 1,707,105원으로 소득에 미치지 못하는 가구가 상대적 빈곤층으로 분류된다.

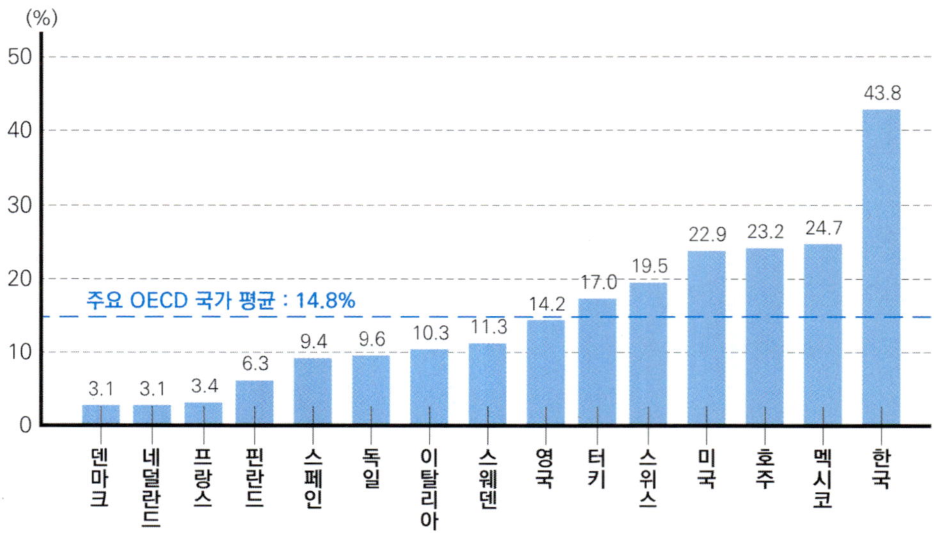

[그림 5-1] OECD 국가들의 노인빈곤현황

2) 노인가구 순자산/구성비

'20년 60세 이상 고령자 가구의 순자산액은 3억 4,954만 원으로 전년 대비 1천 383만 원 증가하였다. 연령대별로 보면, 60세 이상 고령자는 50대(4억 34만 원) 다음으로 많은 순자산을 보유하고 있다. 또한 고령자는 다른 연령대와 비교하여 자산 중 부동산(77.2%) 비중이 가장 높으며, 저축의 비중은 14.2%로 타 연령대에 비해 낮았고, 부동산 이외 자산 비중은 상대적으로 낮게 나타났다.

〈표 5-1〉 고령자(65세 이상) 가구자산 보유액 및 구성(2020) (단위: 만 원)

	순자산[2]	자산	금융자산	저축액	현거주지 전월세 보증금	실물자산	부동산	기타 실물자산	부채	금융부채	임대보증금
2013	25,769	28,951	4,337	3,519	818	24,614	23,812	803	3,182	1,659	1,523
2014	26,365	29,720	4,422	3,664	758	25,298	24,175	1,123	3,355	1,705	1,650
2015	27,961	31,732	4,864	4,030	833	26,868	25,959	909	3,771	1,990	1,781
2016	29,636	33,627	5,176	4,335	841	28,451	27,441	1,010	3,991	2,064	1,928
2017	30,767	34,946	5,671	4,766	905	29,274	28,241	1,034	4,179	2,236	1,943
2018	33,676	37,787	6,207	5,318	889	31,580	30,236	1,344	4,111	2,232	1,879
2019	33,571	37,830	6,191	5,250	941	31,638	30,384	1,255	4,259	2,312	1,947
2020	34,954	39,426	6,688	5,618	1,070	32,738	31,632	1,106	4,472	2,388	2,084

자료: 통계청 · 한국은행 · 금융감독원, 「가계금융복지조사」

주: 1) 조사연도 3월 31일 기준

2) 순자산 = 자산 - 부채

3) 노인 빈곤율

'19년 66세 이상 은퇴연령층의 소득 분배 지표는 〈표 5-2〉 노인 빈곤율에서 상대적 빈곤율 43.2%, 지니계수 0.389, 소득 5분위 배율 7.21배로, '16년 이후 모든 지표에서 소득분배정도가 개선되고 있으나, '18년 기준 우리나라 은퇴연령층(66세 이상)의 상대적 빈곤율은 경제협력 개발기구(OECD) 가입국 중 가장 높은 수준으로 나타났다.

〈표 5-2〉 노인 빈곤율 (단위: %, 배)

	상대적 빈곤율(중위소득 50% 이하)[2]		지니계수[3]		소득 5분위 배율[4]	
	18~65세 (근로연령인구)	66세 이상 (은퇴연령인구)	18~65세 (근로연령인구)	66세 이상 (은퇴연령인구)	18~65세 (근로연령인구)	66세 이상 (은퇴연령인구)
2012	13.9	47.0	0.369	0.458	7.13	11.48
2013	13.8	47.7	0.357	0.453	6.74	11.23
2014	13.7	46.0	0.348	0.450	6.49	10.73
2015	12.9	44.3	0.337	0.427	6.09	9.27
2016	12.9	45.0	0.338	0.425	6.12	9.05
2017	12.6	44.0	0.337	0.419	6.09	8.82
2018	11.8	43.4	0.325	0.406	5.67	7.94
2019	**11.1**	**43.2**	**0.317**	**0.389**	**5.40**	**7.21**

자료: 통계청 · 한국은행 · 금융감독원, 「가계금융복지조사」

주: 1) 균등화 처분가능소득 기준

균등화 처분가능소득 = 처분가능소득(시장소득 + 공적 이전소득* − 공적 이전지출**)을 균등화한 소득

* 공적 이전소득 : 공적연금(국민연금 등), 기초연금, 양육수당, 장애수당 등

** 공적 이전지출 : 세금, 공적연금 기여금 · 사회보험료 등

2) 중위소득 50%(빈곤선) 이하인 인구가 차지하는 비율

3) 소득불평등도를 나타내는 지표로 '0'이면 완전평등, '1'이면 완전 불평등을 의미함

4) 소득 상위 20% 계층의 평균소득을 소득 하위 20% 계층의 평균소득으로 나눈 값

4) 고령자(65세 이상) 노후 준비율 및 준비방법(주된 응답)

〈표 5-3〉에서 보면, '19년 65세 이상 고령자의 48.6%는 본인의 노후 준비를 하고 있거나 준비가 되어 있으며, 그 비중은 남자(60.9%)가 여자(39.3%)보다 높았다.

노후를 준비하는 고령자의 비중은 계속 증가하여 10년 전보다 9.6%P 늘어났으며, 주요 노후 준비 방법은 국민연금이 31.1%이 가장 높은 비중을 차지하고 있으며, 그 다음은 예금 · 적금 · 저축성보험(27.9%), 부동산 운용(14.6%), 기타 공적연금(13.0%), 사적연금(8.1%), 퇴직급여(4.7%) 순으로 높게 나타났다.

〈표 5-3〉 고령자(65세 이상)노후 준비율 및 준비방법(주된 응답) (단위: %)

	준비하고 (되어)있음	국민연금	기타 공적연금	사적연금	퇴직급여	예금 · 적금 · 저축성 보험	부동산 운용	주식, 채권[1]	기타[1]
2007	34.7	17.2	14.6	8.2	5.3	34.8	19.1	0.4	0.4
2009	39.0	29.6	11.4	11.5	4.1	28.0	14.1	0.3	0.9
2011	40.1	31.8	11.1	10.8	3.4	27.5	13.6	0.1	1.7
2013	42.4	32.6	12.4	5.2	5.1	27.4	14.8	0.2	2.3
2015	46.9	28.7	13.5	7.5	5.0	28.9	15.1	0.2	1.0
2017	48.0	29.9	14.7	8.3	4.3	27.4	15.2	0.2	0.0
2019	**48.6**	**31.1**	**13.0**	**8.1**	**4.7**	**27.9**	**14.6**	**0.3**	**0.3**
남자	60.9	37.4	13.7	6.4	5.6	23.3	13.1	0.2	0.2
여자	39.3	23.7	12.1	10.0	3.8	33.4	16.3	0.4	0.4

자료: 통계청, 「사회조사」
주: 1) 상대표준오차(RSE) 값이 커 신뢰도가 낮을 수 있으므로 해석 시 유의 필요

5) 2019년 65세 이상 고령자의 경제활동 현황

〈표 5-4〉에서 보면, 20년 65세 이상 고령자의 고용률은 34.1%로 전년(32.9%)보다 1.2%P 상승하였다. 고령자의 고용률은 15세 이상 인구 전체 고용률(60.1%)의 절반 남짓 수준이나, '15년 이후 상승 추세에 있다. 고령자의 실업률은 '18년까지 3% 미만을 유지하였으나, '20년 전년(3.2%) 대비 0.4%P 상승한 3.6%를 기록하였다.

〈표 5-4〉 '19년 65세 이상 고령자의 경제활동 현황 (단위: 천 명, %)

	고령층인구	경제활동인구			고용률[1]	실업률[2]
			취업자	실업자		
2011	5,527	1,642	1,606	36	29.1	2.2
2012	5,766	1,770	1,733	37	30.1	2.1
2013	6,022	1,879	1,851	28	30.7	1.5
2014	6,277	1,995	1,954	41	31.1	2.1
2015	6,534	2,034	1,985	48	30.4	2.4
2016	6,767	2,116	2,068	49	30.6	2.3
2017	7,071	2,228	2,166	62	30.6	2.8
2018	7,386	2,381	2,311	70	31.3	2.9
2019	7,713	2,622	2,538	85	32.9	3.2
2020	**8,146**	**2,879**	**2,774**	**105**	**34.1**	**3.6**
전체[3] (2020년)	44,785	28,012	26,904	1,108	60.1	4.1

자료: 통계청, 「경제활동인구조사」

주: 1) 고용률 = 고령자(65세 이상) 취업자 수 ÷ 고령자(65세 이상) 인구 × 100

2) 실업률 = 고령자(65세 이상) 실업자 수 ÷ 고령자(65세 이상) 경제활동인구 × 100

3) 15세 이상 인구임

6) 공적 연금 수급율

〈표 5-5〉에서 '20년 65세 이상 고령자의 공적연금 수급률은 매년 증가하여, '20년에는 전체 고령자의 절반 이상(53.1%)이 공적연금을 받고 있다. 그러나 여자의 공적연금 수급률은 35.9%로 남자(72.6%)의 약 절반 수준이다.

연령대별로 보면, 70~74세의 연금 수급률이 61.8%로 가장 높았으며, 그다음은 65~69세(61.5%), 75~79세(55.1%), 80세 이상(30.2%) 순으로 나타났다.

〈표 5-5〉 공적연금 수급률(65세 이상)

(단위: %, 명)

	공적연금 수급률[1)]	공적연금 수급자 수[2)]	국민연금	구성비	공무원연금	구성비	사학연금	구성비	군인연금	구성비
2016	44.6	3,015,710	2,664,358	88.3	256,695	8.5	41,736	1.4	52,921	1.8
2017	46.9	3,313,618	2,936,683	88.6	279,524	8.4	42,508	1.3	54,903	1.7
2018	48.6	3,584,900	3,180,045	88.7	300,037	8.4	47,084	1.3	57,734	1.6
2019	50.9	3,914,457	3,478,558	88.9	323,430	8.3	52,326	1.3	60,143	1.5
2020	53.1	4,315,019	3,842,189	89.0	351,922	8.2	58,749	1.4	62,159	1.4
남자	72.6	2,550,846	2,212,516	86.7	252,006	9.9	43,786	1.7	42,538	1.7
여자	38.2	1,764,173	1,629,673	92.4	99,916	5.7	14,963	0.8	19,621	1.1
65~69세	61.5	1,636,608	1,475,061	90.1	122,097	7.5	23,846	1.5	15,604	1.0
70~74세	61.8	1,229,798	1,112,513	90.5	91,567	7.4	14,619	1.2	11,099	0.9
75~79세	55.1	881,907	794,671	90.1	65,338	7.4	10,375	1.2	11,523	1.3
80세 이상	30.2	566,706	459,944	81.2	72,920	12.9	9,909	1.7	23,933	4.2

자료: 국민연금공단, 「국민연금통계연보」/공무원연금공단, 「공무원연금통계집」/사립학교교직원연금공단, 「사학연금통계연보」/국방부, 「군인연금통계연보」

주: 1) 공적연금 수급률 = 공적연금 수급자 수(65세 이상) ÷ 고령 인구(65세 이상) × 100 고령 인구는 2017년 기준추계인구

2) 각 연금별 노령(퇴직, 퇴역)연금 및 장애(장해, 상이)연금, 유족(퇴직 유족)연금 수급자 수의 합계임

제2절 노인소득보장정책

1. 소득보장의 개념

소득보장은 고령으로 부양가족의 은퇴 또는 사망 때문에 소득이 상실되었을 때, 실업, 질병, 재해로 인해 소득이 중단되었을 때 일정한 생활수준이 유지될 수 있도록 소득을 보장하는 것을 말한다. 국가의 직접적 소득이전 프로그램을 통하여 최저한도 이상의 소득을 보장해 주려는 사회적 노력이 소득보장정책이다. 빈곤문제의 예방, 해결을 위한 사회보장제도의 일부로, 사회보험, 공적 부조, 사회수당 등과 같은 제도를 통해 서비스를 제공하는 것이다.

소득보장은 세대 간 재분배, 생애주기 간 재분배, 계층 간 재분배가 가장 첨예하게 얽혀 있는 부분이며, 노령은 주요 사회적 위험(노령, 질병, 실업, 산재 등) 중 대부분의 사람들이 공통적으로 그리고 가장 장기간 경험하는 위험이다. 대부분의 노인들은 노후소득의 상실 혹은 급격한 소득 저하를 경험함으로써 이전소득(income transfer)에 의존하는 상황에 직면한다. 따라서 공적 사회지출 전 국민을 대상으로 하는 보건의료지출을 제외하고는 노인소득보장 분야에 대한 지출이 가장 큰 비중을 차지하고 있다(여유진, 2019).

노인소득보장이란 고령으로 인한 실업 및 소득상실로 인한 빈곤으로부터 대비해 소득재분배를 통한 공평한 사회로 가기 위한 제도이다. 이는 국가가 최소한의 정기적인 소득을 보장해 주는 복지정책이다. 노인빈곤은 개인적인 문제로 한정하기보다는 생물학적 및 사회적 요인이 크기에 사회적 차원에서 노인에 대한 소득보장정책이 필요하기 때문이다. 노인소득보장은 노인빈곤에 대한 사회적 대책으로 국가 사회가 노인빈곤상태를 벗어나도록 최소한의 소득을 보장해 주는 제도이다.

소득보장제도의 주된 목적은 바로 사회적 위험분산 또는 위험보장에 초점을 두고 있다. 또한 위험보장의 사회성을 강조하고 있기 때문에 바람직한 분배결과와 소득재분배의 의미를 동시에 추구하고 있다. 즉, 소득보장은 노령, 실업, 상해 및 질병 등의 사고에 대한 보장기능과 함께 빈곤의 예방 및 소득불균형을 시정하고 경제생활의 안정을 위한 소득 재분배의 기능을 수행하고 있다.

급속한 고령화로 인하여 2020년 65세 이상 고령인구가 15.7%, 2025년 20.3%, 2060년 43.9%가 될 것으로 예상되면서 우리 사회는 다양한 노인소득보장정책을 요구하고 있다.

따라서 노인들의 수명이 연장되고 인구가 늘어나는 상황을 볼 때, 노인들의 경제적 보장을 해 주는 소득보장제도가 가장 필요한 제도의 하나라고 생각된다.

우리나라 노후소득보장제도 현황은 다음 〈표 5-6〉과 같다.

〈표 5-6〉 노후소득보장 현황

구 분		가입자		수급자		월평균 소급(소득) 금액
공공부조	기초생활보장 등	N/A		저소득층 노인	42만 명	월 50만 원
	기초연금			소득하위 70% 65세 이상	516,7만 명	월 25만 원
공적연금	국민연금	18세~60세 국민	1,766만 명	60~65세 이상	341만 명	월 34.3만 원
	직영연금	공무원, 교원, 군인	160만 명	60~65세 이상	52만 명	월 240만 원
사적연금	퇴직연금	근로자	581만 명	55세 이상	0.6만 명	자료 미비
	개인연금	자발적 가입	530.3만 명	55세 이상	71.3만 명	월 25만 원
	주택연금	60세 이상 주택보유자	5만 명	60세 이상	5만 명	월 98.4만 원
개인소득	근로/사업재산소득	소득 보유자(65세 이상 노인 중 17.1~23.5%)				월 11.9~13.4만 원
	사전이전소득 등	소득 브유자(65세 이상 노인 중 93.4%)				월 21.5만 원

주: 1. 국민연금은 2015SSU, 기초생활보장, 국민연금, 직역연금, 퇴직연금은 2016년, 주택연금, 개인연금은 2017년, 기초연금은 2018년 기준
2. 기초생활보장의 월 50만 원은 1인 가구 기준 생계급여 금액
3. 국민연금 및 직역연금 수급자는 법개정으로 인해 수급개시연령이 순차적으로 상향되므로 수급개시연령을 범위로 표시
4. 개인연금은 수급자 중 종신형이 32.4%이며, 종신형에 대한 월평균 금액이므로 해석에 유의 필요
5. 개인소득은 2017년도 노인실태조사(보건복지부) 기준으로 작성

자료: 보건복지부 통계, 국민연금 통계연보, 공무원연금 통계연보, 사학연금 통계연보, 군인연금 통계연보. 퇴직연금통계, 연금저축현황분석 결과, 한국주택금융공사 보도자료를 바탕으로 국회예산정책처 작성.

출처: 박연서(2018).

우리나라에서 노인의 안정적인 노후생활을 보장하기 위한 소득보장제도에는 공공소득보장이라고 할 수 있는 공적연금, 공공부조와 사적소득보장이라고 할 수 있는 기업연금(퇴직), 그리고 개인연금 및 주택연금의 3층 구조로 설명할 수 있다.

또한 〈표 5-7〉과 같이 소득보장을 직접현물로 제공하는 직접보장과 소득효과를 간접적으로 제공하는 간접보장으로 나눌 수 있다. 간접보장으로는 경로우대제도, 생업우선지원 및 세제 감면제도 등이 있다.

〈표 5-7〉 노후소득보장제도

<table>
<tr><th></th><th colspan="2">직접소득보장제도</th><th colspan="2">간접소득보장제도</th></tr>
<tr><td rowspan="2">공공
보장</td><td>사회보험</td><td>국민연금
특수 직역연금</td><td>취업증진
프로그램</td><td>노인사회활동지원사업(노인일자리)
취업지원지도
시니어 클럽</td></tr>
<tr><td>공공부조</td><td>국민기초생활보장제도
기초연금</td><td>비용할인</td><td>경로우대제도</td></tr>
<tr><td rowspan="2">사적
보장</td><td colspan="2" rowspan="2">기업연금(퇴직연금)
개인연금</td><td>생업우선지원</td><td>매점 또는 자동판매기 설치</td></tr>
<tr><td>세제 감면</td><td>상속세, 소득세 공제</td></tr>
</table>

출처: 권중돈(2014).

2. 소득보장제도

노인소득보장제도는 직접급여, 간접급여, 소득보장프로그램으로 구분된다.

1) 직접급여

(1) 사회보험

국가, 공익단체가 고용주로서 국가 공동부담으로 납입한 보험료를 상황에 따라 지급하는 형태로 강제성이 있고 납입자에게만 지급하게 된다. 현금으로 지급하며 연금 보험료 정도에 따라 다르고 국가와 피용자 사용자들이 부담한다. 수치심이나 치욕감이 없으며 소득 재분배 효과가 커 국가의 비용 면에서 볼 때 가장 바람직한 소득보장 방법이지만 적용의 한계로 저소득층 및 비근로층은 제외된다. 그 외 국민연금법, 공무원 및 교직원 연금, 군인연금 등이 있다.

(2) 공공부조

최저한도의 빈곤자에게 국고에서 보조하며 최저한의 생활을 할 수 없는 경우의 노인에게 지급된다. 현금이나 물품, 의료급여, 주거급여, 장제급여 등이 있다. 국고에서 과세로 충당된다. 수치감과 치욕감을 느낄 수 있으며 소득의 재분배 효과, 소득보장을 보충하는 제도로 비용의 경제성과 효과성을 높일 수 있다. 실현하기 위한 프로그램으로는 국민기초생활보장제도, 경로연금 등이 있다.

(3) 사적연금 또는 퇴직연금

공적 연금제도에 의한 퇴직 후 연금 또는 일시금을 뜻한다. 피고용자가 퇴직한 경우 급여자격이 부여되며, 현금과 퇴직연금, 장해연금, 유족연금의 형태로 지급되며, 근로연수와 봉급수준 기여금부담 등에 따라 차등분배 된다. 제정은 기업체운영과 퇴직급여 전달 등에 의해 충당된다. 특성으로는 공적연금을 개인적 차원에서 보충하는 제도라는 점, 사회적 윤리의 표현이며 복지적 대책이고, 급여의 수급기간 근무연한에 한정되며, 위험성이 있다. 이를 실현하기 위한 프로그램으로는 근로자퇴직급여보장제도가 있다.

2) 간접급여

(1) 세금감면 할인혜택

재산세를 감면해 주고, 할인혜택을 부여하는 것이다. 지출의 감소형태로 나타난다. 재정은 재산세 감면, 할인혜택 등으로 충당된다. 특징으로는 현금, 물품의 지급이 아니지만 지출을 감소시킨다는 것과, 노인이 동거하는 가족의 재산세를 감면한다는 것이다. 재산세 감면, 경로우대제도가 있다.

(2) **고용촉진**

퇴직한 노인이나 저소득층에 취업의 기회를 제공한다. 노인을 고용하는 것은 유휴 인력을 적절히 활용하면서 그들의 경제적 욕구도 충족시켜 주는 것이므로 계속해서 연구, 발전되어야 할 것이다. 시간제 고용, 노인복지공장의 설치 운영 등이 있다.

3) 소득보장 프로그램

(1) **국민연금**

연금 프로그램에 가입하여 급여 종류에 따른 급여자격이 갖추어졌을 때 급여를 받을 수 있으며 수급 연령은 현재를 기준으로 볼 때 61세이고 4년 단위로 1년씩 증가하도록 규정되었다. 노령연금, 분할연금, 장애연금, 유족연금, 반환일시금, 사망일시금 등이 있고 가입자의 연금 납부로 국민연금관리공단을 통해 지급받는다.

(2) **공무원 연금**

「국가공무원법」, 「지방공무원법」, 「교육공무원법」에 의한 공무원 및 대통령이 정하는 국가 또는 지방자치단체의 기타 직원에게 지급되며 급여의 종류나 급여 내용, 수급방법 등도 폭넓게 규정되어 있다. 공무원연금관리공단을 통하여 지급되고 지부나 공공관서에 위탁하여 지급하기도 한다. 재정은 공무원의 기여금과 지방자치단체의 부담금, 공탁운영 보조금으로 충당된다.

(3) **사립학교 교직원 연금**

「사립학교법」 제3조에서 규정하는 각급 학교에 근무하는 교직원과 교육인적자원부 장관이 지정하는 사립학교의 교직원에게 지급되며 사립학교교원연금관리공단을 통하여 전달이 이루어진다. 본부와 지부를 두고 각종 학교에 위탁한다. 기여금, 학교법인 부담금, 국가 부담금, 운영수익금 등으로 재정이 충당된다.

(4) 군인연금

중사 이상의 현역, 소집되어 실역에 복무하는 군인에게 적용된다. 은행, 우체국, 기타 금융기관을 통해 전달되며 군인의 기여금이나 국가 부담금 및 그 이자로 충당된다.

(5) 국민기초생활보장

65세 이상의 노인으로 부양받지 못하여 최저생계를 유지할 수 없는 노인이 해당된다. 당사자가 신청을 하여야 하며 사회복지 전담 공무원이 대신 신청할 수도 있다. 현금지급 방식이며 생계급여, 의료급여, 자활급여, 장제급여, 교육급여, 해산급여, 주거급여 등이 있으며, 보건복지부를 통해 전달된다. 재정은 모두 국비와 지방비에서 충당된다. 대상자는 매년 감소하고 있고 노인의 비율이 높다.

(6) 경로연금제도

65세 이상의 기초생활보장 대상자와 소득 및 재산이 대통령령으로 정하는 기준 이하인 자에 한해 지급하고 신청 시에만 지급된다. 보건복지부 → 광역 자치단체 → 기초 자치단체 → 읍 · 면 · 동 → 노인 개인의 과정을 거쳐 지급된다. 국가와 자치구가 분담하여 재정을 충당한다.

(7) 퇴직금제도 및 퇴직연금제도

5인 이상 사업장에 종사하는 근로자가 퇴직하였을 때 근속연수 1년에 대하여 평균임금 30일분에 해당하는 금액을 일시금으로 지급한다.

4) 기타 간접 지원

(1) 경로승차권(교통수단)

65세 이상 노인이 지하철은 무료이며, 고속버스, 항공기, KTX기차는 일부 할인하여 주고 있다.

(2) 세제감면

봉양가족에 대한 간접적 소득보장 방법으로 상속세공제, 소득공제, 양도소득공제, 생계형 저축 비과세 등이 있다.

(3) 경로우대제도

65세 이상의 노인에게 공공 및 민영시설 할인 혜택을 제공한다. 국립공원, 박물관, 각종 공연에서 경로우대제도를 시행하고 있다.

(4) 취업증진

노인 일자리 사업, 노인 취업알선센터, 노인공동작업장, 고령자 인재 은행, 고령자 고용정보센터, 고령자 고용촉진, 고령자 고용촉진 장려금 등이 있다.

제3절 노인소득보장정책의 문제점과 개선방안

1. 노인소득보장정책의 문제점

1) 고령자 고용의 문제

『고용상 연령차별금지 및 고령자고용촉진에 관한 법률』에 보면 고령자의 고용촉진을 위한 내용은 다음과 같다. ① 직업훈련, ② 사업주에 대한 지원, ③ 취업알선, ④ 고령자 고용정보센터 및 고령자 인력은행 설치, ⑤ 고령자의 고용촉진, ⑥ 세제지원,

⑦ 정년에 대한 규정을 들 수 있다. 또 고령자의 고령 촉진항목을 보면 기준에 의해 고용하도록 되어 있는 기준은 기업체의 전 근로자 수의 100분의 3으로 300인 이상을 고용하고 있는 기업체는 3% 이상을 55세 이상 고령자를 채용하도록 되어 있다. 그러나 실제 이 법을 적용하고 있는 기업체의 수가 미미하고 또 실제 이 법을 지키지 않으면 받는 처벌에 대한 규정이 없다.

한국노인문제 연구소에서 고령자(60세 이상) 고용주 및 취업중단 고령자를 대상으로 취업활성화를 위한 가장 시급히 해결되어야 할 과제 3가지를 조사한 결과를 보면 다음과 같다.

첫째, 고령자 적합 직종의 고령자 의무화(28.1%), 둘째, 고령자 적합 직종의 지속적 개발(23.5%), 셋째, 고령자 고용기업에 대한 보상제도의 강화(17.6%)로 나타났다. 이와 같이 현실을 참고한 정책이 다소 형식적이다 보니 실제 시행되는 데 소극적이다.

2) 정년제의 문제

『고용상 연령차별금지 및 고령자고용촉진에 관한 법률』에 보면 정년을 연차적으로 61세 이상, 또 그 이상이 단계별로 적용하도록 되어 있고, 또 300인 이상 중소기업도 정년연장 계획서를 제출하도록 되어 있으나 실제 이 법을 적용하고 있는 사업장의 수가 미미하고 또 처벌 조항이 없다.

정년제가 실시된다고 하더라도 일부 정년제도로서 비자발적 퇴직자 자동적 해고이다. 이는 구미제국의 정년제도와 비교하면 너무나 미약한 상태이다. 선진국의 정년제도는 일반적으로 통상적 정년이며, 사실상의 퇴직 여부는 당사자의 선택에 달려 있다. 정년 연령 또한 노인평균수명과 정년 후의 경제적 사정을 고려하지 않았다. 실제 결혼 연령이 늦어지고 있어 60세가 되면 이제 자녀들이 전문 과정에 따른 교육비가 늘어나고 문화적 차이로 결혼비용의 부담이 많아져 경제적 부담이 많을 시기에 퇴직되고 있다. 이에 따른 고령자들은 신체적 · 정신적으로 큰 부담으로 퇴직을 맞이하게 되어 퇴직은 큰 사회적 문제를 가져와 고령자 이혼, 노숙인, 질병의 가속화를 야기한다. 2007년에 정부에서는 노동인구를 늘리기 위해 일하는 기간을 늘리는 '2+5 정책'을 시행하였다. 이는 청년층의 취업연령을 2년 앞당기고 정년은 5년 늘리겠다는 계획이었다. 그러나 실제 청년 취업이 더 어려워지고 있고, 건강한 노인들은 일손을 놓고 방황하고 있어 큰 사회적 문제가 늘어나고 있어 정부에서도 임금피크제 도입을 검토하고 있으나 그 시행은 묘연하다.

3) 은퇴 이후 공정 소득보장 미흡

현재 공적 소득보장제도는 공무원 연금, 군인연금, 사학연금 그리고 국민연금제도이다. 그러나 이런 것들은 실시된 지가 오래되지 않고 또 적어도 20년 이상 재직한 자에 대한 혜택이고 실제로 적용대상에서 대부분이 제외되어 있다. 급기야 노령 수당, 고령자 연금제도를 적용하고 있지만 밑 빠진 독에 물 붇기로 턱없이 부족한 재정에 그 혜택을 보면 미미하다.

따라서 1988년에 도입되어 2008년에 그 수혜자가 나타나기 시작되었다. 그 수혜자가 많지 않기 때문에 지금에 노년기에 있는 고령자들에게 큰 도움이 되지 못하고 있는 실정이다. 지금도 국민연금제도권에서 보험료 납부 예외자가 전체 가입자에 비하여 많고 장기 체납자도 줄어들지 않고 있다. 그리고 기타 연금제도도 수혜자들이 많지 않고 기존 고령자는 국민연금제도에 적용되기에 연령초과로 원천적으로 가입조차도 불가능하게 되었다. 당장은 문제가 되고 있는 실정이나 앞으로는 오히려 미래 대비를 잘한다면 보완될 희망이 있다.

2. 노인소득보장정책의 개선방안

현재 65세 이상 노인의 3분의 2 가까이가 국가의 공적 소득보장 프로그램의 혜택을 받지 못하고 있으므로 대상 세대의 소득보장에 대한 보완적 대책이 수립되어야 한다. 연금제도 시행과 관련된 보완적 조치로서 경로연금 대상의 확대와 지급액수의 인상이 이루어지는 것이 바람직하다. 간접적 소득보장 방법으로 노인취업과 재취업을 증진하는 방안을 적극적으로 고려해야 할 것이다.

고령자 고용과 일자리에 관한 한 기관의 실태조사를 보면 공통적으로 취업욕구는 강하나 일자리가 없어 경제적으로 어려움을 겪고 있는 것으로 조사되고 있어, 노인의 최소한의 경제적 삶을 위협하고 있다. 정부는 상대적으로 경제적 약자인 노인의 소득보장을 위해 1988년 국민연금제도를 도입한 이후 많은 노인소득보장 측면에서 직·간접적 제도를 통하여 소득보장에 관한 정책을 실시되고 있다. 그러나 노인소득보장에 대한 문제는 여러 가지 측면에서 정부 주도하에 정확한 현실을 파악하고 욕구조사를 통한 정책의 입안이 고려되어 간접적 소득보장 방법으로 노인취업과 재취업을 증진하는 방안을 적극적으로 고려해야 할 것이다.

첫째, 현행 연금제도의 틀을 고려해 보아야 할 것이다. 고령연금을 30만 원으로 하여 지원하고 있으나 연금을 들려고 하는 국민은 줄어들고 있다. 왜냐하면 20년 동안 죽어라고 돈을 아껴서 들었다 하더라도 고령연금과 별 차이가 나지 않는다는 데 있다. 국민연금제도가 기타(공무원, 군인, 교원연금)연금과 너무나 격차가 심하다는 것이다. 이러한 환경이 국민들에게 불신을 가져다주므로 현재 살아가고 있는 노령자들에게뿐만 아니라 미래 준비과정에 있는 청·장년들에게도 불안감을 더하지 않을까 걱정이다.

따라서 장기적 관점에서 국민연금과 노령연금의 지급방법을 개선하여 국민연금 자금을 효율적 운용과 투자를 통하여 수익을 창출하여 국민들의 불안을 해소시켜야 한다.

둘째, 퇴직금 제도는 기업의 자발적인 기업연금제도로 전환되어야 할 것이다. 2014년 정부 발표에 따르면 기업연금제도를 시행한다고 했다. 그러나 그 성과 또한 얼마나 성공할지는 미지수다. 모든 제도가 형평성 있게 정책이 만들어져야 하고 이러한 정책을 시행함에는 국민적 공감을 불러일으키는 제도가 마련되어야 할 것이다. 시행하는 기업체들에게는 세제 혜택을 주는 방안을 마련해서라도 국민들이 어디서 무슨 일을 하든지 퇴직연금제도가 마련되어 국민이 노후를 안심하고 생활하도록 대책 마련이 시급하다.

셋째, 현재의 개인연금은 세제혜택의 정도가 낮고 연금 최소 가입기간도 너무 짧아 장기적 노후대책으로서의 의미가 약하다. 개인적인 생활여건이 풍족해서 납부하는 것이 아니라 어찌할 수 없어서 사용할 수밖에 없는 국민들의 입장에서 부담이 너무 크다는 것이다. 개인연금을 이용하는 국민들에게 납부 방식과 수령 시 기대되는 비율을 높여 주어 소망을 가지고 가입하도록 하며 또한 세제혜택을 크게 확대하고 가입기간을 15~20년으로 연장하여 안정성을 보장하여야 한다. 개인연금 납부를 어려운 여건 속에서도 시행해, 미래에는 그것 때문에 노후의 삶이 행복하겠구나 하는 생각을 갖도록 개인연금 수납대 연금수령비율을 높이는 좋은 방안을 정부가 마련하여 금융기관이 개인연금을 관리 운영하도록 해야 할 것이다.

넷째, 부모・자녀 동거를 통한 사적부양체계 강화방안 마련이 되어야 한다. 노인이 성인 자녀와 동거하면 노인빈곤의 완충효과가 있음에도 최근 10년간 부모・자녀 동거율이 급격히 감소하여 그 효과가 약화되었다(황남희, 2016). 그럼에도 불구하고 우리나라 노인의 자녀 동거 비율은 여전히 서구사회에 비해 높은 편이므로 동거를 통한 부모 부양이 일정 수준 이루어지고 있으며, 노인빈곤율을 상당 수준 낮춘 것으로 평가된다.

공정연금제도가 미비한 상황에서 급속한 고령화를 겪는 현 노인 세대는 자신의 노후소득에 대한 준비가 부족한 상황이다. 따라서 현 노인의 빈곤을 완화하는 방안의 하나로 우리 사회의 전통적인 사적 지원체계 회복을 고려해 볼 수 있다. 기혼 자녀와 노인으로 구성된 확대가족의 가치를 새롭게 조명하여 결혼 후 자녀와 노부모가 함께 세대를 구성할 수 있도록 경제적 유인 체계를 정책적으로 설계할 수 있을 것이다. 예를 들어, 최근 정부가 발표한, 무주택 상태에서 부모와 10년 이상 동거한 자녀가 집을 물려받을 때 집값 중 5억 원까지는 상속세를 100% 면제받을 수 있도록 「상속세법」을 개정하는 것도 이러한 노인 부양에 대한 사적 지원체계 강화 방안이라 할 수 있다.

Senior Social Welfare | chapter 06

고령자 고용과 고용지원

고령자("고령자"란 인구와 취업자의 구성 등을 고려하여 대통령령으로 정하는 연령 이상인 사람을 말한다.)는 노동시장에서 벗어나게 되어 소득감소뿐만 아니라 사회관계 축소, 지위하락, 소외감 등을 맞이하게 된다. 노년기에는 급격한 신체적 변화 및 정신기능 약화로 노동력 저하, IT 문명의 발달로 인한 기술능력의 저하, 사회관계망의 축소, 익숙하지 못한 가정생활의 부적응 등 많은 부작용을 감지하게 된다.

고령자는 정년 연장을 원하지만 젊은 세대들에게 밀려나기 쉽고, 경쟁하기에는 기술력이 부족하고, 체력 면에서도 감당하기에는 무리가 따르게 된다. 마냥 일자리를 추구하기에는 젊은 세대들에게 일자리를 물려주는 것이 바람직한가에 대한 사회적 인식도 만만치 않다.

노년기 고용지원을 위한 국가의 개입은 불가피하며, 베이비붐 세대의 본격적 은퇴와 노인인구의 증가에 따라 노인의 경제활동 참여는 지속적으로 늘어날 것이기에 더욱 노인일자리 창출방법을 위한 올바른 정책입안이 필요하다고 본다.

이 장에서는 노년기 고용실태를 파악하고, 고령자 고용지원을 위한 정책을 강구하며, 그리고 고령자 일자리사업 방법을 제시한다.

제1절 고령자 고용 현황

1. 고령자 고용의 의미

고령자를 고용한다고 생각하면 앞이 보이지 않는다. 그렇다고 마냥 손 놓고 먹고 자면 되는 것인지도 고려해야 할 것이다. 놀고먹는 인구가 많아지는 것이 좋은지 노인에게 알맞은 일이라면 감당하는 것이 좋은지를 판단하기란 쉽지 않을 것이다. 그러나 정부에서는 정년 연장을 어떻게 늘려 갈 것인지 임금피크제를 적용하여 일자리를 연장하는 것이 좋은지에 대한 판단이 필요하다고 본다. 따라서 지혜를 모아 좋은 정책을 입안하여 그 대책을 세워야 한다는 것은 앞으로 우리가 담당해야 할 과제이다.

고령화시대를 살아가면서 준비도 못한 채 갑자기 늘어나는 고령인구의 증가는 일부 경제활동 연령도 늘어나고 있기는 하지만 반대로 실업자도 증가한다는 것이다.

일반적으로 노인에게 있어 일(고용)이란 생계유지나 경제적 수단을 넘어서 본인의 존재가치를 재확인하고, 자기 효능감, 자아존중감 등을 향상시키는 효과가 있는 것은 물론이고 능력을 확신하며, 정서적 만족을 주는 매체이다(최해경, 2020). 또한 노인의 일은 사회적 관계를 증진시켜 사회 관계망을 유지하는 데 도움을 주며 사회참여의 기회를 제공한다는 점에서 의미가 크다.

2. 고령자 고용 현황

2020년 통계청 자료 〈표 6-1〉에 의하면, ’19년 65세 이상 고령자의 고용률은 32.9%로 전년(31.3%)보다 1.6%p 상승한 것으로 나타났다. 고령자의 고용률은 15세 이상 인구 전체 고용률(63.3%)의 절반 가까운 수준이나, ’15년 이후 상승 추세에 있다. 이러한 현상은 고령자들에게 있어 일(고용)이란 생계유지나 경제적 수단을 넘어서 본인의 존재가치를 잃게 되어 사회적 소외와 상실감을 느끼게 하는 데 영향을 미친다. 고령화속도가 빠르다 보니 미처 준비가 부족하여 일어나고 있으며, 크게는 수명연장과 부양의식의 변화 등으로 나타나는 현상이다.

고령자의 실업률 역시 '18년까지 3% 미만을 유지 하였으나, '19년 전년(2.9%) 대비 0.3%p 상승한 3.2%를 기록하고 있다(통계청, 2020).

실업률은 고령자(65세 이상) 실업자 수를 고령자(65세 이상) 경제활동인구로 나누어 여기에 100을 곱한 수치를 말한다. 이와 같이 실업률이 높은 것은 취업을 했다 해도 급여가 낮고, 단순노무 종사들이 많이 있기 때문이다.

〈표 6-1〉 고령자(65세 이상)의 경제활동 현황 (단위: 천 명, %)

	고령층인구	경제활동인구			고용률[1]	실업률[2]
			취업자	실업자		
2010	5,361	1,590	1,553	38	29.0	2.4
2011	5,527	1,642	1,606	36	29.1	2.2
2012	5,766	1,770	1,733	37	30.1	2.1
2013	6,022	1,879	1,851	28	30.7	1.5
2014	6,277	1,995	1,954	41	31.1	2.1
2015	6,534	2,034	1,985	48	30.4	2.4
2016	6,767	2,116	2,068	49	30.6	2.3
2017	7,071	2,228	2,166	62	30.6	2.8
2018	7,386	2,381	2,311	70	31.3	2.9
2019	**7,713**	**2,622**	**2,538**	**85**	**32.9**	**3.2**
전체[3] (2019년)	44,504	28,186	27,123	1,063	63.3	3.8

자료: 통계청, 「경제활동인구조사」

주: 1) 고용률 = 고령자(65세 이상) 취업자 수 ÷ 고령자(65세 이상) 인구 × 100

2) 실업률 = 고령자(65세 이상) 실업자 수 ÷ 고령자(65세 이상) 경제활동인구 × 100

3) 15세 이상 인구임

통계청 2020년 자료인 〈표 6-2〉에서 보면 '20년 65세 이상 고령자의 직업별 취업자 비중은 단순노무종사자(36.0%), 농림어업 숙련종사자(24.2%), 서비스 · 판매 종사자(17.5%), 기능 · 기계조작 종사자(13.5%) 순으로 나타났다. 이것은 전체 취업자와 비교하면, 단순노무 종사자와 농림어업 숙련종사자의 비중이 매우 높으며, 관리자 · 전문가 및 사무 종사자의 비중은 상대적으로 매우 낮게 나타남을 알 수 있다.

〈표 6-2〉 고령자(65세 이상)의 직업별 취업자 분포 (단위: 천 명, %)

	취업자	소계	관리자 · 전문가	사무 종사자	서비스 · 판매 종사자	농림어업 숙련종사자	기능 · 기계조작 종사자	단순노무 종사자
2016	2,068	100.0	4.5	2.6	16.8	26.8	12.8	36.5
2017	2,166	100.0	4.8	2.5	17.0	25.9	12.7	37.0
2018	2,311	100.0	5.1	3.0	17.0	26.0	13.2	35.7
2019	2,538	100.0	5.5	3.0	17.7	24.6	13.5	35.8
2020	**2,774**	**100.0**	**5.3**	**3.4**	**17.5**	**24.2**	**13.5**	**36.0**
전체[2] (2020년)	26,094	100.0	21.8	17.4	22.1	5.1	19.7	13.8

자료: 통계청, 「경제활동인구조사」
주: 1) 한국표준직업분류 7차 개정(2018년) 기준임
2) 15세 이상 전체 취업자 대상임

또한 통계청 2021년 자료인 〈표 6-3〉을 보면 '20년 65세 이상 고령자의 산업별 취업자 비중은 사업 · 개인 · 공공서비스 및 기타(43.2%), 농림어업(25.1%), 도소매 · 음식 숙박업(14.1%) 순으로 나타났다. 전체 취업자보다 고령층의 종사 비중이 높은 산업은 농림어업, 사업 · 개인 · 공공서비스 및 기타 순으로 나타났다.

〈표 6-3〉 고령자(65세 이상)의 산업별 취업자 분포 (단위: 천 명, %)

	취업자	소계	농림어업	광·제조업	제조업	사회 간접자본 및 기타 서비스업	건설업	도소매·음식숙박업	사업·개인·공공서비스 및 기타	전기·운수·통신·금융업
2016	2,068	100.0	28.4	6.2	6.2	65.4	3.3	16.6	38.4	7.1
2017	2,166	100.0	27.4	6.8	6.6	65.8	3.3	16.1	39.7	6.7
2018	2,311	100.0	27.4	6.7	6.6	65.9	3.6	15.4	39.9	7.1
2019	2,538	100.0	25.6	6.4	6.3	68.0	3.7	14.6	42.8	7.0
2020	**2,774**	**100.0**	**25.1**	**6.1**	**6.0**	**68.9**	**3.9**	**14.5**	**43.2**	**7.7**
전체[2)] (2020년)	26,094	100.0	5.4	16.3	16.3	78.3	7.5	21.0	38.0	11.8

자료: 통계청, 「경제활동인구조사」

주: 1) 한국표준산업분류 10차 개정(2017년) 기준임

2) 15세 이상 전체 취업자 대상임

〈표 6-4〉를 보면, 노인 경제활동의 주된 이유는 생계마련이 73.0%로 나타났으며, 다음으로 용돈 마련(11.5%), 건강 유지(6.0%), 시간 보내기(5.8%), 경력활용 및 능력발휘(2.9%), 친교 등 기타 이유(0.9%)로 나타나 경제적인 이유로 일하는 경우가 84.5%에 달하는 것을 알 수 있다.

향후 계속 경제활동에 참여할 의사가 있는지 확인한 결과 85% 정도의 노인이 참여하겠다고 하였다. 한편 경제활동에 참여하지 않은 노인의 주된 이유는 급여수준이 낮아서(65.9%), 건강상태와 맞지 않아서(19.2%), 일의 내용 때문에(6.0%) 등 경제적인 부분과 건강상태 등의 이유로 경제활동에 참여를 하지 않는 것으로 나타났다.

〈표 6-4〉 노인 경제활동의 주된 이유

구 분	생계비 마련	용돈 마련	건강 유지	시간 보내기	경력활용, 능력발휘	기타
비율(%)	73.0	11.5	6.0	5.8	2.9	0.9

출처: 정경희 외(2017).

경제활동에 참여하고 있는 노인의 일자리 만족도를 분석한 결과, 만족한다(56.3%), 그저 그렇다(18.5%), 만족하지 않는 편이다(15.3%), 매우 만족한다(7.8%), 전혀 만족하지 않는다(2.0%)로 나타나 64.1%는 현재 일자리에 만족하는 것으로 나타났다.

그러나 65세 이상 노인의 66.4%는 '앞으로 일을 하고 싶지 않은 것'으로 응답하였으며, 나머지 33.6%는 '일을 하고 싶어 하는 것'으로 나타났는데, 앞으로 계속 일을 하고 싶은 이유는 생계비 마련이 62.3%로 가장 높았으며, 다음이 용돈 마련으로 16.4%로 나타났다. 이처럼 65세 이상은 일을 하고 싶지 않은 노인이 다수였고, 일을 하고 싶다고 응답한 노인의 경우에도 경제적인 이유가 80%에 달해 비자발적인 이유로 일을 유지하고 싶어 하는 것으로 나타났다(김성철 외, 2021).

제2절 고령자 고용지원정책

최근 노인인구의 급격한 증가로 생산 가능인구 대비 부양인구에 대한 부담이 커지지게 되면서 소득보장정책의 간접적인 정책으로 사용한 고용지원정책은 세분화되어 가고 있다. 노인의 고용지원은 소득창출 측면뿐만 아니라 일을 통한 능력 발휘라는 측면에서도 중요하게 다루어지고 세분화되어 가고 있다. 앞으로도 노인의 고용정책은 계속적으로 발전 강화되어야 할 것으로 보인다.

현재 우리나라의 노인고용을 위한 정책은 크게 「고용상 연령차별 금지 및 고령자고용촉진에 관한 법률」(이하 「고령자고용촉진법」)에 의거한 고용노동부의 지원사업과, 「노인복지법」에 근거한 노인일자리 및 사회활동 지원 사업(노인일자리 사업)으로 이루어지고 있다(김성철 외, 2021).

1. 「고령자고용촉진법」에 의한 고용지원정책

「고령자고용촉진법」은 합리적인 이유 없이 연령을 이유로 하는 고용차별을 금지하고, 고령자(高齡者)가 그 능력에 맞는 직업을 가질 수 있도록 지원하고 촉진함으로써, 고령자의 고용안정과 국민경제의 발전에 이바지하는 것을 목적으로 한다고 되어 있다. 그러나 인구고령화가 급속도로 빨리 진행됨에 따라 이들의 취업률이 저조하며, 산업인력의 부족현상이 심각해지고 있는 점 등을 감안하더라도 고령자가 그 능력에 맞는 직업에 취업하는 것을 지원・촉진함으로써 고령자의 고용안정과 국민경제의 발전에 이바지하기 위하여 1991년 제정되어 이 법은 1992년 7월 1일부터 시행되기 시작했다.

정부는 고용에서 연령을 이유로 차별하는 관행을 없애기 위하여 연령차별금지정책을 수립・시행하며, 고령자의 고용에 관하여 사업주와 국민 일반의 이해를 높이고, 고령자의 고용촉진과 직업안정을 꾀하기 위하여 고령자 고용촉진 대책의 수립・시행, 직업능력개발훈련 등 필요한 시책을 종합적이고 효과적으로 추진하여야 한다.

그리고 고령자의 취업알선 기능 강화를 위해, '① 정부는 고령자가 그 능력에 맞는 직업에 취업할 수 있도록 고령자에 대한 직업상담, 직업적성검사 등 적절한 직업지도와 취업알선 등을 하여야 한다. ② 정부는 고령자에 대한 직업지도와 취업알선 등을 위하여 관련 행정기구와 시설을 정비하도록 노력하여야 한다. ③ 고용노동부장관등은 고령자의 직업지도와 취업알선 등을 담당하게 하기 위하여 소속 공무원 중에서 직업지도관을 지명한다. ④ 직업지도관의 자격 등 필요한 사항은 고용노동부장관이 정한다. 등' 관련 사항들을 규정하고 있다.

또한 정년과 관련된 정년친화적인 노동시장 조성, 고령자취업지원, 생애경력설계서비스 및 전직지원서비스 등 관련 사항들을 규정하고 있다(김성철 외, 2021).

1) 정년 관련 고령자 친화적 노동시장 조성

정년과 관련하여 고령자 친화적 노동시장을 조성하기 위하여 60세 정년제, 고용연장지원금(정년연장지원금, 정년퇴직자 재고용지원금, 60세 이상 고령자 지원금)을 지원하고 있다.

60세 정년제는 「고령자고용촉진법」상 근로자의 정년을 60세로 정하여 고령자의 고용안정을 도모하는 조치이다. 300인 이상 사업장과 공공기관은 2016년부터 300인 미만 사업장과 국가 및 지방 자치단체는 2017년부터 시행하고 있다.

정년의 기준에 맞는 고용연장을 위해 정년연장을 하거나 정년 퇴직자를 재고용하는 등의 사업주 및 고용자를 대상으로 고용연장지원금을 지원하는데, 고용연장지원금 중 정년연장지원금은 정년을 폐지하거나 정년을 만 60세 이상으로 연장하고, 그 사업주에게 고용되어 18개월 이상을 계속 근무하여 종전의 정년에 도달한 근로자를 계속 고용하는 사업주에게 지원된다. 정년을 폐지하거나 1년 이상 3년 미만 연장하면 1년 동안, 3년 이상 연장하면 2년 동안 1인당 매월 30만 원씩 지원된다.

고령자 재취업지원서비스의 내용 및 방법은 다음과 같다.

① 사업주가 법 제21조의3제2항에 따라 재취업지원서비스를 제공하는 경우에는 고용노동부장관이 정하여 고시하는 바에 따라 다음 각 호 중 어느 하나 이상의 재취업지원서비스를 제공해야 한다.
- 경력·적성 등의 진단 및 향후 진로설계
- 취업 알선
- 재취업 또는 창업에 관한 교육
- 그 밖에 고용노동부장관이 재취업 또는 창업에 필요하다고 인정하는 서비스

② 사업주는 제14조의3에 따른 재취업지원서비스의 제공 대상자에게 그 이직예정일 전 3년 이내에 재취업지원서비스를 제공해야 한다.

③ 사업주는 제2항에도 불구하고 경영상 필요에 따른 해고 또는 퇴직사유가 발생하여 이직이 예정된 제14조의3에 따른 재취업지원서비스 제공 대상자에게는 그 이직예정일 전 1년 이내에 재취업지원서비스를 제공하되, 해당 기간에 재취업지원서비스를 제공하기 어려운 경우에는 이직예정일의 다음 날부터 6개월 이내에 재취업지원서비스를 제공할 수 있다.

2) 고령자취업지원

(1) 고령자에 대한 직업능력개발훈련 내용

① 고용노동부장관 및 특별시장・광역시장・도지사・특별자치도지사(이하 “고용노동부장관등”이라 한다)는 법 제6조제1항에 따라 고령자의 고용을 촉진하고 직업능력의 개발・향상을 위하여 다음 각 호의 직업능력 개발훈련을 실시하여야 한다.

- 법 제15조제1항에 따라 선정・고시된 우선고용직종(이하 “우선고용직종”이라 한다)에 취업하기를 원하는 고령자를 대상으로 「근로자직업능력 개발법」 제12조에 따라 실시하는 직업능력개발훈련
- 「고용보험법 시행령」 제12조에 따른 우선지원 대상기업의 사업주와 취업을 원하는 고령자의 신청을 받아 해당 우선지원 대상기업의 생산시설 또는 근무장소에서 실시하는 현장 연수

② 고용노동부장관등은 제1항제2호에 따른 현장 연수를 실시하는 경우에 예산의 범위에서 해당 우선지원 대상기업의 사업주에게는 연수비용의 전부 또는 일부를, 해당 고령자에게는 연수수당을 지원할 수 있다.

③ 고용노동부장관등은 고령자에 대한 직업능력개발훈련의 성과를 높이기 위하여 고령자에게 적합한 직업능력개발훈련과정을 개발・보급하여야 한다.

④ 고용노동부장관등은 「근로자직업능력 개발법」 제2조제3호에 따른 직업능력개발훈련시설에서 고령자를 대상으로 우선고용직종에 대한 직업능력개발훈련과정을 개발하거나 같은 법에 따른 훈련을 실시하는 경우에 그 비용의 전부 또는 일부를 지원할 수 있다.

⑤ 준고령자(“준고령자”란 대통령령으로 정하는 연령 이상인 사람으로서 고령자가 아닌 사람을 말한다.)에 대한 직업능력개발훈련에 관하여는 제1항부터 제4항까지를 준용한다. 이 경우 “고령자”는 “준고령자”로 본다.

(2) 사업주의 고령자 교육·훈련 및 작업환경 개선에 대한 지원

① 고용노동부장관은 사업주가 고령자의 고용촉진을 위하여 필요한 교육이나 직업훈련 등을 실시할 경우 그 비용의 전부 또는 일부를 지원할 수 있다.

② 고용노동부장관은 사업주가 고령자의 취업에 적합하도록 시설을 개선할 경우 그 비용의 전부 또는 일부를 지원할 수 있다.

③ 제1항과 제2항에 따른 지원금은 예산(「고용보험법」에 따른 고용보험기금을 포함한다. 이하 같다)에서 지급하되, 그 지급기준 등에 관한 사항은 고용노동부장관이 정한다.

3) 생애경력설계서비스 및 전직지원서비스

(1) 생애경력설계서비스

주된 일자리에서 퇴직(예정)하는 40세 이상 중장년층에게 생애설계, 재취업 및 창업, 사회참여 기회 등 고용지원서비스를 제공하여 중장년층의 고용안정 및 취업촉진을 도모하는 것을 목적으로 한다. 생애경력설계서비스는 생애경력설계를 통하여 경력점검, 미래설계 등을 통하여 체계적 재취업 활동과 적극적인 경력관리를 지원하며, 프로그램은 재직자와 구직자 과정으로 구분하며, 기초과정, 심화과정, 선택과정 등 유형별, 단계별 맞춤형 경력설계를 지원한다. 생애경력서비스는 현재 중장년일자리희망센터를 통해 시행되고 있다.

생애경력설계서비스지원 사업목적은 장년에 진입하는 40세부터 생애경력설계를 통해 미래를 위한 경력관리·능력개발 등을 지원하고 사회 참여 기회를 확대하여 장기적으로 경제적 안정을 추구하도록 하는 것이다.

사업기간은 '15년~계속으로 진행되며, 지원대상은 만 40세 이상의 중장년으로 한다.

지원내용은 재직자는 연령별 프로그램을 통해 중장년 경력자산 발견 및 생애경력설계 지원하고, 구직자는 중장년 노동시장에 대한 이해를 통해 재취업, 창업 등 다양한 진로를 모색하고 경력 설계 지원을 한다.

고용노동부 재직자 지원프로그램은 프로그램, 기초과정, 심화과정, 선택과정으로 구성된다. 워크넷 자가진단서비스를 통한 경력개발 준비 지원은 다음과 같다.

프로그램		기초과정		심화과정		선택과정
재직자	연령대	3H	3H	3H	3H	2~3H
	40대 경력전성	경력관리	변화관리	평판 및 네크워킹 관리	성과관리	건강, 재무, 여가, 관계 등
	50대 경력확장	나의 생애 조망하기	직업역량 도출하기	경력대안 개발하기	평생경력계획수립 하기	건강, 재무, 여가, 관계 등
	60대 경력공유	능동적인 인생을 위한 숨 고르기	삶의 가치 발견하기	삶의 균형 잡기	100세 인생 준비를 위한 뛰어들기	건강, 재무, 여가, 관계 등
구직자		1.5~5h	1.5~6h	1.5~3h	1.5~6h	2~3h
		인생 들여다보기	인생 되돌아보기	제2인생 계획하기	제2인생 실행하기	건강, 재무, 여가, 관계 등

(2) **전직지원서비스**

신중년 인생 3모작 패키지서비스, 전직스쿨프로그램, 재도약프로그램 등이 있다. 신중년 인생 3모작 패키지서비스는 50세 이상의 신중년을 대상으로 인생 후반기 활력 있는 삶을 영위할 수 있도록 생애경력설계를 토대로 전직・재취업 및 창업 등 주요 경로별 서비스를 단계별, 맞춤형으로 지원한다. 이때 구직자의 경우 1:1상담, 심리안정・변화관리 등 전직교육, 역량진단, 취・창업 정보 제공 등 전직 또는 경력개발을 위한 컨설팅을 제공하고, 구직자에게는 1:1상담, 취업알선, 재취업지원 교육, 취・창업 정보 제공, 동아리 운영 등 재취업지원서비스를 제공한다.

2. 「노인복지법」에 의한 고용지원정책

1) 노인일자리 및 사회활동 지원 사업

(1) 사업 개요

노인일자리 및 사회활동지원 사업은 어르신이 활기차고 건강한 노후생활을 영위할 수 있도록 다양한 일자리·사회활동을 지원하여 노인복지 향상에 기여하는 데 있다.

지원 사업근거는 「노인복지법」제23조(노인사회참여 지원) 국가 또는 지방자치단체는 노인의 사회참여 확대를 위하여 노인의 지역봉사 활동기회를 넓히고 노인에게 적합한 직종의 개발과 그 보급을 위한 시책을 강구하며 근로능력이 있는 노인에게 일할 기회를 우선적으로 제공하도록 노력하여야 한다는 것이다. 제23조의2(노인일자리 전담기관의 설치·운영 등) 국가 또는 지방자치단체는 노인일자리 전담기관을 설치·운영하거나 그 운영의 전부 또는 일부를 법인·단체 등에 위탁할 수 있다. 제24조(지역봉사지도원 위촉 및 업무) 국가 또는 지방자치단체는 사회적 신망과 경험이 있는 노인으로서 지역봉사를 희망하는 경우에는 이를 지역봉사지도원으로 위촉할 수 있다.

「저출산고령사회기본법」제11조(고용과 소득보장)인 '① 국가 및 지방자치단체는 일할 의욕과 근로능력이 있는 고령자가 최대한 일할 수 있는 환경을 조성하여야 한다. ② 국가 및 지방자치단체는 연금제도 등 노후소득보장체계를 구축하고 노인에게 적합한 일자리를 창출하는 등 국민이 경제적으로 안정된 노후생활을 할 수 있도록 필요한 조치를 강구하여야 한다.'와 제14조(여가·문화 및 사회활동의 장려)인 '① 국가 및 지방자치단체는 노후의 여가와 문화 활동을 장려하고 이를 위한 기반을 조성하여야 한다. ② 국가 및 지방자치단체는 자원봉사 등 노인의 사회활동 참여를 촉진하는 사회적 기반을 조성하여야 한다.'에 근거하여 사업을 시행하고 있다.

따라서 노인일자리 및 사회활동지원 사업은 2004년 노인일자리 사업으로 처음 시작하여, 2015년 노인사회활동지원 사업으로 명칭이 변경되었다가 2016년부터는 노인일자리 및 사회활동지원 사업으로 운영되고 있다.

(2) 사업내용 및 유형

노인일자리 및 사회활동지원 사업은 크게 공공형, 사회서비스형, 만간형으로 구분된다.

첫째, 공공형은 공익활동과 재능 나눔 활동으로 구분되며, 공익활동은 노인일자리의 성격보다 노인 사회활동의 의미가 강하다고 볼 수 있다. 공익활동은 노인이 자기만족과 성취감 향상 및 지역사회 공익증진을 위해 참여하는 공익활동으로 노노케어, 취약계층지원, 공공시설봉사, 경륜전수활동 등이 포함된다. 재능 나눔 활동은 재능을 보유한 노인이 자기만족과 성취감 향상, 지역사회 공익 증진을 위해 자발적으로 참여하는 봉사정신의 각종 활동이다. 재능 나눔 활동은 노인안전예방(시설안전관리), 상담안내, 학습지도, 문화공연활동(음악회, 인형극 등) 등이 포함된다.

둘째, 사회서비스형은 노인의 경력과 활동역량을 활용하여 사회적 도움이 필요한 영역(지역사회 돌봄, 안전 관련 등)에 서비스를 제공하는 일자리이다. 사회서비스형은 아동, 청소년, 장애인, 노인서비스지원, 가정서비스지원, 상담 및 컨설팅 지원 등이 포함된다.

셋째, 민간형 사업은 시장형사업단, 취업알선, 시니어인턴십, 고령자친화기업이 있는데, 시장형사업단은 노인에게 적합한 업종 중 소규모 매장 및 전문 직종 사업단 등을 공동으로 일정 기간 사업비 또는 참여자 인건비 일부를 보충지원하고 추가 사업소득으로 연중운영하는 일자리이다. 취업알선은 인력파견형 사업단과 대한노인회 취업지원을 통합하여 2020년부터 취업알선으로 명칭을 변경하였다. 취업알선형은 수요처의 요구에 의해서 일정 교육을 수료하거나 관련된 업무능력이 있는 자를 해당 수요처로 연계하여 근무기간에 대한 일정 임금을 지급받을 수 있는 일자리이다. 시니어인턴십은 만 60세 이상자의 고용촉진을 위해 기업에 인건비를 지원하여 계속 고용을 유도하는 사업으로 4대 보험 가입사업장 중 근로보호규정을 준수하는 기업 및 비영리민간단체를 참여기업으로 하여 참여기업에서 인턴지원금, 채용지원금, 장기취업유지금을 지원한다. 고령자친화기업은 고령자가 경쟁력을 가질 수 있는 적합한 직종에서 다수의 고령자를 고용하여 운영할 기업을 지원하는 것으로, 다수의 고령자를 고용하고 있고, 추가계획이 있는 기업 및 단체 등을 지원한다(보건복지부, 2021 「노인복지사업 안내」). 주요 사업내용은 〈표 6-5〉와 같다.

〈표 6-5〉 사업내용

구분	유형	주요 내용	예산지원형태	활동성격
공공형	공익활동	노인이 자기만족과 성취감 및 지역사회 공익증진을 위해 참여하는 활동	지자체 경상보조	봉사(사회활동)
	재능나눔활동	재능을 보유한 노인이 자기만족과 성취감 향상, 지역사회 공익증진을 위해 자발적으로 참여하는 봉사성격의 각종 활동	민간 경상보조	
사회서비스형		노인의 경력과 활동역량을 활용하여 사회적 도움이 필요한 영역(지역사회 돌봄, 안전관련 등)에 서비스를 제공하는 일자리	지자체 경상보조	근로
민간형	시장형 사업단	참여자 인건비 일부를 보충지원하고 추가 사업 수익으로 연중 운영하는 노인일자리	지자체 경상보조	
	취업 알선형	수요처의 요구에 의해서 일정 교육을 수료하거나 관련된 업무능력이 있는 자를 해당 수요처로 연계하여 근무기간에 대한 일정 임금을 지급받을 수 있는 일자리	지자체 경상보조 만간\경상보조	
	시니어 인턴십	만 60세 이상자의 고용촉진을 위해 기업에 인건비를 지원하여 계속고용을 유도하는 사업	민간 경상보조	
	고령자 친화기업	고령자가 경쟁력을 가질 수 있는 적합한 직종에서 다수의 고령자를 고용하는 기업 설립지원	민간 경상보조	

(3) **유형별 예산지원기준**

노인일자리 및 사회활동 지원사업의 대상 및 사업지원 기준은 사업유형에 따라 다소 차이를 보이는데, 2020년 대상 유형별 예산지원기준은 다음 〈표 6-7〉과 같다.

공공형 중 공익활동은 만 65세 이상 기초연금수급자이며, 만 65세 이상 기초연금수급대기자가 없을 경우 예외적으로 만 60~64세 차상위 계층 참여를 허용하는데, 대상자는 세대구성과 활동역량을 고려하여 선발한다. 2020년 지원기준을 살펴보면, 공익활동형의 평균 참여기간은 11개월로 월 활동비가 270천 원, 부대경비가 연 180천 원으로 연간 총 3,150천 원이 지원된다.

재능나눔형은 만 60세 이상이 대상이며, 참여기간은 8개월(월 10시간 이하, 월 3회 이상)이고, 활동비는 교통비 및 식비로 월 최대 10만 원이 지원된다.

사회서비스형은 만 65세 이상(일부 프로그램은 만 60세 가능) 중 활동역량, 공적지원 수급여부 및 세대구성, 필요역량, 자격증 등을 고려하여 선발한다. 참여기간은 10개월(주 15시간, 월 60시간 이상)이며, 활동비는 월 기본급 594천 원, 부대경비 연 489천 원으로 연간 총 7,887천 원이 지원되며, 해당 시 주휴수당 및 연차수당도 추가로 지급된다. 참여자는 소양교육 8시간 이상, 안전교육 4시간 이상, 직무교육 6시간 이상 등 연간 18시간 이상 교육을 이수해야 한다.

민간형 중 시장형사업단 및 취업알선형은 만 60세 이상으로 사업 특성에 적합한 자가 대상이다. 시장경력, 세대구성 등을 고려하여 선발한다. 시장형사업단 참여기간은 연중이며, 활동비와 부대경비를 포함하여 연 2,670천 원을 지원하는데, 여기에는 인건비, 사회보험료 등이 포함된다. 시장형사업단에 참여 시 소양교육 2시간과 직무교육 4시간, 안전교육 4시간 이상을 각각 이수해야 한다. 취업알선의 참여기간은 연중이며, 활동비는 없고, 부대경비가 150천 원 또는 사업비형태로 지원된다.

〈표 6-6〉 유형별 예산지원기준

<table>
<tr><th>구 분</th><th>활동비(월)</th><th>활동비(월)</th><th>부대경비(연)</th><th>참여기간</th><th>합계(연)</th></tr>
<tr><td colspan="2">공공형(공일활동)</td><td>270천 원</td><td>180천 원</td><td>평균 11개월</td><td>3,150천 원</td></tr>
<tr><td colspan="2">사회서비스형</td><td>594천 원</td><td>532천 원</td><td>10개월</td><td>7,930천 원</td></tr>
<tr><td rowspan="2">민간형</td><td>시장형 사업단</td><td colspan="2">2,670</td><td>연중</td><td>2,670</td></tr>
<tr><td>취업 알선형</td><td>-</td><td>• 지자체보조 : 150천 원
• 민간보조 : 사업비 지원</td><td>연중</td><td>150천 원,
사업비</td></tr>
</table>

제3절 고령자 일자리 사업

1. 공익활동

1) 사업의 정의 및 대상

(1) 사업 정의

공익활동은 노인이 자기만족과 성취감 향상 및 지역사회 공익증진을 위해 참여하는 봉사활동이다.

(2) 사업대상

만 65세 이상 기초연금 수급자를 원칙으로 하나 지역상생활동(시범사업)에 한해 만 60세 이상 사업특성 적합자는 참여 가능하다.

추천방식은 지자체 경상보조/보건복지부 → 시・도 → 시・군・구 → 수행기관 순으로 이루어진다. 보건복지부(한국노인인력개발원)는 사업총괄 및 지원업무를 수행하고 참여기관은 노인복지관이나 시니어클럽 등이 참여한다.

2) 사업내용

노노케어, 취약계층 지원, 공공시설 봉사, 경륜전수 활동, 지역상생활동(시범사업)을 포함된다. 세부 사업내용은 다음과 같다.

사업 유형	세부 사업내용
노노케어	독거노인, 조-손 가정노인, 거동불편 노인, 경증치매 노인 등 취약노인 가정을 방문하여 일상생활을 안정적으로 유지할 수 있도록 안부 확인, 말벗 및 생활 안전 점검 등 필요한 서비스를 제공하는 활동
취약계층 지원	장애인, 다문화 가정, 한부모 가족 아동 등 취약계층을 대상으로 상담・교육 및 정서적 지원 등 필요한 서비스를 제공하는 활동
공공시설 봉사	복지시설, 공공의료시설, 교육(보육)시설, 지역 내 주거환경 및 생태환경 정화 등 지역사회 내 필요한 공익서비스를 제공하기 위해 필요한 각종 사항을 지원하는 활동

사업 유형	세부 사업내용
경륜전수활동	노인이 평소 가지고 있는 경험과 지식, 삶의 지혜를 동세대, 아동·청소년 세대 등 지역공동체 구성원들과 공유하는 활동
지역상생활동(시범사업)	지역사회 내 자원연계를 통해 참여노인에 대한 추가적인 소득지원이 가능한 활동

2. 재능나눔활동

1) 사업의 정의 및 대상

(1) **사업정의**

재능나눔활동은 재능을 보유한 노인이 자기만족과 성취감 향상, 지역사회 공익증진을 위해 자발적으로 참여하는 봉사 성격의 활동이다.

(2) **사업대상**

만 60세 이상 사업특성 적합자는 참여 가능하다.

추천방식은 민간 경상보조/보건복지부 → 위탁기관※(매년 공모로 선정)으로 이루어진다. 보건복지부(한국노인인력개발원) 사업총괄 및 지원업무를 수행하고 참여기관은 '20년 기준 (재)노인지원센터, (사)한국노인복지관협회 등이 참여한다.

2) 사업내용

노인 안전예방, 상담 안내, 학습 지도, 문화예술 등이 포함된다. 세부 사업내용은 다음과 같다.

사업 유형	세부 사업내용
노인 안전예방	노인 이용시설 및 공공시설 안전관리 활동
상담 안내	노인상담 및 학대예방 등 안전지킴 활동, 안내(박물관, 내외국인 대중교통안내, 복지 서비스 등)
학습 지도	교육 및 학습 지도 활동
문화예술	음악회, 공연, 인형극, 동화 구연 등 문화공연 활동
기타	활동 유형에 포함되지 않는 다양한 재능나눔 활동

3. 사회서비스형

1) 사업의 정의 및 대상

(1) 사업 정의

사회서비스형은 노인의 경력과 활동역량을 활용하여 사회적 도움이 필요한 영역(지역사회 돌봄, 안전 관리 등)에 서비스를 제공하는 일자리이다.

(2) 사업대상

만 65세 이상 참여를 원칙으로 하나 일부 유형만 60세 이상 적합자도 참여 가능하다. 추천방식은 지자체 경상보조/보건복지부 → 시・도 → 시・군・구 → 수행기관 순으로 이루어진다. 보건복지부(한국노인인력개발원)는 사업총괄 및 지원업무를 수행하고 참여기관은 노인복지관이나 시니어클럽 등이 참여한다.

2) 사업내용

가족 및 세대 간 서비스, 취약계층 전문서비스, 공공 전문서비스, 기타 사업이 포함된다. 세부 사업내용은 다음과 같다.

사업 유형	세부 사업내용
가정 및 세대 간 서비스	• 보육교사 보조, 돌봄서비스 이용 아동 등하교 및 귀가지원, 급식 지원 등 • 한부모 가족의 아동보호 및 교육지원 등 • 새터민 등 정서지원을 통한 정착지원 등
취약계층 전문서비스	• 장애인 보호시설 등 대상자 보조 및 지원, 장애인 이동보조 및 활동보조 등 • 시설이용 노인 서비스 지원 및 환경정비 지원 등 • 노인맞춤돌봄서비스 업무보조 등 • 시니어 금융업무지원, 소비피해예방, 취약계층 교육지원 등
공공 전문서비스	• 노인일자리 안전사고 예방활동 및 안전교육 등 • 시니어 취업상담, 동행면접, 정보제공 및 기업 일자리 발굴 등 • 산재신청 안내, 공항 출입국 관리, 도서 대여, 공공정보 수집 및 구축지원
기타	• 기타 지역 내 취약시설 또는 사회적 공헌유형 지원 등

4. 시장형사업단

1) 사업의 정의 및 대상

(1) 사업 정의

시장형사업단은 노인에게 적합한 업종 및 소규모 매장 및 전문 직종 사업단 등을 공동으로 운영하여 일자리를 창출하는 사업활동이다.

(2) 사업대상

만 60세 이상 사업특성 적합자는 참여 가능하다.

추천방식은 지자체 경상보조/보건복지부 → 시・도 → 시・군・구 → 수행기관 순으로 이루어진다. 보건복지부(한국노인인력개발원)는 사업총괄 및 지원업무를 수행하고 참여기관은 노인복지관이나 시니어클럽 등이 참여한다.

2) 사업내용

식품제조 및 판매, 공산품 제작 및 판매, 매장 운영, 지역영농, 운송 등이 포함된다. 세부 사업내용은 다음과 같다.

사업 유형	세부 사업내용
식품제조 및 판매	식재료를 활용하여 식품 등을 제조하여 판매
공산품 제작 및 판매	일정한 시설을 갖추고 규격에 맞춘 공산품을 제작하여 판매
매장 운영	소규모 매장 및 점포를 운영
지역영농	유・휴경지를 활용하여 농산물 등을 공동으로 경작하여 판매
운송	• 아파트단지 내 택배물품을 배송・집하 • 지하철 이용 각종 수하물 및 서류 등 배달
기타	사업 수익을 통해 향후 발전 가능성이 있는 재화・서비스 제공

5. 취업알선형

1) 사업의 정의 및 대상

(1) 사업 정의

취업알선형은 수요처의 요구에 의해서 일정 교육을 수료하거나 관련된 업무능력이 있는 자를 해당 수요처로 연계하여 근무시간에 대한 임금을 지급받을 수 있는 일자리를 위해 참여하는 봉사활동이다.

(2) 사업대상

만 65세 이상 누구나 사업특성 적합자는 참여 가능하다.

추천방식은 민간경상보조/보건복지부 → 한국노인인력개발원 → 수행기관(매년 공모로 선정)순으로 이루어진다. 보건복지부(한국노인인력개발원)는 사업총괄 및 지원업무를 수행하고 참여기관은 노인복지관이나 시니어클럽 등이 참여한다.

2) 사업내용

수행기관에 사업비 지원(참여자 인건비 지원 없음)을 포함된다. 세부 사업특성에 따라 상이하게 나타난다.

6. 시니어인턴십

1) 사업의 정의 및 대상

(1) 사업 정의

시니어인턴십은 만 60세 이상자의 고용촉진을 위해 기업에 인건비를 지원하여 계속고용을 유도하기 위해 참여하는 사업활동이다.

(2) **사업대상**

만 60세 이상으로 개발원 및 수행기관에서 진행하는 교육을 이수한 자가 참여할 수 있다. 신청제외자는 중앙정부 및 지방자치단체 재정지원일자리 사업 등에 참여 중인 자 등이다.

추천방식은 민간 경상보조/보건복지부 → 한국노인인력개발원 → 기업 등으로 이루어진다. 보건복지부(한국노인인력개발원)는 사업총괄 및 지원한다.

2) 지원 내용

참여기업 → 인건비 지원, 수행기관 → 사업비 지원

<table>
<tr><th>사업 유형</th><th colspan="2">지원 내용</th></tr>
<tr><td rowspan="2">일반형</td><td>인턴지원금</td><td>입사일로부터 3개월간 참여자 1인당 월 약정급여의 50% 지원
※ 월 최대 37만 원 한도 내, 최대 3개월</td></tr>
<tr><td>채용지원금</td><td><6개월 이상 계속고용계약 체결 시>
추가 3개월간 참여자 1인당 월 약정급여의 50% 지원
※ 월 최대 37만 원 한도 내, 최대 3개월</td></tr>
<tr><td>(일반형 확장)
장기취업 유지형</td><td>정기취업유지
지원금</td><td>일반형 사업으로 18개월 이상 고용한 뒤, 6개월 이상 계속 고용계약을 체결한 경우 1인당 총 90만 원 지원(일시급)
※ 지원기준일(19개월 경과시점) 이후 1개월 이내 신청기업에 한해 지원</td></tr>
<tr><td>체험형</td><td colspan="2">3개월 인턴 기간 최대 3개월 이내 월 37만 원 지원
• 계속 고용의사 갖춘 기업만 지원하는 기존 진입장벽을 완화하되, 전문성·확장성이 높은 우수 직종을 중심으로 사업 규모화를 지원하는 유형
※ 규모 있는 신규투자, 한국판 뉴딜 일자리 등의 발굴·확대를 위한 개발원 시범사업 추진</td></tr>
<tr><td>세대 통합형</td><td>채용지원금</td><td>숙련기술 보유 퇴직자를 청년 멘토로 최소 6개월 이상 고용한 기업에 1인 최대 300만 원 지원</td></tr>
</table>

7. 고령자친화기업

1) 사업의 정의 및 대상

(1) 사업 정의

고령자친화기업은 고령자가 경쟁력을 가질 수 있는 적합한 직종에서 다수의 고령자를 고용하여 운영할 기업을 지원하는 사업 활동이다.

(2) 사업대상

① 참여기업: 다수의 고령자를 고용하고 있고, 추가 고용계획이 있는 기업 또는 다수의 노인을 고용할 기업을 신규로 설립할 기업 및 단체 등이 해당된다.

② 참여자: 만 60세 이상 노인 중 사업특성 적합자는 참여 가능하다.
추천방식은 민간 경상보조/보건복지부 → 한국노인인력개발원 → 기업순으로 이루어진다. 보건복지부(한국노인인력개발원)는 사업총괄 및 지원업무를 수행한다.

2) 지원내용

개소당 1~3억 원 지원한다. 세부 사업내용은 참여기업이 선정하되 심의를 거쳐 합격한 기업이 참여하고 예산을 지원하게 된다.

Senior Social Welfare | chapter 07

노인 건강과 의료보장

2000년을 기점으로 우리나라는 65세 이상 노인인구가 7% 이상인 고령사회에 접어들었고, 2018년에는 노인인구가 14% 이상이 되는 고령사회에 접어들었으며, 2026년에는 노인인구가 20% 이상이 되는 초고령사회에 진입하게 될 것이다.

2060년에는 노인인구 비율이 43.9%로 세계의 최고령국가가 될 전망이다(통계청, 2020). 따라서 초고령노인 인구 수가 급속히 증가하면서 건강한 삶을 살기 위한 의료보장에 대한 기대는 더 한층 높아졌다.

따라서 노인이 오래 사는 것이 중요한 것이 아니라 건강하게 사는 삶이 요구되고 있다. 이를 위해 질병에 걸리지 않아야 하고, 건강을 보장하는 국가의 책임이 증가하게 된다.

이 장에서는 노인의 건강실태와 주요 질병, 노인건강보장정책, 그리고 마지막으로 건강보장정책의 문제점과 대처방안을 제시한다.

제1절 노인의 건강실태 및 주요 질병

1. 노인의 건강상태의 개념

노인의료보장정책은 노인들도 또한 건강보호 권리를 받을 자격이 있는 개인으로서 국민의 생존권 보장과 직결되는 국가의 의무이기에 그 의의가 있다. 또한 저소득의 노인이 갑작스런 사고와 질병을 당할 시 의료비 부담을 집단적으로 해결하며, 보험료의 부담을 분산, 분담시키는 의미에서 국가의 개입에 의한 강제적 보험을 요청한다. 노인의료보장은 질병을 개인적 위험이 아닌 사회적 위험으로 인식하는 것에서 출발한다. 노인의료보장은 노인을 사회적 위험으로서의 질병으로 인한 경제적 부담에 대하여 사회공동체가 공동으로 책임을 지는 정책이며 제도이다.

가장 일반적으로 시행되는 사회보험은 퇴직노인을 피보험자의 일부로 포함시키는 의료보험과 퇴직노인만을 위한 의료보험이 있다. 비용부담에 있어서 보험가입자가 비용의 일부를 부담하게 되어 있으며 급여금은 규정된 비용의 대부분을 충당하지만 전액을 충당하지 않는 것이 원칙이다. 정부의 입장에서 가장 비용을 적게 들이는 사회보장 프로그램 중 하나이다. 그 외 공공부조는 가구의 수입과 재산이 의료적 빈곤수준에 미달하거나 상회하더라도 의료비 지출 시 최저생활 수준 이하로 떨어지는 경제적 수준인 경우 비용을 정부가 전담해 주는 프로그램으로 자산조사를 통하여 빈곤수준을 결정하며 전액 국고로 충당된다.

병에 걸린 환자 본인이 고통을 겪는 것은 물론이고 질병으로 소득이 결손되고 치료에 많은 비용이 소요되기 때문에 가족들의 고통도 따르게 마련이다. 질병의 사회적 손실은 여기에서 멈추지 않는다. 근로자의 질병으로 초래되는 생산의 차질은 경제성장에 상당히 부정적인 영향을 줄 것이다. 의료보장은 기본적으로 의료비의 경제적 부담으로부터 국민들의 부담을 덜어 주려는 사회복지체계의 일부다. 이 문제의 해결이 개인적인 차원으로 남아 있을 때, 대다수의 국민들이 큰 부담을 느낀다. 특히 저소득층일수록 질병으로 인한 부담이 더욱 크다. 의료보장은 질병으로 인해 발생하는 경제적 부담의 해결을 사회공동체가 공동으로 책임을 가지는 것이다.

국민건강보험은 치매나 중풍 등 질환의 진단, 입원 및 외래 치료 등을 목적으로 주로 병·의원 및 약국에서 제공하는 서비스를 급여대상으로 하는 반면, 노인장기요양보험은 노화 및 치매·중풍 등 노인성 질환 등으로 인하여 혼자 힘으로 일상생활을 영위하기 어려운 대상자에게 요양시설이나 재가시설을 통해 신체활동 또는 가사지원 등의 서비스를 제공하는 제도라는 점에서 차이가 있다.

핵가족은 자녀양육에 치중하는 쪽으로 변하여 노인부양은 점점 어려워지고 있으며 앞으로 국민 5인당 노인 1명을 부양해야 하는 상황이 올 것이다. 이와 같이 가족문화가 변화되어 가족이 노인을 부양하기가 어려워지고 있고, 노인을 보호하는 가족의 부양부담이 커지면서 노인에 대한 사회적 보호서비스의 필요성은 점차 커질 것으로 예측된다. 그러므로 2008년부터 시행되는 노인장기요양보험제도가 지역사회의 재가노인을 위한 적절한 대안이 될 것이다.

노인장기요양보험제도란 고령이나 노인성질병 등으로 인하여 일상생활을 혼자 수행가기 어려운 노인 등에게 신체활동 또는 가사지원 등의 장기요양급여를 사회적 연대원리에 의해 제공하는 사회보험제도를 말한다. 따라서 이 법은 고령이나 노인성 질병 등의 사유로 일상생활을 혼자서 수행하기 어려운 노인 등에게 제공하는 신체활동 또는 가사활동 지원 등의 장기요양급여에 관한 사항을 규정하여 노후의 건강증진 및 생활안정을 도모하고, 그 가족의 부담을 덜어 줌으로써 국민의 삶의 질을 향상하도록 함을 목적으로 한다.

노인장기요양보험제도는 노인뿐만 아니라 장기요양을 담당하던 중장년층과 가족 등 모든 세대에게 혜택을 줄 수 있으며, 노인들은 자식들에게 부담을 주지 않고 계획적이고 전문적인 장기요양서비스를 받을 수 있어 품위 있게 노후를 보낼 수 있고, 장기요양을 담당하던 중장년층은 정신적, 육체적, 경제적 부담에서 벗어나 경제, 사회활동에 전념할 수 있다는 점에서 1990년대 이래 세계적인 추세로 자리 잡고 있다.

의료보장제도는 각국의 역사적, 사회적 배경에 따라 다양한 형태와 특징을 가지고 있다. 그러나 여러 나라 의료보장제도를 비교하여 특징을 간추려 보면 의료보장의 형태를 크게 사회보험방식, 조세방식, 그리고 민간보험방식으로 나눌 수 있다. 여기서는 사회보험방식을 다시 직종이나 고용관계에 따라 서로 다른 규정이 적용된 방식과 전국적으로 단일한 규정이 적용되는 방식으로 구분하여 의료보장의 유형을 다음과 같이 네 가지로 나누어 살펴보기로 한다(이인재 외, 2010: 180-183).

첫 번째 유형은, 독일로 대표되는 전통적 질병보험제도 유형이다. 1883년 독일에서 처음으로 사회보험으로서 질병보험제도가 시작된 이후 피고용자들의 고용상태를 중심으로 제도가 적용되고 직업별로 조직된 기금들에 의해 제도가 운영된다. 따라서 기금에 대한 사용자와 노동조합의 조합주의적 참여가 발달된 것을 특징으로 한다. 이 유형은 국가의 의료보장에 대한 책임을 기본으로 하고 있지만, 의료비에 대한 국민의 자기 책임 의식을 일정 부분 인정하는 자조적인 의료보장 체계이다. 독일, 프랑스, 네덜란드 등이 여기에 속한다.

두 번째 유형은, 주로 1911년 영국 국민보험법을 원형으로 하는 전국 단일 의료보험(NHI: National Health Insurance) 방식이다. 이 유형은 사회보험제도로 의료보장을 제공하지만, 첫 번째 유형과 달리 고용상태를 중심으로 의료보험체계를 조직하지 않고 전국적으로 통일된 체계를 갖는다. 따라서 피고용자뿐 아니라 전체 거주자를 대상으로 프로그램을 운영한다. 캐나다, 핀란드, 노르웨이, 스페인 등이 여기에 속한다. 2000년 7월 의료보험 통합 이후의 우리나라 건강보험제도도 이 유형으로 분류할 수 있다.

세 번째 유형은, 1946년 영국의 국가보건서비스(NHS: National Health Service)를 원형으로 하는 보편적 서비스 방식이다. 국민의 의료문제는 국가가 모두 책임져야 한다는 관점에서 정부가 일반 조세로 재원을 마련하여 소득수준에 관계없이 모든 국민에게 포괄적이고 균등한 의료를 보장하는 국가의 직접적인 의료보장방식이다. 영국, 스웨덴, 이탈리아 등이 이 유형에 속한다.

넷 번째 유형은, 공식적인 국가 의료보장체계 대신 광범위한 민간보험으로 의료보장제도를 운영하는 민간보험 유형이다. 미국이 대표적인 나라이며 의료보장에 대한 국가적 차원의 보편적 프로그램은 없고, 다만 공공부조대상자와 연금수급자를 대상으로 한 메디케어(medi-care), 메디케이드(medicade)가 국가 프로그램으로 운영되고 있을 뿐이다.

2. 노인의 건강관리 현황

1) 본인부담 의료비

고령사회로 접어들면서 건강한 노인들이 삶을 아름답게 마무리할 수 있어야 함에도 그렇지 못한 노인들이 증가함에 따라 의료비 지출이 늘어 가고 있다. '19년 65세 이상 고령자의 건강보험 1인당 진료비는 479만 6천 원, 본인보담 의료비는 111만 7천 원으로 각각 전년보다 30만 9천 원, 7만 1천 원 증가하였다. 고령자 1인당 진료비 및 본인부담 의료비는 전체 인구와 비교할 때, 각각 2.9배, 2.7배 높은 것으로 나타났다. '19년 진료비 중 본인부담금이 차지하는 비중은 전년과 동일하며 고령자(23.3%)가 전체 인구(24.6%)보다 1.3%p 낮게 나타났다.

2) 사망원인별 사망률

'19년 65세 이상 고령자의 사망원인은 악성신생물(암)(750.5명), 심장질환(335.7명), 폐렴(283.1명), 뇌혈관질환(232.0명), 당뇨병(87.1명) 순으로 나타났다. 악성신생물(암), 뇌혈관질환 및 당뇨병에 의한 사망은 꾸준히 감소 추세이나, 폐렴에 의한 사망이 '00년 이후 3.0배 수준으로 증가하였고, 고령자의 사망률은 전체인구 사망률과 비교하여 악성신생물(암) 4.7배, 심장질환 5.6배, 폐렴 6.3배, 뇌혈관질환 5.5배, 당뇨병이 5.5배 수준이다.

〈표 7-1〉 사망원인별 사망률

(단위: 명/인구 10만 명)

		2000	2010	2015	2018	2019	2020
전체 인구	1순위	악성신생물(암) (122.4)	악성신생물(암) (144.4)	악성신생물(암) (150.8)	악성신생물(암) (154.3)	악성신생물(암) (158.2)	악성신생물(암) (160.1)
	2순위	뇌혈관질환 (73.6)	뇌혈관질환 (53.2)	심장질환 (55.6)	심장질환 (62.4)	심장질환 (60.4)	심장질환 (63.0)
	3순위	심장질환 (38.7)	심장질환 (46.9)	뇌혈관질환 (48.0)	폐렴 (45.4)	폐렴 (45.1)	폐렴 (43.3)
	4순위	간질환 (23.0)	고의적 자해 (자살)(31.2)	폐렴 (28.9)	뇌혈관질환 (44.7)	뇌혈관질환 (42.0)	뇌혈관질환 (42.6)
	5순위	당뇨병 (22.7)	당뇨병 (20.7)	고의적 자해 (자살)(26.5)	고의적 자해 (자살)(26.6)	고의적 자해 (자살)(26.9)	고의적 자해 (자살)(25.7)
고령 인구 (65세 이상)	1순위	악성신생물(암) (929.7)	악성신생물(암) (882.4)	악성신생물(암) (803.0)	악성신생물(암) (763.0)	악성신생물(암) (750.5)	악성신생물(암) (733.3)
	2순위	뇌혈관질환 (785.3)	뇌혈관질환 (409.4)	심장질환 (351.0)	심장질환 (360.8)	심장질환 (335.7)	심장질환 (391.9)
	3순위	심장질환 (358.9)	심장질환 (344.0)	뇌혈관질환 (311.1)	폐렴 (295.3)	폐렴 (283.1)	폐렴 (257.5)
	4순위	당뇨병 (218.4)	당뇨병 (153.1)	폐렴 (209.1)	뇌혈관질환 (260.1)	뇌혈관질환 (232.0)	뇌혈관질환 (225.3)
	5순위	만성하기도질환 (209.1)	폐렴 (127.6)	당뇨병 (133.2)	당뇨병 (98.5)	당뇨병 (87.1)	알츠하이머 (91.4)

자료: 통계청, 「사망원인통계」

주: 1) 심장질환은 허혈성 심장질환과 기타 심장질환을 포함

2) 만성하기도 질환은 기관지염, 천식, 폐기종 등 만성적으로 호흡에 장애를 주는 폐질환의 총칭

제2절 노인 건강보장정책

1. 의료보장정책의 개념

현재 우리나라는 노인만을 위한 의료보장제도가 마련되어 있지 않은 실정이며, 대부분의 노인들이 의료보험과 의료보호에 의하여 의료보장을 받고 있다. 따라서 의료보험과 의료보호에서의 노인을 위한 의료보장은 전체 노인의료보장에서 큰 비중을 차지하고 있으나 이에 대한 인식은 매우 미흡한 실정이라고 할 수 있다. 또한 「노인복지법」을 근거로 노인복지와 의료정책이 추진되고 있으나 선진국과는 비교도 안 될 정도의 미약한 실정이다.

국민건강보험은 국민보건을 향상시키고 사회보장의 증진을 도모하는 것을 목적으로 하는 바, 이는 의료에 관한 욕구를 보험의 방식으로 충족시키려는 것으로서 산업재해보상보험·공무원연금·국민연금 등과 같이 사회보장 분야의 사회보험제도에 속한다.

의료보험의 수급권자(피보험자 및 피부양자), 의료보험 급여의 제공자, 그리고 관리를 담당하는 보험자의 3자 관계가 형성되며, 1989년 7월 현재 타 법령의 적용을 받는 자 이외의 모든 국민에게 적용되어 거의 모든 보건의료기관에서 필요에 따라 보험급여를 받고 있다.

국민건강보험은 국민의 질병·부상에 대한 예방·진단·치료·재활과 출산·사망 및 건강증진에 대하여 보험급여를 실시함으로써 국민건강을 향상시키고 사회보장을 증진함을 목적으로 하는 사회보험제도이다(「건강보험법」, 제1조).

사회보험으로서 건강보험은, 첫째, 법률에 의하여 보험가입이 강제되고, 둘째, 전 국민을 대상으로 하며, 셋째, 보험료는 경제적 능력에 따라 차등 부담하고, 급여는 필요에 따라 균등하게 받을 수 있게 함으로써 소득재분배를 이루며, 넷째, 장기보험인 국민연금과는 달리 회계연도가 1년 단위인 단기보험인 특성을 갖는다(이종복 외, 2012: 73-74).

우리나라의 전 국민 건강보험시스템은 외형상 모든 국민이 의료서비스를 받을 수 있는 것으로 보이지만 사실은 전혀 그렇지 못하다.

1989년 전 국민 의료보험 실시 이후 만성퇴행성질환 및 와상노인 인구의 증가에 따라 노인의료 이용량 및 의료비가 급격히 상승되고 있으며 노인 인구의 의료비는 지난 15년간 69.5배를 증가하여 훨씬 빠른 속도로 증가하고 있다. 의료보험에서는 노인의 신체적인 특성과 건강상태 등이 고려되어야 함에도 피보험자에게 획일적인 급여를 하는 데 문제점이 있다.

2. 의료정책의 배경

1989년 7월에 도시지역의료보험을 실시하여 우리나라는 의료보험시행 12년 만에 전 국민 의료보험시대를 열었다. 그러나 어느 날 갑자기 한 번에 이루어진 것이 아니라 많은 과정을 겪으면서 발전되어 온 것이다. 1963년 12월에 「국민건강보험법」의 전신인 「의료보험법」을 법률 제1623호로 우리나라 최초로 「의료보험법」이 제정 · 공포되었다. 「의료보험법」은 300인 이상 사업장의 근로자와 농어민을 대상으로 시행하려고 하였으나 경제 · 사회적 여건의 미비로 그 시행이 연기되었다. 이때만 하여도 임의 적용방식이어서 일부 시범사업만 실시되었을 뿐 유명무실하였다. 이때의 사회적 상황과 경제적 여건이 만족한 상태가 아니었으나 당시 군사정권의 정당성 확보차원에서 「의료보험법」 등 사회보장법을 동시에 제정하게 되었다고 평가할 수 있다. 1970년에 와서 강제적 적용방식의 「의료보험법」으로 개정하였으나 그 시행령조차 마련하지 못하였다.

그 후 산업화와 도시화가 이루어진 시기적 환경에 힘입어 1976년 12월에 「의료보험법」의 전면개정으로 1977년 7월 1일부터 500인 이상 사업장을 대상으로 강제적용방식의 의료보험이 실시되었다. 1977년 12월에는 「공무원 및 사립학교 교직원 의료보험법」이 따로 제정되어 1979년부터 실시되었다. 그 후 1980년대 초반 「지역의료보험법」에 대한 시범사업을 바탕으로 1988년 1월에는 농·어촌지역의료보험이 실시되었고, 1989년 7월에는 「도시지역의료보험법」이 실시되어 전국 60개 도시를 대상으로 964만 명의 도시지역 자영업자까지도 의료보험이 실시되어 우리나라는 의료보험 시행 13년 만에 전 국민 의료보험 시대를 맞이하게 되었다. 그리고 1997년 12월에는 「국민의료보험법」이 제정되었고 1998년에 지역의료보험(227개)과 공무원 및 사립학교 교직원 의료보험이 통과되었다. 1999년 2월에는 「국민건강보험법」[1]이 제정·공포되었으며 이 법에 의하여 2000년 7월에는 직장의료보험(140개)까지 통합하여 국민건강보험 조직의 통합이 이루었고, 2003년에는 지역과 직장 재정의 통합까지 완전히 이루어졌다.

그 후 여러 차례의 개정을 통하여 제도·운영상의 미비점을 개선하였는데, 특히 2006년 12월에는 「건강보험재정 건전화 특별법」의 유효기간이 2006년 12월 31일 종료됨에 따라 이에 대한 대책으로 개정되었다. 보험료 부과기준이 되는 표준보수월액 및 부과표준소득의 등급제를 신설하고 요양급여비용 및 심사청구를 대행할 수 있도록 하였으며 보험료 부과 기준의 등급제를 폐지하고 보험료 경감 대상의 확대 및 체납자의 보험료 분할납부가 가능하도록 하고 실업자에 대한 특례조항이 신설되었다.

3. 적용대상과 급여형태

1) 적용대상

국민건강보험의 적용대상자(가입자 및 피부양자)는 원칙적으로 국내에 거주하는 전 국민이다(「건강보험법」 제5조 제1항). 단, 「의료급여법」에 의하여 의료급여를 받는 자, 「독립유공자예우에 관한 법률」 및 「국가유공자 등 예우 및 지원에 관한 법률」에 의하여 의료보호를 받는 자는 제외한다. 외국정부가 사용자인 사업장의 근로자에 대한 건강보험에 관해서는 외국 정부와의 합의에 의하여 정부가 따로 정할 수 있다(「건

1) 과거의 「의료보험법」이 상병을 치료하기 위하 소요되는 비용 및 의료서비스를 제공하는 것을 주된 내용으로 하였다면, 「국민건강보험법」은 진료비 보장, 질병치료를 포함한은 물론 건강진단, 재활 및 예방의 범위까지 포함하는 적극적이고 포괄적인 의미를 가진다.

강보험법」 제93조). 이것은 원칙적으로 적용 제외 대상자이지만 외국 정부와의 합의에 따라 국민건강보험의 적용대상이 될 수 있다.

국민건강보험 가입자의 종류는 직장가입자와 지역가입자로 구분한다(「건강보험법」 제6조). 모든 사업장의 근로자 및 사용자와 공무원 및 교직원은 직장가입자가 된다. 지역가입자는 직장가입자와 그 피부양자를 제외한 가입자를 말한다(「건강보험법」 제6조 제3항).

2) 급여형태

국민건강보험에서 보험급여의 원인이 되는 것을 일반적으로 보험사고라고 하며 이 보험사고에 대하여 급여를 행하는 것을 보험급여라고 한다. 보험급여는 요양급여, 요양비 지급, 건강검진, 부가급여가 있다(「건강보험법」 제44, 45, 47조). 이 중에서 요양급여, 요양비 지급, 건강검진은 법정 급여라고 하고 여기서 법정 급여는 보험사고에 의하여 지급되는 급여이고 부가 급여는 급여의 종류가 법적으로 정해져 있으나 실시 여부는 보험자에게 위임되어 있는 급여를 말한다.

보험급여의 형태는 **〈표 7-2〉**에 보는 바와 같이 의료 그 자체를 보장하는 현물급여와 의료비의 상환제도인 현금급여로 구분할 수 있다. 우리나라는 현물급여를 원칙으로 하고 있다.

〈표 7-2〉 건강보험의 급여종류

급여의 종류		비고
현물급여	요양급여	법정 급여
	건강검진	법정 급여
현금급여	요양비	법정 급여
	장애인보장구 급여비	법정 급여
	임신·출산 진료비	부가 급여

현물급여는 가입자 및 피부양자에게 요양기관(병원과 의원)을 통하여 의료서비스가 제공되는 요양급여와 건강검진이 있다. 요양급여는 가입자 및 피부양자의 질병·부상·출산 등에 대하여 진찰·검사, 약제·치료 재료의 지급, 처치·수술 기타의 치료, 예방·재활, 입원, 간호 이송 등 의료급여를 제공받는 것을 말한다(「건강보험법」 제39조). 건강검진은 질병의 조기발견과 조기치료를 목적으로 실시하며, 검진대상자는 직장가입자, 세대주인 지역가입자, 40세 이상 지역가입자와 40세 이상 피부양자가 된다. 사무직 근로자, 지역가입자, 직장피부양자는 2년마다 1회, 사무직 근로자를 제외한 직장 가입자에 대하여는 1년에 1회 실시한다. 건강검진은 일반건강검진, 암검진, 영유아건강검진으로 구분하여 실시하며, 이 외에도 중년기로 접어드는 40세와 노년기로 접어드는 66세가 되는 해에 생애전환기 건강검진을 보건복지부 고시로 실시하고 있다.

현금급여에는 요양비, 장애인보장구 급여비 등이 있다. 요양비는 가입자 및 피부양자가 긴급 기타 부득이한 사유 등으로 인하여 요양기관과 유사한 기능을 수행하는 기관으로서 요양기관에서 제외된 의료기관, 만성신부전증환자의 복막관류액을 판매하는 요양기관 외의 의약품판매업소 등에서 질병, 부상, 출산 등에 대하여 요양을 받거나, 요양기관 외의 장소에서 출산을 한 때에 요양급여는 「장애인복지법」에 의하여 등록한 장애인인 가입자 및 피부양자에게 보장구에 대한 현금급여를 실시함을 말한다.

또한 급여는 법적 규정에 의하여 일정한 보험사고에 대하여 지급되는 법정급여와 재정상황에 따라 탄력적으로 그 시행여부 등을 조정할 수 있는 부가급여[2)]가 있다.

가입자 또는 피부양자가 요양급여를 받는 때에는 그 진료비용의 일부를 본인이 부담하여야 하며, 그 내용은 임원의 경우 진료비의 20%를, 외래의 경우에는 요양기관

2) 「국민건강보험법」 제45조에서 부가급여로서 장제비·상병수당 기타의 급여를 열거하고 있으나 이는 입법기술상의 예시에 불과하여 재정상황에 따라 「국민건강보험법 시행령」 개정을 통하여 그 실시 여부를 달리할 수 있다. 현재 부가급여로는 임신·출산진료비가 지급되고 있는데, 임신한 가입자 또는 피부양자가 지정된 요양기관에서 출산 전후 산모의 건강관리와 관련된 진료를 포함하는 임신과 출산에 관련된 진료에 드는 비용으로 하되 50만 원의 범위에서 실제 부담한 금액으로 한다(시행령 제25조, 제25조의 2).

종별에 따라 30~60%를 차등 적용하고 있다. 입원은 20%, 외래(종합전문기관)은 진찰료총액 +나머지 요양급여비용 총액의 60%를 적용한다.

건강보험 진료비는 건강보험이 적용되는 보험급여진료비와 보험급여가 되지 않는 비급여진료비로 구성된다.

첫째, 보험급여진료비(건강보험이 적용되는 진료비)는 본인부담+공단부담(본인부담진료비는 의료기관 종류, 입원, 외래에 따라 달라진다.)으로 나누어 부담을 한다. 보험급여진료비는 〈표 7-3〉에서 보는 바와 같다.

〈표 7-3〉 보험급여 진료비

<table>
<tr><th>기관종별</th><th colspan="2">소재지</th><th>본인부담액</th></tr>
<tr><td>종합전문요양기관</td><td colspan="2">모든 지역</td><td>진찰료총액+(진료비총액-진찰료총액) x 50%</td></tr>
<tr><td rowspan="2">종합병원</td><td colspan="2">동지역</td><td>진료비금액 x 50%</td></tr>
<tr><td colspan="2">읍·면 지역</td><td>진료비금액 x 45%</td></tr>
<tr><td rowspan="2">병원급
(병원, 치과병원, 한방병원, 요양병원)</td><td colspan="2">동지역</td><td>진료비금액 x 40%</td></tr>
<tr><td colspan="2">읍·면 지역</td><td>진료비금액 x 35%</td></tr>
<tr><td rowspan="2">의원급
(치과의원, 한의원, 보건의료원)</td><td rowspan="2">모든 지역</td><td>65세 이상</td><td>15,000원 이하: 1,500원 (정액제)
15,000원 초과: 진료비금액 x 30%
※ 약국은 10,000원 기준 1,200원</td></tr>
<tr><td>65세 미만</td><td>진료비금액 x 30%</td></tr>
</table>

둘째, 비급여진료비(건강보험 미적용 진료비)는 전액 본인 부담(진료급여에서 제외)으로 동일 항목이라도 병원별로 다를 수 있으며, 비급여의 종류에서 비급여란 진료를 받을 때 건강보험이 적용되지 않는 검사, 시술, 약품 등을 의미하고 비급여는 본인이 전액 부담해야 합니다.

예1) 업무 또는 일상생활에 지장이 없는 경우: 주근깨, 무모(無毛), 딸기코(주사비), 발기부전, 불감증 등

예2) 신체의 필수 기능개선 목적이 아닌 경우: 쌍꺼풀수술 등 미용목적의 성형수술과 그로 인한 후유증 치료, 안경, 콘택트렌즈 등을 대체하기 위한 시력교정술 등

예3) 예방진료로서 질병·부상의 진료를 직접 목적으로 하지 아니하는 경우: 본인의 희망에 의한 건강검진, 예방접종, 멀미예방, 금연 등을 위한 진료 등

예4) 보험급여 시책상 요양급여로 인정하기 어려운 경우: 상급병상 입원료, 법제 46조에 의하여 장애인에게 보험급여를 실시하는 보장구를 제외한 보조기, 보청기, 안경 또는 콘택트렌즈, 선택 진료에 따른 추가비용 등

건강검진은 질병의 조기발견과 그에 따른 요양급여를 하기 위하여 가입자 및 피부양자에 대하여 2년에 1회 무료 건강검진을 실시하고 있다. 현금 급여는 가입자 및 피부양자가 긴급, 기타 부득이한 사유로 요양기관이 아닌 의료기관에서 질병, 부상, 장애인 보장구 급여비, 본인 부담액 보상금[3] 등에 대하여 요양을 받거나 또는 요양기관 외의 장소에서 출산한 경우에는 그 요양급여에 상당하는 금액을 현금으로 지급한다.

의료보험기간은 의료보험이 도입된 이후 1994년 이전까지 연간 180일로 제한되었는데, 1995년부터 점차로 확대하여 2000년부터는 365일간 보험급여를 받을 수 있게 되었다.

다만 보험급여는 다음과 같이 여섯 가지 경우에 제한된다(「건강보험법」 제48조).

첫째, 고의 또는 중대한 과실로 범죄행위이거나 고의로 사고를 발생시킨 때이다. 둘째, 고의 또는 중대한 과실로 공단이나 요양기관의 요양에 관한 지시에 따르지 아니한 때이다. 셋째, 고의 또는 중대한 과실로 문서 기타 물건의 제출을 거부하거나 질문 또는 진단을 기피한 때이다. 넷째, 업무상 또는 공무상 질병·부상·재해로 다른 법령에 따른 보험급여나 보상 또는 보상을 받게 되는 때에는 급여를 하지 않는다. 다섯째, 다른 법령에 의해서 국가 또는 지방자치단체부터 보험급여에 상당하는 급여를 받거나 보험급여에 상당하는 비용을 지급받게 되는 때는 그 한도 내에서 보험급여를 실시하지

3) 본인부담금보상금은 가입자 및 피부양자가 요양급여를 받고 지급한 요양급여 중 본인일부담금이 매 30일간에 120만 원을 초과한 경우에 지급하는 것으로 지급액은 초과한 금액의 100분의 50이다. 2004년 5월부터는 본인부담액이 6개월 기간 중 300만 원을 초과한 경우, 그 이상은 보험자가 전체 부담한다.

아니한다. 여섯째, 세대단위의 보험료를 대통령이 정하는 기간(1월) 이상 체납한 지역가입자에 대하여 보험료를 완납할 때까지 보험급여를 실시하지 아니할 수 있다.

보험급여는 다음과 같이 다섯 가지 경우에 정지된다(「건강보험법」 제49조).

첫째, 국외에서 여행 중인 때이다. 둘째, 국외에서 업무에 종사하고 있는 때이다. 셋째, 현역병(지원에 의하지 아니하고 임용된 하사 등)이다. 넷째, 전환 복무된 사람 및 무관후보생으로 복무 중인 때이다. 다섯째, 교도소나 기타 이에 준하는 시설에 수용되어 있는 때이다.

건강보험공단이 지출한 2020년 연도 말 기준, 연간 총 급여비는 9조 8,248억 원(지급기준)이다. 공단부담금은 '18년 62,992억 원, '19년 77,363억 원, '20년 88,827억 원이다.

'20년 1인당 월평균 급여비는 1,315,195원, 공단 부담금은 1,189,071원이며, 1인당 월평균 급여비는 '19년 대비 2.4% 증가하였다. 급여유형별 급여실적을 보면 **〈표 7-4〉**와 같다.

〈표 7-4〉 급여실적

(단위: 억 원, %)

구분	2016년	2017년	2018년	2019년	2020년
급여이용수급자(명)	520,043	578,867	648,792	732,181	**807,067**
급여제공일수(만 일)	10,997	12,292	13,593	15,434	**17,333**
급여비(억 원)	50,052	57,600	70,670	85,653	**98,248**
공단 부담금(억 원)	44,177	50,937	62,992	77,363	**88,827**
공단 부담률(%)	88.3.	88.4	89.1	90.3	**90.4**
급여이용수급자 1인당 월평균 급여비(원)	1,067,761	1,103,129	1,208,942	1,284,256	**1,315,195**
급여이용수급자 1인당 월평균 공단부담금(원)	942,415	975,496	1,077,291	1,159,992	**1,189,071**

자료: 보건복지부(2020). 『노인장기요양보험 통계연보』

주: 1) 공담부담률: 공단부담금/급여비

2) 급여이용수급자 1인당 월평균 급여비(공단부담금) = (월간 급여비(공단부담금)/월간 급여이용수급자 수)의 평균

3) 급여제공일수는 급여종류별 급여제공 횟수로 계산하며, 기타 재가급여(복지용구)는 급여제공일수에서 제외함

4. 전달체계와 재정 및 급여

1) 전달체계

의료보험은 전 국민을 임금소득자와 비임금소득자로 구별하였고, 임금소득자 중 공무원 및 사립학교 교직원은 전국 단위의 의료보험공단에서 관리하고 직장근로자들은 직장조합별로 보험자가 구성되어 관리하였다. 비임금소득자인 농어촌 주민 및 도시 자영업자는 시·군 지역에서 별도로 보험자를 관리하였다. 이렇게 시작하여 1998년 10월에는 공무원 및 사립학교 교직원 의료보험공단과 227개의 지역의료보험조합을 통합하여 국민의료보험관리공단이 발족되었다. 그 후 2000년 7월에는 국민건강보험관리공단과 사업장의 근로자를 대상으로 하고 있는 직장조합을 통합하여 국민건강보험공단을 발족시켜 중앙 집중관리방식으로 전환하였다. 또한, 2003년 7월에는 재정까지 완전히 통합하여 4대 사회보험 중 유일하게 분산관리 운영체계를 유지해 오던 국민건강보험은 완전한 중앙집중관리 운영체계를 갖추게 되었다. 국민건강보험공단의 신설은 지역 간의 재정격차를 해소하고 보험료 부담의 형평성과 관리·운영의 효율성을 확보함으로써 명실상부한 전 국민을 위한 제도의 기반을 마련하게 되어 세계에서 의료정책이 전 국민을 상대로 한 큰 성과가 있었다.

국민건강보험공단은 2021년 12월 현재 19실, 2명의 연구원, 6개 지역본부, 174개 지사, 2개 병원으로 조직을 갖추고 있다. 또한 2000년도에 발족한 건강보험심사평가원에서는 건강보험의 요양급여비용에 대한 심사를 담당하고 진료의 의학적 적정성을 평가한다. 한편, 건강보험제도의 정책결정에 대한 책임 부서인 보건복지부는 2021년 12월 현재 그 산하에 보건의료정책실에 건강의료정책관, 공공보건정책관, 한의학정책관이 있으며, 그 산하에 보건의료정책과, 의료자원정책과, 의료기관정책과, 양무정책과, 질병정책과, 공공의료과, 응급의료과, 한의학정책과, 한의학 산업과를 두고 있다.

2) 재정

국민건강보험의 재원은 보험료와 국고 및 건강증진 기금 등 정부지원금으로 충당한다. 보험료는 직장가입자와 지역가입자의 보험료 부과방식이 다른데, 임금근로자 대상인 직장가입자의 경우에는 소득비례정률제가 적용되고 있으며, 농·어민과 도시 자영업자 등 지역가입자의 경우에는 대상범위가 광범위할 뿐만 아니라, 소득의 형태가 다양하고 정확한 소득파악에 어려움이 있어 소득비례정률제 대신 보험료부과점수(소득, 재산, 생활수준 등의 등급별 점수의 합)에 점수당 단가를 곱하여 산정한 금액을 적용한다. 직장가입자의 경우에는 가입자와 사용자가 각각 1/2씩 부담하며, 지역가입자의 경우에는 세대단위로 부과한다(이종복 외, 2012: 80).

다만, 보험료의 일부를 경감할 수 있는 제도를 마련하고 있는데, 65세 이상 노인, 장애인, 국가유공자, 도서·벽지·농어촌에 거주하면서 농어업에 종사하는 가입자에 대하여는 보험료의 일부를 경감해 주고 있다(「건강보험법」 제66조의 2).

3) 의료급여

의료급여제도는 무기여에 의한 공공부부조제도로서 국민건강보험에서 제외된 국민기초생활보장 수급자 등이 급여대상자가 된다. 즉, 생활유지 능력이 없거나 생활이 어려운 저소득층을 대상으로 그들의 자력으로 의료문제를 해결할 수 없는 경우에 국가가 재정으로 의료혜택을 주는 공공부조제도로서 건강보험과 함께 우리나라 국민의료보장 정책의 중요한 수단이 된다. 저소득층 중 노인의 비율이 상대적으로 매우 높기 때문에 의료급여는 노인의 중요한 의료보장제도로서의 역할을 하고 있다. 「의료급여법」 제1조에는 '생활이 어려운 자에게 의료급여를 실시함으로써 국민보건의 향상과 사회복지증진에 이바지함을 목적으로 한다'라고 규정하고 있다.

의료급여제도는 1961년 「생활보호법」이 제정되어 동법에 의료보호에 관한 규정을 둠으로써 의료보호가 처음으로 법제화되었다. 그러나 의료보호는 생활보호대상자를 중심으로 주요 국·공립의료기관에서 무료진료를 실시하는 수준이었다. 그 이후

1976년 9월 전국 의료보장 기반확립을 위한 '의료시혜확대방안'이 마련되었고 이어서 1977년 1월 4일 「의료보호에 관한 규칙」의 제정을 통하여 비로소 의료보호사업이 본격화되기 시작하였으며, 동년 12월 31일에는 「의료보호법」이「생활보호법」에서 독립하여 별도로 제정됨으로써 의료보호사업이 공공부조제도로서 정착할 기회를 마련하였다.

1991년 3월 8일에 기존의 「의료보호법」을 전면 개정하였고, 2001년 5월 24일에는 「국민기초생활보호법」이 '의료보호'를 '의료급여'로 변경함에 따라 「의료급여법」으로 전문 개정되어 2001년 10월 「국민생활보호법」과 같이 시행되었다.

(1) 적용대상

의료급여수급대상자는 「의료급여법」 제3조에 명시되어 있으며, 수급권자는 제3조 제2항 및 동법 시행령 제3조의 규정에 의하여 1종과 2종 수급권자로 분류되어 있다.

1종 수급권자는 「국민기초생활보호법」에 의한 수급자 중 근로무능력가구, 107개 희귀난치성질환자가 속한 가구, 시설수급자, 행려환자, 타법 적용자 중 이재민, 의상자 및 의사자의 유족, 입양아동(18세 미만), 국가 유공자, 중요무형문화재 보유자, 북한이탈주민, 5·18 민주화운동 관련자가 해당되고, 2종 수급권자는 국민기초생활보장 대상자 중 1종 수급대상이 아닌 가구가 해당된다(보건복지부a, 2012).

(2) 급여

의료급여의 내용은 국민건강보험제도의 요양급여에 해당하는 것과 마찬가지로 진찰·검사, 약제·치료재료의 지급, 처지·수술과 그 밖의 치료, 예방·재활, 입원, 간호, 이송 등의 서비스 등 그 밖의 의료 목적 달성을 위한 조치를 포함한다. 의료급여 수급권자의 진료비 본인부담에 있어 보호대상자별로 차이가 많다. 급여와 자격요건(1종 또는 2종)에 따른 급여 수준은 〈표 7-5〉와 같다

〈표 7-5〉 의료급여비 진료비 본인부담 수준

구 분		1차 (의원)	2차 (병원, 종합병원)	3차 (지정병원)	약국	PRT 등
1종	입원	없음	없음	없음	없음	없음
	외래	1,000원	1,500원	2,000원	500원	5%
2종	입원	10%	10%	10%	-	10%
	외래	1,000원	15%	15%	500원	15%

출처: 보건복지부(2012a).
※ 본인부담금은 급여청구분에 대한 것이며, 비급여 청구분은 전액 본인이 부담

(3) 전달체계

의료급여의 관리주체는 정부 및 수급권자의 거주지를 관할하는 특별시장·광역시장·도지사·특별자치도지사(시·도)와 시장·군수·구청장이 행한다. 이들 기관은 의료급여 보장기관이라 하며, 수급대상자의 선정 및 의료급여증 교부 등의 업무를 담당한다.

의료급여 보장기관의 업무 중 일부는 「의료급여법」상의 업무위탁 규정에 의해 급여비율의 심사·조정, 의료급여의 적정성 평가, 심사 및 평가기준의 설정은 건강보험심사평가원에서 수행하고 있으며, 급여비용의 지급, 전신기기에 의한 수급권자의 자격, 개인별 진료내역의 관리, 의료급여의 제한에 필요한 실태조사 및 자료수집은 건강보험공단에서 수행하고 있다. 정부인 보건복지부는 의료급여사업의 기본방향, 대책수립, 급여기준 및 수가 등에 관한 결정 등 정책의 수립과 평가 및 급여기관에 대한 관리감독업무를 담당한다. 해당 기초단체에서는 수급권자 자격관리업무를 담당한다.

(4) 재원

재원은 국고보조금과 지방비 출연금, 결산상 잉여금, 기금운영으로 생기는 수익 및 기타 수입으로 충당한다. 이 재원은 각 시·도의 의료급여기금이 만들어지고, 이 기

금에서 의료비와 진료비가 지불된다. 국가와 지방자치단체는 기금운영에 필요한 충분한 예산을 확보하여야 한다. 국고보조금의 비율은 보조금의 예산 및 관리에 관한 법령이 정하는 바에 의한다. 기금은 일반회계와 구분하여 별도의 계정을 설정하여 관리한다.

제3절 문제점 및 개선방안

1. 노인의료정책의 문제점

급속한 노인인구의 증가와 사회변동에 의해 노인 보건의료문제가 심각한 사회 문제로 대두될 것이 예상된다. 그러나 전반적인 노인보건의료에 대한 정부나 사회의 관심이 부족해서 노인 보건의료서비스의 내용이나 프로그램이 과거에 비해 달라진 게 거의 없으며 2022년을 기준으로 볼 때 우리나라 전체의 예산(607.7조 원)에서 보건예산이 16조 1,206억 원 불과한 실정이다. 정부의 재정적인 어려움으로 인해 대상자에 대한 의료서비스 수준의 질적 저하 및 의료소외현상을 초래하고 있다.

한국의 국민건강보험시스템은 외형상 모든 국민이 의료서비스를 받을 수 있는 것으로 보이지만 사실은 그렇지 못하다. 보험제도의 항목도 많고 환자가 부담하는 비중이 전체 의료비의 68%에 달하고 있어 경제적으로 어려운 노인의 경우에는 적절한 건강보호나 치료를 받기가 쉽지 않다. 2000년 7월 1일부터 70세 이상 노인에 대한 의원급 외래진료비에 대한 본인부담을 경감하는 조치를 65세 이상의 노인으로 확대하였다. 그 외에도 여러 가지 문제점들이 있어 아직도 경제적 빈곤에 대한 문제로 생기는 문제점들이 많다.

첫째, 병의원에 노인을 위한 별도의 진료과 및 전문인력에 대한 배려가 없다.

우리나라는 노인만을 전문으로 진료하는 노인전문병원이 부족하며 여기에 종사할 수 있는 전문의나 전문 간호사 등 노인 보건에 적절히 대처할 수 있는 전문 인력이 양성되어 있지 않다.

둘째, 현재 우리나라의 의료보험 및 의료보호의 급여가 노인건강의 특성을 고려하고 있지 않아 노인의 의료적 요구를 충족시키기에 한계가 있다.

건강보험으로서의 의료보험은 진료비 보장, 질병치료를 포함함은 물론 건강검진, 재활 및 예방의 범위까지 포함하는 적극적이고 포괄적인 의미를 지니고 있지만 의료보험은 대부분 급성질환의 치료에 치중하고 있다.

셋째, 건강진단사업의 문제로 질병의 조기 발견 및 사전 예방을 위하여 주로 저소득층 노인을 상대로 실시되고 있는 노인건강진단사업은 모든 노인을 대상으로 이루어지지 못하고 있다. 또한 건강진단 항목의 형식적 운영과 건강진단 결과에 따른 사후조치 및 관리체계가 미흡하다.

1) 의료급여의 문제점

한국의 의료급여기금은 중앙정부에서 지방정부로 이관하여 관리·운영하도록 하고 있으나 기금이 제한적이기 때문에 해당 지자체가 기금을 운영하는 데 어려움을 겪고 있다. 이러한 재정적 어려움은 의료급여 수급자에 대한 의료서비스 수준의 질적 저하를 초래하며, 의료기관이 의료급여 수급자를 기피하는 원인이 되기도 한다. 또한 의료급여 수급자의 개인부담이 사실상 많은 실정이다. MRI 촬영이나 초음파 등 의료급여혜택에서 제외되는 항목들로 인하여 1종 의료급여 수급자인 경우 전체 진료비의 20~30%, 2종 의료급여 수급자인 경우는 40~50%까지 부담해야 하는 실정이다.

노인건강진단제도는 「노인복지법」상 규정된 보건, 의료서비스에 속하며 65세 이상 노인에 대하여 건강진단과 보건교육을 실시할 수 있게 되어 있다. 이 제도는 1983년 1월부터 추진되고 있는데, 노인건강진단은 예산의 제한 및 운영상의 문제점이 많아 대상자 수가 확대되지 못하고 현재까지는 주로 저소득층의 일부 노인을 대상으로 실시되고 있어 선진국과 비교도 안 될 정도로 미약하다.

2) 의료보장제도의 개선방안

의료보장제도의 하나인 국민건강보험과 의료급여는 수급권자와 급여대상의 범위를 지속적으로 확대해 오고 있으나, 사회・경제적 환경변화에 따라 증가하는 수급권자에 비하여 급여수준, 대상자 범위, 과다한 본인 부담으로 인하여 사회적 약자의 위치에 놓여 있는 노인에게는 아직도 미흡할 수밖에 없다. 이는 급속도로 변화되는 고령화로 인하여 수요자가 증가하지만 보건의료체계의 공급이 감당하지 못하고 있기 때문이다.

이러한 노인의료보장제의 개선방안을 국민건강보험제도의 개선과 의료급여 차원에서 제시하면 다음과 같다.

건강보험제도 측면에서 보면, 첫째, 급여 범위를 확대하기 위해 적정 급여체계로의 전환과 노인 의료보장 급여의 양적 및 질적 확대가 요망된다.

둘째, 전달체계 측면에서 특히 지방의 의료기관의 부족을 해결하기 위해 지역단위 보건소의 기능을 강화하고 노인수요 증가에 대비한 노인전문 병원의 확대가 요망된다.

의료급여 측면에서 보면, 첫째, 수급권자의 확대로, 이를 위해 수급권 대상자를 확대해야 하며 노인 의료보호 환자의 대부분이 만성 질환자임을 감안하여 의료급여 대상자을 확대해야 한다.

또한 건강진단 제도의 개선방안으로는, 첫째, 예방 의료적 차원에서 65세를 55세로 낮추는 방안, 둘째, 국민기초생활보장 대상 노인 외에 저소득층 노인까지 포함, 셋째, 수혜대상, 진단과목, 검진결과에 따른 후속조치를 활성화, 넷째, 노인의 적절한 건강교육 및 건강 상담을 위한 보건교육사업이 필수적으로 시행되어야 한다.

이상 노인의료보장정책에 대해 알아본 결과, 제도가 미흡하여 노인들의 개인부담이 매우 커 실질적으로 정책의 혜택을 보지 못하는 경우가 대부분임을 알 수 있었다. 국민기초생활보장 대상 노인만 수혜를 받는 경우가 많지만, 그마저도 만성질환 등의 문제로 효력이 약한 실정이다. 노인들이 정책에 대한 지식 부족으로 인한 관심의 절감 또한 혜택 수혜의 기회를 놓치게 하고 있다.

이런 문제점들을 개선하기 위해 수혜대상 확대, 보건교육사업, 노인개인부담금 해소가 가장 실질적으로 필요한 방안이라 할 수 있다.

조금만 더 노인복지에 배정된 예산을 증가시켜 개선방안들이 실질적으로 시행될 수 있도록 하는 점이 노인의료보장에 있어서 가장 시급하게 개선되어야 하는 과제이다.

Senior Social Welfare | chapter 08

노인장기요양보험제도, 돌봄니즈와 주거정책

급속도록 진행되는 고령화시대를 접하면서 국가에서는 제반 노인의 문제를 해결하고자 지속적인 서비스를 확대 시행하고 있다. 1981년 「노인복지법」 제정 이후 지속적으로 시행하고 왔으며, 노인장기요양제도를 수립하여 많은 서비스를 보장하기 위한 노력을 하였으나 아직도 부족한 노인돌봄니즈를 해결하기 위하여 노인돌봄제도를 시행하여 오고 있다.

노인장기요양보험제도는 인구의 고령화가 빠르게 진행됨에 따라 치매, 중풍 등 노인성 질환을 가진 노인들의 욕구를 해결하기 위해 노인성 질환을 가진 자부터 우선적으로 서비스를 시행하고자 요양보호사라는 새로운 업무를 담당하는 실무자를 양성하여 그 일을 감당하도록 하였다.

노인돌봄제도는 만 65세 이상의 노인(독거노인) 또는 고령(부부 모두 75세 이상)의 부부 노인가구 중 가구소득, 건강상태 등을 고려하여 돌봄서비스가 필요한 대상자를 선정하여 노인장기요양제도의 사각지대를 보완하는 차원에서 시행되고 있다.

노인 주책문제는 1인가구가 증가하면서 보다 질 좋은 주거문제를 해결하고자 주택제도를 시행하그 있지만 아직도 미흡하다. 세계의 많은 나라들이 실시하고 있는 Aging in Place 제도가 등장하게 되었다.

우리나라 또한 주거정책과 Aging in Place 제도를 포함한 주거 전반에 대한 정책을 마련하는 것이 필요하다.

이 장에서는 노인장기요양보험제도, 노인돌봄니즈, 노인주거정책, Aging in Place 정책을 살펴본다.

제1절 노인장기요양보험제도

1. 노인장기요양보험제의 개념

노인장기요양보험제도는 세계에서 3번째로 도입된 제도로 독일, 일본에 이어 2007년 「노인장기요양보험법」(공적노인요양보험제도 실행위원회는 실행 모형으로 「노인장기요양보험법」을 제시하였고, 정부는 당·정 협의를 거쳐 「노인수발보험법」을 제정하기로 결정하였으나, 2005년 9월 공청회 결과를 토대로 「노인수발보장법」으로 확정하여 입법예고 하였다. 2006년 2월 국회에 제출한 정부안에는 「노인수발보험법안」으로 변경되었고, 법안소위 및 상임위에서의 심의를 거쳐 여·야·정부 합의로 단일법안을 대안으로 채택하여 법사위에 「노인장기요양보험법안」으로 제출, 국회에서 의결되었다.)으로 의결되어 2008년 7월 1일부터 이 제도가 시행되게 되었다.

이는 세계적으로 유례가 없는 빠른 속도로 진행되고 있는 고령화 속도에 힘입어 다소 모험적이나 실시하여 미국 오바마(Obama) 대통령이 벤치마킹하려고 하는 제도로 세계적으로 앞서 시행되고 있다.

고령화를 먼저 접하였던 선진국들은 이러한 노인들의 문제를 사회보험방식 또는 조세방식으로 그 재원을 마련하여 장기요양보호제도를 도입해 운영하고 있다. 우리나라는 노인장기요양보호제도를 사회보장방식으로 도입하게 되었다. 사회보험방식으로 장기요양서비스를 제공하는 국가로는 독일, 일본, 한국 등을 들 수 있고, 조세를 재원으로 하여 장기요양서비스를 제공하는 국가로는 덴마크, 핀란드, 이탈리아, 뉴질랜드, 스웨덴 및 영국 등을 들 수 있다. 한편, 사회보험방식이긴 하지만, 건강보험제도에서 장기요양서비스를 제공하는 국가로는 네덜란드, 프랑스 등이 있다(모지환 외, 2005).

OECD에서는 장기요양보호의 개념을 '만성질환 등으로 의존상태에 있는 노인 또는 생활상의 장애를 지닌 노인에게 장기간(6개월 이상)에 걸쳐서 일상생활수행능력을 도와주기 위해 제공되는 모든 형태의 보호서비스'로 정의하고 있다. 구체적으로는 간병・수발 등 일상지원서비스, 간호 및 기능훈련・재활서비스, 필요한 의료적 서비스, 주택개조 및 복지용구지원서비스 등이다. 그러나 요양보호에 대한 정의는 그 범위와 종류에 따른 차이로 국가 또는 기관마다 조금씩 다르다.

장기요양보호라는 뜻을 가진 영어의 'long-term care'라는 용어는 외국의 노년학 분야에서는 오래전부터 사용되어 온 것이지만 한국에서는 마땅한 전문용어를 찾지 못하여 그동안 요양보호, 요양, 수발, 간호, 개호, 케어 등 여러 가지 용어로 번역하여 사용하여 왔다. 이 중 개호라는 용어는 일본이 이 제도를 도입할 때 만들어 낸 말이다. 그래서 한국에서는 일본에서 개발된 이 용어의 사용을 피하고 '요양보호', '요양'이라는 용어를 한동안 사용하다가 2005년 9월 정부가 「노인수발보장법안」을 만들면서 '수발'이라는 용어를 쓰기로 결정하였다. 그동안 사용하던 '요양'이라는 용어가 건강보험제도에서 이미 사용하고 있기 때문에 노인수발보장제도를 법제화하는 과정에서 건강보험제도의 '요양'이라는 용어와 구별되는 '수발'이라는 용어를 쓰게 된 것이다(차흥봉, 2006). 그러다가 논쟁 끝에 결과적으로 2007년 4월 국회에서 명칭을 「노인장기요양보험법」으로 법제화 하였다.

두산백과 사전에서 노인장기요양보험제도(老人長期療養保險制度)란 고령이나 노인성 질병 등의 사유로 다른 사람의 도움을 받지 않고서는 생활하기 어려운 노인들에게 신체활동 또는 가사지원 등의 장기요양급여를 사회적 연대원리에 의해 제공하는 사회보험 제도이다. 고령사회로 급속하게 진전함에 따라 요양보호가 필요한 노인의 생활 자립을 지원함으로써 가족의 부담을 줄여 주고, 늘어나는 노인 요양비와 의료비 문제에 적절하게 대처하고자 도입된 공적 제도이다.

'노인장기요양보험'이란 가족이나 이웃과 같은 비공식적 체계가 아니라 국가의 책임으로 전문기관의 공식적 체계에서 서비스를 제공하는 사회보장을 의미한다. 여기서의 서비스는 건강보호서비스(health care service)와 사회적 서비스(social service)를 포함한다. 건강보호서비스란 신체적・정신적 건강의 관리와 재활훈련 등을 일컬으며 사회적 서비스는 대상자의 일상생활욕구를 해결해 주는 서비스로 거동수발, 목욕서비스와 같은 대인적 보호서비스(personal care service)와 교통지원이나 재산관리와 같은 사회적 지원서비스(social supportive service)가 포함된다.

2. 노인장기요양보험의 배경

노인요양보험제도에 관한 정부차원의 논의가 시작된 것은 1999년 말부터라고 할 수 있다. 1999년 10월 대한노인회장, 일부 대학교수를 포함한 노인복지전문가들이 대통령에게 「노인보건복지 중장기 발전계획 추진상황보고」에서 2000년도 고령사회의 진입에 따라 노인장기요양보호의 필요성을 제시하면서 '노인장기요양보호정책연구단'을 구성할 것을 제안한 것이다. 보건복지부장관은 이를 수용하고 1999년 12월에 차관을 단장으로 하는 정책연구단을 발족하였고, 2000년 1월에는 그 명칭을 '노인장기요양보호정책연구기획단'으로 변경하고, 이 문제를 본격적으로 검토하여, 12월에 「노인장기요양보호 종합대책방안」을 발표하였다.

2000년 7월 건강보험통합 및 의약분업 시행 이후 건강보험재정 파탄이라는 위기적 상황하에서 '국민건강보험재정안정 및 의약분업정착 종합대책'을 2001년 5월 31일 수립하고 그 일환으로써 '노인요양보험제도' 도입이 제시되었고, 점차 공론화하기 시작하였다. 그리고 2001년 8월 15일 대통령경축사에서 '노인요양보장제도의 도입'이 공개적으로 제시되었다. 2002년 대통령선거 때에는 노인요양보험제도 도입이 공약사항으로 제시되었으며, 2003년 초 참여정부에서는 2007년부터 '노인요양보장제도'를 실시하는 방침을 정하고 2007년 3월 17일에 '공적 노인요양보장추진기획단'을 자문기구로 설치하였다. 2004년 3월에는 공적노인요양보장제도의 구체적인 실행모형과 시범사업모형 등을 만들기 위한 '공적노인요양보장제도 실행위원'을 구성하였다.

2005년 7월부터 2006년 3월까지 9개월간 대도시・중소도시・농어촌지역 전국 6개 기초자치단체를 선정하여 65세 이상 국민기초생활수급권자를 대상으로 제1차 시범사업(1차 시범사업지역은 광주 남구, 경기 수원시, 경북 안동시, 강원 강릉시, 충남 부여군, 제주 북제군이었으며, 2006년 4월부터 2007년 3월까지 시범지역 2곳을 추가하여 8개 지역에 일반노인을 대상으로 2차 시범사업을 실시하였으며, 그 후 2008년 6월 말까지 13개 지역에서 3차 시범사업을 실시하였다.)을 실시하였고, 2005년 9월 15일에는 「노인장기요양보장법」 제정을 위한 공청회를 개최하여 입법절차를 진행하였으며, 2005년 10월 19일에는 「노인수발보장법안」을 의결하여 정부안으로 확정, 국회에 제출되었다. 정부안이 국회에 제출된 후 5개의 의원입법(5개 의원입법은 정형근 의원(장기요양보험법), 장향숙 의원(국민요양보장법), 김춘진 의원(국민장기요양보험법), 현애자 의원(장기요양보장법), 정향숙 의원(장기요양보장법안)이다.)이 국회에 제출되었고, 2006년 9월 18일 정부안을 포함하여 6개 법안이 국회 보건복지위원회에 일괄 상정되었으며, 사회복지계로부터 청원법(노인수발보험법안)이 10월 31일에 제출되었다.

국회 보건복지위원회는 상정된 7개 법률안을 통합하여 하나의 대안으로 채택하여 통과시켰고, 2007년 4월 2일 국회 본회의(제266회)에서 「노인장기요양보험법」으로 의결(법률제 8403호)되어 2008년 7월 1일부터 노인장기요양보험제도가 시행되었다(이광재, 2007).

3. 서비스 이용체계

장기요양등급판정절차는 인정신청을 접수한 후 방문조사를 통하여 장기요양점수를 산정한 자료를 바탕으로 최종적으로 등급판정위원회에서 등급 내(1~3등급)와 등급 외(4~5급)와 인지등급으로 판정하게 되는데, 크게 보면 방문조사와 등급판정의 2단계로 구분이 된다.

서비스 이용체계는 다음 〈표 8-1〉 요양보호업무(서비스) 분류와 같다.

〈표 8-1〉 요양보호업무(서비스) 분류

구 분	서비스 분류
서비스 신청	• 65세 이상 노인 또는 65세 미만 노인성 질환 대상자가 공단에 의사소견서를 첨부하여 장기요양인정 신청 ※ 신청자 : 본인, 가족이나 친족, 사회복지전담공무원(본인이나 가족 동의 필요), 시장・군수・구청장이 지정하는 자
방문조사	• 공단 소속직원(사회복지사, 간호사)은 신청인의 심신상태 등을 조사
등급판정	• 공단은 조사결과서, 의사소견서 등을 등급판정위원회에 제출 • 등급판정위원회는 대통령령이 정하는 등급판정기준에 따라 장기요양급여를 받을 자로 판정 ※ 신청서를 제출한 날로부터 30일 이내에 판정 완료, 다만 정밀조사가 필요한 경우 등 부득이한 경우 연장 가능
장기요양인정서 및 표준장기요양 이용계획서 통보	• 장기요양등급, 장기요양급여의 종류 및 내용이 담긴 장기요양인정서와 적절한 서비스 내용, 횟수, 비용 등을 담은 표준장기요양이용계획서 송부 ※ 장기요양인정유효기간: 최소 1년 이상 ※ 장기요양인정의 갱신신청, 장기요양등급 등의 변경신청, 이의신청 절차 있음
장기요양급여의 시작	• 장기요양인정서가 도달한 날로부터 장기요양급여 시작 ※ 다만, 돌볼 가족이 없는 경우 등은 신청서를 제출한 날부터 장기요양급여를 받을 수 있음
장기요양 기관 정보의 안내	• 장기요양기관은 수급자가 장기요양급여를 쉽게 선택하도록 건물, 시설, 설비 등의 사진 및 현황 자료 등을 공단이 운영하는 인터넷에 게시

4. 보험급여와 요양기관

1) 보험급여

(1) 재가급여

① 방문요양: 수급자의 가정 등을 방문하여 신체활동 및 가사활동 등을 지원하는 장기요양급여이다.

② 방문목욕: 목욕설비를 갖춘 장비를 이용하여 수급자의 가정 등을 방문하여 목욕을 제공하는 장기요양급여이다.

③ 방문간호: 간호사 등이 의사・한의사 또는 치과의사의 방문간호 지시서에 따라

수급자의 가정 등을 방문하여 간호, 진료의 보조, 요양에 관한 상담 또는 구강위생 등을 제공하는 장기요양급여이다.

④ 주 · 야간보호: 수급자를 하루 중 일정한 시간 동안 장기요양기관에 보호하여 신체활동 지원 등을 제공하는 장기요양급여이다.

⑤ 단기보호: 수급자를 일정기간 동안 장기요양기관에 보호하여 신체활동 지원 등을 제공하는 장기요양급여이다.

⑥ 기타재가급여: 수급자의 일상생활 · 신체활동 지원에 필요한 용구를 제공하는 등의 장기요양급여이다.

(2) 시설급여

장기요양기관이 운영하는 노인의료복지시설(노인전문병원은 제외) 등에 장기간 입소하여 신체활동 지원 및 심신기능의 유지 · 향상을 위한 교육 · 훈련 등을 제공하는 장기요양급여이다.

(3) 특별 현금급여

① 가족요양비: 도서 · 벽지 등 장기요양기관이 현저히 부족한 지역, 천재지변, 수급자의 신체 · 정신 또는 성격상의 사유 등으로 인해 가족으로부터 방문요양에 상당한 장기요양급여를 받은 때 지급되는 현금급여이다.

② 특례요양비: 수급자가 장기요양기관이 아닌 노인요양시설 등의 기관 또는 시설에서 재가급여 또는 시설급여에 상당한 장기요양급여를 받은 경우 수급자에게 지급되는 현금급여이다.

③ 요양병원 간병비: 수급자가 노인전문병원 또는 요양병원에 입원한 대 지급되는 현금급여이다.

2) 장기요양기관

(1) 시설급여 시설

「노인복지법」상 노인요양시설 및 노인요양공동생활가정은 시·군·구청장의 지정을 받아 장기요양기관이 된다.

(2) 재가급여 시설

「노인복지법」상의 재가노인복지시설은 재가장기요양기관의 시설·인력기준을 갖추어 시·군·구청장의 지정을 받아 장기요양기관이 된다.

※ 「노인복지법」상의 재가노인복지시설은 「노인장기요양보험법」상의 재가장기요양기관의 시설인력기준과 달라 동질의 서비스를 제공하기 위해 재가장기요양기관의 시설·인력기준을 갖추도록 한다.
「노인장기요양보험법」상의 재가장기요양기관은 시·군·구청장에 설치·신고를 하면 장기요양기관으로 지정의제 된다.

(3) 장기요양원의 범위

장기요양원이란 장기요양기관에 소속되어 노인 등의 신체활동 또는 가사활동지원 등의 서비스를 제공하는 자를 말한다.

① 방문요양의 장기요양요원은 요양보호사 1급 또는 2급으로 하고, 방문목욕의 장기요양요원은 1급으로 한다.

※ 요양보호사 제도: 「노인복지법」('07. 8. 3. 개정)에 등급별로 요양보호사를 배치하도록 하였다.

② 방문간호의 장기요양요원은 다음의 자로 한다.

- 간호사로서 2년 이상의 간호업무경력이 있는 자
- 간호조무사 중 3년 이상의 간호보조업무능력이 있는 자로서 보건복지가족부

장관이 정하는 소정의 교육을 이수한 자
- 치과 위생사

5. 노인장기요양보험 현황

1) 의료보장 신청 · 인정

’20년 12월 말 기준 의료보장 인구 중 65세 이상 노인은 848만 명으로 전년대비 6% 증가하였고, 신청자는 6.3% 증가한 118만 명, 인정자는 2019년 대비 11.1%, 2018년 대비 27.9% 증가한 86만 명으로 나타났다. 노인인구보다 신청자 및 인정자 증가율이 더 높아졌으며, 노인인구 대비 인정률은 5년 전 7.5%에서 2020년 10.1%로 지속적으로 증가하고 있다. 의료보장 신청 · 인정현황은 〈표 8-2〉와 같다.

〈표 8-2〉 의료보장 신청 · 인정 (단위: 명, %)

구 분	2016	2017	2018	2019	2020	증감률(전년대비)
노인인구(65세 이상)	6,940,396	7,310,835	7,611,770	8,003,418	**8,480,208**	6.0
신청자	848,829	923,543	1,009,209	1,113,093	**1,183,434**	6.3
등급판정자(등급 내+등급 외)	681,006	749,809	831,512	929,003	**1,007,423**	8.4
인정자(판정대비 인정률)	519,850	585,287	670,810	772,206	**857,984**	11.1
노인인구대비 인정률	7.5%	8.0%	8.8%	9.6%	**10.1%**	

주) 전체 의료보장인구(사망자 제외)

2) 급여실적

’20년 장기요양보험 총 연간 급여비(본인일부부담금+공단부담금)는 9조 8,248억 원으로 전년대비 14.7% 증가하였고, 공단부담금은 8조 8,827억 원으로 공단부담률은 90.4%이었다. 급여비용 수급자 1인당 월평균 급여비는 132만 원으로 전년대비 2.4%, 급여이용 수급자 1인당 월평균 급여비는 132만 원으로 전년대비 2.5% 증가하였다. 장

기요양보험 총 연간 급여비 현황은 〈표 8-3〉과 같다.

〈표 8-3〉 장기요양보험 총 연간 급여비 (단위: 명, %)

구 분	2016	2017	2018	2019	2020	증감률(%) (전년대비)
급여이용 수급자(명)	520,043	578,857	648,792	732,181	**807,067**	10.2
급여제공일수(만 일)	10,997	12,292	13,593	15,434	**17,333**	12.3
급여비(억 원)	50,052	57,600	70,670	85,653	**98,248**	14.7
공단부담금(억 원)	44,177	50,937	62,992	77,363	**88,827**	14.8
공단부담률(%)	88.3	88.4	89.1	90.3	**90.4**	0.1
급여이용수급자 1인당 월평균 급여비(원)	1,067,761	1,103,129	1,208,942	1,284,256	**1,315,195**	2.4
급여이용수급자 1인당 월평균 공단부담금(원)	942,415	975,496	1,077,291	1,159,922	**1,189,071**	2.5

주: 1) 인정자 수: 해당 연도말 장기요양등급 유지자 수(사망자 제외)
2) 기초수급: 「의료급여법」 제3조 「국민기초생활보장법」에 의한 수급권자(국민기초 1,2종 및 사회복지시설 입소자 포함
3) 의료급여: 「의료급여법」 제3조 「국민기초생활보장법」을 제외한 「재해구호법」, 「의사장자 등 예우 및 지원에 관한 법률」 등에 의한 의료급여수급자
4) 감경: 소득 · 재산 등이 보건복지부장관이 정하여 고시하는 일정 금액 이하인 자, 천재지변 등 보건복지부령으로 정하는 사유로 인하여 생계가 곤란한 자, 「국민건강보험법 시행 규칙」, 제15조에 따라 국민건강보험공단으로부터 건강보험 본인부담액 경감 인정을 받은 자(「노인장기요양보험법」 제40조(본인부담금) 3항에 의거하여 용어를 통일하기 위해 항목 명을 '경감'에서 '감경'으로 변경)

3) 의료보장 적용인구 현황

'20년도 의료보장 인구 5,287만 명, 건강보험 적용인구는 5,134만 명(직장 3,715만 명+지역 1,419만 명), 의료급여 9만 명, 기초수급자 144만 명이다.

65세 이상 의료보장 적용인구는 848만 명(2020년 연도 말 기준)으로 건강보험 790만 명, 의료급여 4만 명, 기초수급 54만 명이다. 의료보장 적용인구 현황은 〈표 8-4〉와 같다.

〈표 8-4〉 의료보장 적용인구 현황 (단위: 천 명)

구 분		2013	2014	2015	2016	2017	2018	2019	2020
의료보장		51,448	51,757	52,034	52,273	52,427	52,557	52,880	**52,871**
건강보험	소계	49,989	50,316	50,490	50,763	50,941	51,072	51,391	**51,345**
	직장	35,006	35,602	36,225	36,675	36,899	36,990	37,227	**37,150**
	지역	14,984	14,715	14,265	14,089	14,042	14,082	14,164	**14,195**
의료급여		125	122	118	112	110	95	96	**91**
기초수급		1,334	1,318	1,425	1,398	1,376	1,390	1,393	**1,435**
65세 이상	의료보장	6,193	6,463	6,719	6,940	7,311	7,612	8,003	**8,480**
	건강보험	5,740	6,005	6,222	6,445	6,806	7,092	7,463	**7,904**
	의료급여	46	45	44	42	42	40	42	**41**
	기초수급	407	413	451	453	463	479	498	**535**

주: 1) 각 수치는 반올림 값이므로 '계'와 일치하지 않을 수 있음
2) 기초수급: 「의료급여법」 제3조「국민기초생활보장법」에 의한 수급권자(국민기초 1,2종 및 군입대자, 사회복지시설 입소자 포함
3) 의료급여: 「의료급여법」 제3조 「국민기초생활보장법」을 제외한 「재해구호법」, 「의사장자 등 예우 및 지원에 관한 법률」 등에 의한 의료급여수급자
4) 2017년부터 군입대자의 분류를 의료급여에서 기초수급으로 변경

6. 문제점과 개선방안

1) 노인장기요양보험의 문제점

(1) 서비스 대상 범위의 확대 측면

노인장기요양보험제도는 전 국민을 대상으로 하는 보편복지의 보험제도이면서 강제성이 있다. 노인들의 요양욕구를 해결하고자 하는 일념으로 세계에서 3번째로 이루어지는 요양보험제도로 의료대상자 모두에게 권리가 주어지는 제도이다. 그러나 시행함에 있어 수급권자의 기준을 정하여 실시하다 보니 탈락가족들에게 불만이 많아지고 또한 수급자로 선정되었다 하여도 본인 부담금을 마련하기 힘들어 서비스 제도를 이용하는 데 있어 좋은 제도를 잘 이용하지 못하는 비판이 제기되고 있다. 물론

대상 등급도 1~5등급과 인지등급으로 구분하여 대상자를 늘리고 있으나 아직도 수급권자로 선정되었지만 본인 부담금 납부가 어려워 서비스를 이용하지 못하는 경우가 있다. 최근 6년간 노인장기요양등급 현황을 분석한 결과 시설을 이용할 수 있는 1등급 판정비율은 급격히 떨어진 것으로 나타났다.

(2) 서비스 포괄성 측면

요양서비스는 그 특성상 보건과 복지가 결합되어 제공되어야 할 서비스 영역임에도 내용적으로 요양이 신체 수발에 국한됨으로써 장기요양 대상 노인의 복합적 욕구에 대응하지 못하고 있다. 실제 서비스의 제공 측면에서 보건소의 치매사업 및 방문보건 사업 등이 노인장기요양서비스와 직·간섭적인 연계가 이루어야 함에도 불구하고 행정체계상 연계 고리를 찾기 힘들다.

또한 장기요양급여 내에서도 사례관리가 이루어지지 않아서 등급판정을 받은 이후 재가와 시설 간, 재가기관 상호 간에 서비스 연계가 이루어지지 않고 개별적으로 제공될 뿐이다. 이용자 중심의 서비스 선택과 종합이기보다는 제공기관의 편익에 따라 좌우되는 경우가 나타나고 있는 것이다. 특히, 민간의 공공성이 취약한 상황에서 민간주도의 공급구조는 요양서비스의 포괄성을 제약하는 중요한 요인으로 작용하고 있으며, 이러한 조건하에서 공공적 개입, 특히 지자체 역할이 중요한데, 현 제도 설계에서부터 지자체 역할이 거의 없다고 할 수 있다.

(3) 서비스 제공 인력 양성 및 운영 측면

준비기간이 없이 시행된 요양보호사 교육기관은 신고제를 지정제로 전환하고 요양보호사 자격시험제도를 도입하였지만 여전히 미흡하다. 장기요양인력양성시스템의 체계화 및 전문화를 기해야 할 것이다. 요양보호사 양성교육 시간이 다른 나라에 비해 매우 적은 것이 분명하나, 단순히 교육시간을 확대하는 것보다는 정확한 직무분석과 의견수렴을 통한 과학적 근거하에 적절한 교육시간과 교육내용의 강화 등 요양보호사의 자질과 전문지식을 담보할 수 있는 시스템을 지속적으로 보완해 나가야 할 것이다.

다음으로는 요양보호사의 열의와 근로조건이 문제이다. 낮은 임금수준, 불안정한 고용형태, 서비스 수요의 불안정성에 따른 안정적이지 못한 근로시간과 수입 등으로 요양보호사의 사기를 떨어뜨리고 있다. 임금은 낮고 일의 양은 너무나 많아 '가정부'라는 말까지 나오며 일을 힘들어하고 있다. 또는 일부 요양보호사 들은 윤리 의식이 부족하여 일어나서는 안 되는 보호대상자들과의 여러 가지 부정거래와 사건들이 일어나고 있다. 선진국들에 비해 요양보호사들의 임금과 시간을 잘 조절하지 못하고 최소한의 3교대 근무가 이루어지지 않고 있다. 보수 교육도 연 1회 이상 실시하도록 되어 있으나 그 교육의 검증 안된 교육기관에 맡기다 보니 만족도가 떨어지고 있어 질 높은 서비스를 하기에 부족하다.

2) 노인장기요양보험의 개선방안

(1) 서비스 대상 범위의 확대 측면

등급을 3단계에서 6단계로 조정하여 오히려 1급 대상자를 줄이도록 하기보다는 등급에 따른 급여의 차이를 없애는 것을 고려해야 한다. 왜냐하면 1등급 대상자가 더 힘들고 6급자는 덜 힘들 것이라는 편견에 따라 수급비가 달리 책정되어 있지만 실제 서비스하는 요양보호사들이 느끼는 난이도는 등급이 낮은 자와의 차이가 육체적이냐 정신적이냐의 차이로 다소 다를 것 같지만 거의 대동소이하다고 보기 때문이다.

따라서, 수급자 선정 기준을 두고 하는 것보다는 과감하게 누구나 원하는 자는 요양기관을 이용하도록 하는 제도를 강구할 때가 왔다. 왜냐하면 수급자를 1, 2, 3, 4, 5 인지 등급으로 선정하기 위한 행정적 소비와 대상자 가족들의 욕구를 해결하기란 쉽지 않기 때문이다. 따라서 서비스 대상자임에도 본인 부담능력으로 자녀들과 갈등을 없애 주며, 보호대상자의 갈등도 없애 주는 개선안을 강구하여야 한다.

(2) 서비스 포괄성 측면

요양병원이나 보건소 및 요양복지시설의 서비스의 제공 측면에서 요양병원의 의료서비스나 보건소의 치매사업 및 방문보건 사업 등이 노인장기요양서비스와 직·간접적인 연계가 이루어지도록 행정체계상 통합 체제를 개선해야 한다.

모든 장기요양보호 시설은 사례관리가 이루어져야 하며, 등급판정을 받은 이후 재가와 시설 간, 재가기관 상호 간에 서비스 연계가 이루어지도록 네트워크를 형성해야 한다.

이용자 중심의 서비스 선택으로 공과 사의 기관 및 시설을 선정하도록 하고 제공기관의 편익에 따라 좌우되는 경우가 없어야 할 것이다. 현재 의료서비스를 담당하고 있는 시설은 다양한데 결국 의료보험 분야의 요양병원이 있고, 요양보험 분야는 요양시설이 있다. 그래서 의료보험분야의 요양병원이나 요양보험에 따라 별도로 운영되는 요양기관이 있다. 따라서 요양병원은 의료로 합리적이고 연속적인 보건의료서비스 및 포괄적인 복지서비스 전달체계를 구축하는 방향으로 제도개선이 이루어져야 한다. 기타 급성기병원, 재활병원, 요양병원, 요양시설, 재가요양기관 등에서 제공하는 서비스가 대상자의 서비스 필요도에 따라 적절하게 제공되고 연계될 수 있도록 노인장기요양제도가 운용되어야 한다.

(3) 서비스 제공 인력 양성 및 운영 측면

준비기간의 부족으로 사전 검증 없이 시작된 요양보호사 교육기관의 부실 운영, 교육의 질 통제가 잘 이루질 수 있도록 신고제를 지정제로 전환하고 자격시험의 필요성 검증을 철저히 하여 갖추어진 교육기관이 교육을 담당하도록 해야 한다.

시험제도로 젊은 세대의 합격률은 높으나 미래 준비용이 많고, 실제 케어 측면에서 보면 20~30대가 더 케어를 잘할 것인가 50~60대가 더 잘할 것인가를 검증하지 않았다. 케어는 이론 중심보다는 육체적인 활동이 많은 요양보호자 특성상 가사 일을 전담했던 50~60대가 케어와 가사를 더 잘 감당할 수 있다는 것도 사실이다.

다음으로는 요양보호사의 열의와 근로조건으로 낮은 임금수준, 불안정한 고용형태, 서비스 수요의 불안정성에 따른 안정적이지 못한 근로시간과 수입 등을 보완하기 위해, 장기요양 일자리를 전문적인 일자리로 정착시켜 나가야 한다. 이를 위해서는 무엇보다도 국가가 적정 서비스 수가의 책정을 통해 구조적으로 요양보호사의 적정임금을 가능하게 해야 할 것이다. 요양보호사의 질적 능력도 배양하기 위한 보수 교육의 적극적 참여와 요양보호사의 사회적 가치를 인정받을 수 있고 질 높은 서비스로 전환될 수 있도록 정부와 개인들이 노력해야 한다.

제2절 노인돌봄니즈

1. 노인돌봄사업의 개요

의료체계발달과 정보화시대를 맞이하면서 각종 건강정보와 방법들이 다양하게 제공되면서 노인인구의 증가에 대한 대책을 마련하고 있다고 하지만 아직도 노인들의 욕구를 충족하기에는 부족하다. 노인 하면 생각나는 단어가 '아프다'이다. 이것은 중병은 아니라도 혼자 일상생활을 하기에는 감당하기가 어려운 실태다. 따라서 이렇게 혼자 살면서 아무도 모르게 영면하는 실태도 자주 나타나고 있고, 알게 모르게 일어나는 학대 또한 여러 가지 사회문제를 가져온다. 혼자 힘으로 일상생활을 영위하기 어려운 노인에게 가사・활동지원 또는 주간보호 서비스를 제공하여 안정된 노후생활 보장 및 가족의 사회・경제적 활동기반을 조성하기 위하여 노인돌봄사업이 시작한 지가 벌써 많은 시간이 흘렀다.

물론 옛날에는 자식이 부모를 돌보아야 하지만 요즈음 시대에는 먼 옛날의 이야기처럼 들린다. 가정 내 돌봄을 감당할 수 없고, 국가가 책임을 전담할 수도 없는 상황에서 새로운 방법의 하나로 노인돌봄제도가 등장하게 되었다.

이와 같이 노인돌봄 영역은 사회정의의 돌봄 윤리를 포함하여 덧붙임이 아니라 사회정의가 처음부터 배제하고 있었던 보이지 않던 공식 및 비공식 돌봄 영역을 가시적 영역으로 드러냄으로써 비로소 온전히 보이게 되는 사회 부정에 직면하여, 돌봄이라는 질적으로 새로운 차원의 정의 기준을 포함함으로써 사회정의 개념이 새로이 정립된 차원이다.

노인돌봄이란 일상생활 영위가 어려운 취약노인에게 적절한 돌봄서비스를 제공하여 안정적인 노후생활보장, 노인 기능 · 건강 유지 및 악화 예방을 목적으로 추진하고 있는 사업이다.

노인돌봄 정의를 고려할 때, 돌봄 수혜자뿐만 아니라 제공자를 함께 고려해야 한다(Kittay, 2002). 복지국가들의 대안으로 제시되는 돌봄 국가들은 공적 윤리인 돌봄 윤리가 규범적 원리로 운영되는 국가로서, 의존적인 정상성에 바탕을 둔 인간관, 상호의존적이고 돌봄 관계에 기반한 사회관, 공공돌봄 윤리가 작동할 수 있도록 돌봄, 수혜자와 돌봄 제공자를 모두 보호하는 정부의 역할을 충실히 하는 정부관을 전제로 한다(김희강, 2016).

2. 노인돌봄사업의 배경

노인돌봄이 필요한 고령 · 독거노인의 급속한 증가, 가족돌봄의 약화, 노인의 사회적 관계망 악화로 돌봄의 사회화가 요구되었다. 독거노인은 '20년 159만 명에서 '35년이 되면 313만 명, 85세 이상 노인 '20년 77만 명에서 '35년에는 176만 명으로 증가할 것으로 예측된다. 노년기 자녀와 동거하는 것이 바람직하다는 응답자가 '08년 32.5%에서 '14년 19.2%, '17년 15.2%로 증가하였으며, 가까운 친인척 왕래(주 1회 이상) '08년 56.2%에서 '17년 46.2%, 친한 친구 · 이웃은 '08년 72.6%에서 '17년 57.1%, 자녀 왕래 유무(주 1회 이상)는 '08년 44.0%에서 '17년 38.0%로 변화되는 것을 보아도 노인돌봄사업의 필요성이 확실하다.

건강한 노화(Healthy aging), 지역사회 거주(Aging in Place), 장기요양병원 등 고비용

돌봄 진입 예방을 위한 예방적 돌봄강화의 필요성이 제기되고 있다. 장기요양 지출은 '20년 9.6조 원, '23년 14.4조 원까지 증가할 것으로 전망하고 있으며, 65세 이상 노인 총 진료비도 '12년 25조 원에서 '18년 35조 원으로 증가되었다.

이상에서 필요성이 대두되면서 그간 노인돌봄 관련 다양한 지자체보조사업을 추진해 왔다('07~'21년). '07~'19년 노인돌봄기본서비스, 노인돌봄종합서비스 및 단기가사서비스를 추진하였고, '13~'19년 지역사회 자원연계 사업 추진, '14~'19년 독거노인 사회관계 활성화 사업추진, '19년 초기독거노인 자립지원 사업추진, '20~현재 노인맞춤돌봄서비스를 진행 중에 있다.

3. 서비스 개요

1) 서비스 목적

일상생활 영위가 어려운 취약노인에게 적절한 돌봄서비스를 제공하여 안정적인 노후 생활 보장, 노인의 기능·건강 유지 및 악화 예방에 목적을 두고 있다.

2) 서비스 대상

만 65세 이상, ① 국민기초생활수급자, ② 차상위계층, 또는 ③ 기초연금수급자로서 유사 중복사업 자격에 해당되지 않는 자(다만, 시장·군수·구청장이 서비스가 필요하다고 인정하는 경우 예외적으로 제공 가능)

(1) **독거·조손·고령부부 가구 노인 등 돌봄이 필요한 노인**

(2) **신체적 기능 저하, 정신적 어려움(인지 저하, 우울감 등) 등으로 돌봄이 필요한 노인**

(3) **고독사 및 자살 위험이 높은 노인(특화서비스)**

- 사후관리는 유사중복사업 자격과 관계없이 제공 가능
- 특화서비스는 실제 서비스 이용 인원의 30% 이내에 유사중복사업 자격자에게

서비스 제공 가능

유사중복사업 자격 해당자(노인맞춤 돌봄서비스는 예방적 돌봄서비스로 유사중복사업의 후순위에 해당)
① 노인장기요양보험 등급자
② 가사·간병 방문지원사업 이용자
③ 국가보훈처 보훈재가서비스 이용자
④ 장애인 활동지원 사업 이용자
⑤ 기타 국가 및 지방자치단체(이하 '지자체')에서 시행하는 서비스 중 노인맞춤서비스와 유사한 재가서비스

---

3) 서비스 대상자 구분

대상자 선정도구를 통해 사회·신체·정신영역의 돌봄 필요도에 따라 대상자군 결정, 군에 따라 서비스 제공시간의 범위 등이 달라진다.

(1) 본 사업 대상

① 중점돌봄군: 신체적인 기능제한으로 일상생활지원 필요가 큰 대상으로 월 16시간 이상 40시간 미만의 직접서비스 제공, 주기적인 가사지원서비스 제공 가능

② 일반돌봄군: 사회적인 관계 단절 및 일상생활의 어려움으로 돌봄 필요가 있는 대상으로 월 16시간 미만의 직접서비스 제공, 주기적인 가사지원서비스 제공이 불가하고, 특수한 상황(수술·골절 등)이 있는 경우에 한정하여 가사지원서비스를 한시적으로 제공 가능(가사지원서비스 제공 필요가 길어질 경우에는 중점돌봄군으로 변경 필요)

대상자군	서비스 내용
중점돌봄군	16시간 이상 40시간 미만 직접서비스 + 연계서비스(필요시) + 특화서비스(필요시)
일반돌봄군	16시간 미만 직접서비스 + 연계서비스(필요시) + 특화서비스(필요시)

* 중점돌봄군 및 일반돌봄군의 시간 기준은 최소 최대 기준이므로 실제 제공시간은 개인의 서비스 필요에 따라 정해져야 하며 기관의 제공 여력도 고려될 수 있음

(2) **특화서비스 대상**

사회관계 단절, 우울증 등으로 집중적인 서비스가 필요한 대상

(3) **사후관리 대상**

본 사업(중점돌봄군, 일반돌봄군) 종결자 중 사후관리가 필요한 자

4) 서비스 내용

방문형, 통합형(집단 프로그램) 등의 직접서비스 및 연계 서비스 제공

(1) **직접 서비스**

① 안전지원: 대상자의 전반적인 안전 여부를 점검하기 위하여 생활환경, 가구구조와 같은 환경여건뿐만 아니라 노인의 기본적인 신체적, 정신적, 사회적 안녕 여부 등을 점검·지원하는 서비스로 서비스 내용은 안전·안부 확인(방문·전화·ICT), 생활안전점검, 정보제공, 말벗 등

② 사회참여: 대상자가 사회적 관계망을 형성·확장하여 사회적 교류와 활동을 유지하도록 지원하는 서비스로 서비스 내용은 사회관계 향상 프로그램, 자조모임 등

③ 생활교육: 사회적, 신체적, 정신적 기능을 유지하거나 악화를 지연·예방하기 위한 교육·프로그램을 제공하는 서비스로 서비스 내용은 신체건강·정신건강분야 생활교육 등

④ 일상생활지원: 대상자의 일상생활을 지원하기 위하여 외출동행, 가사지원을 제공하는 서비스로 서비스 내용은 이동활동 지원, 가사 지원 등

(2) **연계 서비스(민간후원 자원)**

① 대상자의 안정적인 생활을 지원하기 위하여 지역사회 내 민간자원 등의 후원물품이나 서비스를 연계 지원하는 서비스

② 노인돌봄서비스 수행 기관은 물품후원, 자원봉사자 등 민간후원자원을 적극 발굴・연계하는 것으로 서비스 내용은 생활지원연계, 주거개선연계, 건강지원연계, 기타 서비스 등

(3) 특화서비스

고립, 우울, 자살 생각 등이 높은 노인을 대상으로 개별 맞춤형 사례관리 및 집단활동 제공

(4) 사후관리 서비스

사후관리가 필요한 대상자에게 정기적인 모니터링 및 자원연계 실시

노인돌봄서비스 내용

구 분	대 분 류	중 분 류	소 분 류
직접서비스 (방문・통원 등) *4개 분야	안전지원	방문 안전지원	• 안전・안부 확인 • 정보 제공(사회・재난안전, 보건・복지 정보제공) • 생활 안전점검(안전 관리점검, 위생 관리점검) • 말벗(정서지원)
		전화 안전지원	• 안전・안부 확인 • 정보 제공(사회・재난안전, 보건・복지 정보제공) • 말벗(정서지원)
		ICT 안전지원	• ICT관리・교육 • ICT안전・안부
	사회참여	사회관계향상 프로그램	• 여가활동 • 평생교육활동 • 문화활동
		자조 모임	• 자조모임
	생활교육	신체건강분야	• 영양교육 • 보건교육 • 건강교육
		정신건강분야	• 우울예방 프로그램 • 인지활동 프로그램
	일상생활 지원	이동활동지원	• 외출 동행지원
		가사지원	• 식사 관리 • 청소 관리

구 분	대 분 류	중 분 류	소 분 류
연계서비스(민간후원자원)		생활지원연계	• 생활용품지원 • 식료품 지원 • 후원금 지원
		주거개선연계	• 주거위생개선지원 • 주거환경개선지원
		건강지원연계	• 의료연계지원 • 건강보조지원
		기타 서비스	• 기타 일상생활에 필요한 서비스 연계
특화서비스		• 개별 맞춤형 사례관리 • 집단 활동 • 우울증 진단 및 투약 지원	

4. 노인돌봄 현황

노인돌봄과 관련해 다양한 지자체 보조 사업을 추진해 왔다. 기존 노인돌봄서비스는 지자체별 수행기관에서 생활지원사 등을 고용하여 독거노인 안부확인 및 자원연계를 제공(29.5만 명)하였다. 또 기존 노인돌봄종합서비스는 장기요양 등급 외 A · B자 중 중위소득 160% 이하를 대상으로 바우처 제공(주로 가사지원, 월 27시간 또는 36시간, 4.8만 명)하고, 그 외 지역사회 자원연계(7천 명), 단기가사(1천 명), 독거노인 사회관계 활성화(7천 명), 초기독거노인 자립지원(600명) 사업을 각각 제공하였다(중복제공 금지).

유사 · 분절적 사업운영, 민간 전달체계 관리감독 미흡 등 서비스 질 제고가 필요하다. 사업 간 칸막이, 중복급여 제한 등으로 돌봄의 분절화 및 사업수행의 비효율성으로 서비스 질 저하, 노인의 돌봄 욕구 충족이 미흡하고, 대상자 발굴, 서비스 결정을 각 민간기관에서 수행하여 공급자 위주의 서비스전달체계로 서비스 접근성, 책임성 문제가 있었으며, 노인돌봄종합서비스(바우처)의 제공기관은 장기요양기관으로 동일한 기관 종사자가 예방적 돌봄서비스와 장기요양을 동시에 운영하였다.

기존 노인돌봄서비스 현황('19년 기준)

대상자	독거노인		등급 외	장기요양	
서비스명	① 돌봄기본	② 초기독거노인 자립지원 ③ 독거노인 친구만들기 ④ 단기가사	⑤ 돌봄종합	⑥ 지역사회 자원연계	
내 용	안전확인・연계		케 어	연 계	
	<국 고>		<국 고> 바우처	<국 고>	
대상자	독거노인		등급 외 A・B	장기요양수급자 등급 외 A・B	
이용자	29.5만	0.9만	4.8만	0.7만	
제공기관	244개	810개	2,583개	22개	
수행인력	11.800명	1,643명	26,664명	44명	
재정규모 (국 비)	1,950억 (1,326)	65억 (47)	1,540억 (1,056)	16억 (8)	

제3절 노인주거정책

1. 주거정책

초고령사회에 대응하기 위해 현재의 의・식・주 중에 하나인 노인주거정책을 종합적으로 검토하고 향후 노인지원방안을 마련하는 것을 목적으로 한다. 현재의 주거지원정책의 사각지대를 발견하고 이를 해결하기 위한 대안적 주거 지원정책으로 Aging in Place가 진행되고 있다.

우리나라 노인주거정책은 저소득 및 단독가구 노인과 건강한 노인에 집중되어 있어 상대적으로 중산층노인과 허약노인에 대한 주거지원 정책은 미흡한 실정이다. 이를 개선하기 위해 중산층 및 허약노인을 위한 대안적 노인주택공급 방안과 지역사회 서비스 연계를 강화하여 노인의 자택거주를 연장하는 방안을 제시하여야 한다.

공공정책은 노인전용 국민임대주택공급, 노인 및 기초생활 보호자 주택 개조, 「고령자 주거안정법(안)」 제정이 이루어지고 있고, 노인 및 기초생활 보호자와 같은 사회적 약자를 위한 주거시설의 공급 및 환경 개선에 초점이 맞추어져 있다.

현재 시행하고 있는 주거정책으로는 노년생활에 대한 해결방안을 정책적으로 해결하고자 한 역모기지 제도와 노인 가족 동거 권장 정책, Aging in Place 정책, 1인 가구 및 부부가구의 향후 안정성 확보정책에 초점이 맞춰지고 있다(김성철 외, 2021).

노인주거정책

정 책	제 도	내 용
관련법	「주택법 및 임대주택법」	• 장기계획 '주택종합계획' 추진 등 국민의 주거안정과 주거수준 향상 도모 • 저소득층, 사회 취약계층 고려, 노인가구만을 별도로 한 기준은 제시되어 있지 않음
	「건설기준 관련 제도 및 택지 개발 촉진법」	• 대상 시설별로 편의시설 종류 및 그 설치기준 제시, 노인 가구 일반주택 거주 시 일반 법률 적용 • 공공구분 관련 택지는 70~90% 할인 적용되나 노인주거 관련 건설 택지 지원은 미비
	「국토의 계획 및 이용에 관한 법률」	도시 지역 일부 건축법에 따라 노인주거시설 설치 가능, 토지이용 행위 제한이 있어 개발 제약이 있음
공급 정책	노인전용 국민임대주택 공급	노인용 국민임재주택 건설방식, 일반 국민임대 주책과 혼합 공급방식 두 가지로 진행
	노인 및 기초생활 보호자 주택 개조	집수리 사업, 노인주거 개선사업, 자랑의 집 고쳐 주기 등 「기초생활보호법」 해당자들의 환경 개선을 위한 사업실시
	「고령자 주거안정법(안)」 제정	기존 주택에서의 계속 거주(Aging in Place)를 위한 노인을 위해 노후 주거환경 개선에 필요한 주택 개조비용 지원
수요 정책	역모지기 제도	60세 이상의 은퇴 후 소득 및 비용에 대한 문제점 해결을 위한 제도 개선 방안으로 제안, 노후생활 안정을 위한 수단으로 활용
	노인 가족 동거 권장 정책	소득세 공제, 양도소득세 면제, 주택자금 우대지원, 3세대 동거주택, 직계존속 부양자 국민주택 규모 우선공급 제도 등 고령자의 독거를 방지하려는 정책으로 활용됨

출처: 박명자(2010).

2. 고령자 가구 및 가구유형별 사용시간

1) 고령자 가구현황

노인주거정책의 현황을 통해 노인들이 주거 실태를 파악하고 그들의 삶에 미치는 주거의 현황을 통해 만족도를 파악하고 삶의 만족도를 알아본다.

'21년 가구주 연령이 65세 이상인 고령자 가구는 488만 8천 가구로 전체 가구의 23.7%를 차지하고 있다. 이는 가구주의 연령이 65세 이상인 가구가 국민 전체주거에서 10가구 중에 2가구 이상이 노인가구라고 볼 수 있다.

2000년 11.9%에서 '21년 23.7%로 10년 만에 12%나 증가했으며, 앞으로 '30년에는 33.8%, '40년에는 44.2%에 이를 것이며, 그리고 고령자 가구가 차지하는 비중은 계속 늘어나 '47년에는 우리나라 전체 가구의 약 절반(49.6%)이 고령자 가구가 될 것으로 전망된다.

고령자 가구의 유형별로 보면, 1인 가구(34.2%), 부부(33.0%), 부부+미혼자녀(9.8%) 부(모)+미혼자녀(5.5%) 순으로 높게 나타나고 있다.

2) 가구유형별 사용시간

65세 이상 고령자의 가구 유형별 사용시간을 보면, '19년 65세 이상 고령자 중 혼자 사는 고령자는 다른 고령자보다 필수시간(12:03), 여가시간(7:13)이 많고, 의무시간은 적다.

혼자 사는 고령자의 식사 및 간식시간(1:46)은 다른 고령자보다 19분 적고 일 관련 시간(1:05)으로 17~37분 적으며, 교제 및 참여 시간(1:38)으로 17~23분 많다.

부부만 같이 사는 고령자의 경우 일 관련 시간이 1시간 42분으로 다른 고령자보다 20~37분 많고, 가사노동시간은 2시간 10분으로 8~22분 적다.

따라서 5년 전과 비교하면, 가구유형에 상관없이 필수시간은 증가, 여가시간은 감소하였고, 의무시간은 혼자 사는 고령자의 경우만 감소하였다.

3. 노인주택 공급정책

1) 노인복지주택 설립목적

노인복지주택은 노인을 대상으로 급식, 주거의 편의 등을 제공할 목적으로 민간 사업자가 전액 자부담으로 동 시설을 설치하고, 운영비는 입소노인의 본인부담으로 조달하여 운영하는 노인주거복지시설이다.

노인복지주택은 단독취사 등 독립된 주거생활을 하는 데 지장이 없는 60세 이상의 노인(60세 미만의 배우자, 부양을 책임지고 있는 19세 미만의 자녀・손자녀도 가능)에게 주거시설을 분양 또는 임대하여 주거의 편의・생활지도・상담 및 안전관리 등 일상생활에 필요한 가족 편의를 제공함을 목적으로 하는 시설이다(「노인복지법」거정('15.1.28. 공포 법률 제13102호)으로 분양형 노인복지주택은 '15.7.29.일부터 폐지하되, 2015년 7월 29일 전에 「건축법」에 자라 허가받거나 「주택법」에 따라 사업계획이 승인된 노인복지주택은 개정 전의 규정에 따른다.

2) 노인복지주택 설치・운영

(1) 관련규정

① 주 적용 법규: 「노인복지법」에 의거 설치하며, 노인복지주택 설치신고, 시설・설비・직원자격/배치・시설 운영규정 기준 등 시설의 설치・운영에 관한 일반적 사항

② 기타 관련 법규: 「건축법」(건축 관련 규정), 「건축물의 분양에 관한 법률」, 「장애인・노인・임산부 등의 편의 증진보장에 관한 법률」 등 기타 관련 법규에 의거 설치하며, 노인복지주택 설치신고, 시설・설비・직원자격/배치・시설 운영구정 기준 등 시설의 설치・운영에 관한 일반적 사항

(2) 용도 분류

① 노인복지주택의 건축물의 용도는 노인복지시설로서 노유자시설에 해당한다(「건축법 시행령」).

② 노인복지주택은 노인복지시설로서 「사회복지사업법」(제2조의 규정에 의한 사회복지시설에 해당되고, 노유자시설에 해당되며, 설치・관리・공급 시 「노인복지법」에서 규정된 사항을 제외하고는 「건축법」 관련 규정을 준용하여야 한다.

(3) 입소절차

① 무료 입소대상자

- 해당 시・군・구에 입소신청(입소신청사유서 및 관련 증빙서류 첨부)
  * 신청접수는 읍・면・동사무소에서 접수 가능
- 입소여부와 입소시설 결정
- 시・군・구는 신청인 및 당해 시설장에게 통보
  * 노인보호전문기관에서 학대피해노인으로서 입소를 의뢰한 노인은 선입소 조치 후, 10일 이내 증빙서류(건강진단서, 학대사례판정서 등) 제출토록 함

② 실비 입소대상자

- 시설장과 입소신청자 협의
- 시설장이 입소신청자와 계약하고자 하는 경우 관할 시・군・구에 입소심사의뢰
  * 관할 시・군・구는 당해 시설 설치 시 신고를 수리한 시・군・구

③ 유료 입소대상자

입소는 대상자 간의 계약에 의함(입소대상자가 계약을 체결할 수 없는 부득이한 사유가 있다고 시장, 군수, 구청장이 인정하는 때에는 입소대상자의 배우자 또는 부양의무자가 계약당사자가 될 수 있음)

제4절 Aging in Place 정책

1. Aging in Place 개념

최근 들어 노인인구의 거주 문제에 대한 중요한 키워드로 제시되어지는 것이 Aging in Place 개념이다. 이 개념이 처음 제안 것은 1970년대이며, 최근에는 전 세계의 많은 나라들에서 Aging in Place를 노인주택정책의 이념으로 사용하고 있다. 이 Aging in Place는 복지시설, 전문기관 같은 전문요양시설 거주 시 문제점 및 피해의 발생, 경제적 부담감소의 해소라는 배경에서 사용되고 있다.

분야별 개념에 대한 해석은 다양하지만 Aging in Place 내용이 포함하고 있는 의미는 매우 유사함을 알 수 있다. 노인들은 새로운 시설, 건물, 장소 등의 이동이 아닌 익숙한 장소에서의 공동체, 독립성, 사회성 등의 기존 커뮤니티의 지속을 통한 정신적, 육체적, 심리적 안정성을 유지한 상태로 남은 삶의 생을 최대한 유지할 수 있도록 하는 것이라 할 수 있다. 이것이 바로 Aging in Place의 중요한 의미이다.

Aging in Place 개념은 같은 장소에서 생활을 유지하기를 바라며, 지역 내에서의 거주를 포괄하는 광의적인 해석이 우세하다(조아라, 2013).

기타 많은 학자들이 내세우고 있는 Aging in Place에 대한 개념해석을 다음 〈표 8-5〉 같이 요약하였다.

〈표 8-5〉 Aging in Place에 대한 분야별 개념 해석

학 자	정 의
Cutchin(2003)	노인들이 남은 생애를 그동안 살아온 친숙한 삶의 터전인 주택과 지역사회에서 안전하고 독립적으로 살 수 있는 상태
Frank(2001)	인생을 마칠 때까지 익숙한 장소(공동체)에 남아서 생활하기
Davey et al.(2004) wiles et al.(2011)	시설보다는 독립성을 지니면서 공동체 안에 남아서 생활하기

학 자	정 의
Pynoos(1993) Malsuoka(2007) 임연옥(2016)	노인들이 장애나 한계에도 불구하고 적절한 지원이나 서비스를 제공받음으로써 자신에게 친숙한 지역사회에 계속 머물며 지냄
박귀영(2022)	노인들이 평생 살았던 익숙한 공동체와 지역에서 가까운 이웃들과 함께 생활하기

2. Aging in Place의 필요성 및 적용방안

1) Aging in Place의 필요성

Aging in Place는 의료기술의 상승, 삶의 질 향상을 통한 수면연장 및 건강한 생활의 유지를 통한 자립 가능한 노인가구가 증가 중에 있으며, 익숙한 공간에서의 지금까지 생활했던 안정적인 삶을 유지하면서 주변 환경과 지인들과의 사회관계를 유지하는 것을 우선시하는 노인들의 욕구들이 증가하고 있다.

노인들이 생활환경을 바꾸어 시설에 입소한다는 것을 매우 싫어한다. 가능하다면, 지금까지 생활하던 곳에서 가장 친근한 가족과 함께 생활하기를 희망하지만 시대의 흐름이 부모와 자녀들이 서로 떨어져 사는 것을 희망하고 있는 상황에서 어찌할 수 없이 들어가야 한다면 그래도 지금까지 살아왔던 장소에서 나머지 삶을 마치고 싶은 것이다.

2) 적용 방안

어찌할 수 없이 노인들이 새로운 시설을 이용하게 되었다 하더라도 기존의 공간에서 삶을 유지하기를 간절히 희망한다. 이것은 자기가 사용하던 주거환경에서 생활공간에서 생활하면서 살기를 원하는 것은 많은 노인들에게 Aging in Place 개념을 이행하는 노인주거시설에서의 신체적 · 정신적 · 사회적 측면의 안정감과 행복감이 더욱 합리화될 수 있다.

Aging in Place는 기존 살아왔던 공동체와 지역사회에서 지속적인 삶의 유지라는 개념과 연결됨으로 향후 적용하는 연계가 이루어져야 한다. 지역과 교류, 가족 간 교류, 자녀들과의 교류 등 세대 간의 교류를 통해 사회관계망을 형성하는 문화시설, 교육시설, 커뮤니티, 여가시설 등을 통한 삶의 질을 향상시키는 좋은 적용 방안이 될 것이다.

3. Aging in Place 정책의 장 · 단점

노인주거복지정책으로서 Aging in Place의 개념은 지속적인 노인인구 및 비중의 증가와 이로 인한 향후 노인 인구의 영향력 증가에 대한 해결방안으로 제시되었다. 이것은 시대의 변화에 따라 계속적으로 개선과 도입을 실시하였으며, 일정 지역에서의 지속적인 삶을 유지시킬 수 있는 개념이기에 주거를 통한 정책을 기본으로 이루어져 있음을 알 수 있다.

따라서 정책적인 면에서는 계속 새로운 방법을 모색하여 노인들의 주거안정성과 수준향상을 목표로 제도가 형성되어 있음을 알 수 있다. 기타 이외의 정책을 추가로 구상하고 지금 있는 제도를 시행함에 내실을 기하여 보다 합리적인 효과를 나타낼 수 있기를 바란다.

물론 주택 측면에서의 공급도 확대되어야 하겠다. 국민임대주택이나 주택개량 등은 선택의 제한이 있기 때문에 더 다양한 제도의 시행이 요구된다. 이를 위해서는 노인들의 공동생활가정을 잘 활용하는 방안도 제시하고자 한다. 지금 운영되고 있는 노인공동생활은 기초생활수급자 위주의 시설로 운용되는 측면이 있는데 이를 더 개선하여 집을 떠난 노인들이 선호하는 시설로 운영되어진다면 주택을 구하지 않고도 주거 문제를 해결하는 이중적인 효과를 얻을 수 있을 것으로 본다.

Senior Social Welfare | chapter 09

노인 사회참여 및 사회적 관계

노인들의 사회참여는 주로 자원봉사활동이나 교육프로그램, 일자리 창출에 필요한 전문기술을 통한 봉사활동 등 참여하는 분야가 제한적이다. 개인적인 사회참여 활동은 건강 프로그램 참여, 종교활동, 여가활동, 정치활동 등 직장생활에서 벗어나서 이제는 자기가 평소에 해 보고 싶었던 분야에 도전하는 것까지 다양한 형태가 이루어지고 있다. 급속도록 진행되는 고령화시대를 접하면서 국가에서는 제반 노인의 문제를 해결하고자 지속적인 서비스를 확대 시행하고 있다 하더라도 개인들의 적극적인 참여가 이루어져야 함에도 현실은 그렇지 못하다.

따라서 우리나라의 노인의 사회참여는 정책적으로 노인의 삶에서 비경제적 창출을 위한 분야와 경제적 수입을 위한 분야에 대한 정부의 지속적인 관심과 배려가 있어야 한다.

이 장에서는 성공적 노후의 조건이 되는 노인의 사회적 관계와 역할상실 및 소외, 노인의 관계적 자원, 노인의 사회참여 및 시민활동을 알아보도록 한다.

제1절 노인의 사회적 관계와 역할 상실 및 소외

1. 노인의 사회적 관계

사람은 누구나 혼자가 아닌 누군가와 항상 어울려 살아가고 있다. 그 기본이 되는 가족, 이웃, 사회, 국가 등 항상 관계를 형성하고 살고 있다. 그래서 사람을 사회적 동물이라고 했다. 누군가와 관계를 맺고 살아가는 것이 사람들의 삶이 되기 때문이다.

이렇게 사회구성원의 일원으로써 더불어 살아야 함에도 나이 들어 노인이 되면 자꾸 사회로부터 소외된다. 그것은 사회적 역할을 감당하기 어렵기 때문이다. 노인들은 이러한 사회적 관계를 통해 삶의 만족감 및 심리적, 정서적, 사회적 안정감을 갖게 된다. 모든 사람들은 사회구성원과의 상호작용을 통해서 각자 자기의 역할을 갖게 되고 이러한 역할은 개인이 집단이나 사회와의 관계를 맺는 주요한 수단이 된다. 개인의 사회를 통해 자신의 정체감을 유지할 수 있는 기반이 된다.

나이가 들어 노년기에 접어들면서 신체적 노쇠와 직장에서의 은퇴로 인한 소득 감소는 노인을 더욱 위축시키고 가장 믿을 만한 가정에서 마저 삼식이 신세가 되어 그 소외감은 감당하기가 쉽지 않다. 또 시간이 경과하면서 해소되기보다는 더 새로운 문제점들이 늘어나고 그중에서 질병이 늘어나면서 그 고독감은 우울증이나 기타 각종 잔병들이 늘어나 종합병동이 되어 버린다. 이에 노인들의 실망감은 사회생활의 가장 큰 위협요소가 된다.

사회적 관계는 이렇게 단절되어 가고 몸은 아프고 마음까지 아프며, 하소연도 할 수 없는 신세가 되어 버린다. 무언가 해 보려고 노력도 하지만 마음대로 되는 것이 아무것도 없다.

사회적 관계(Social relations, 社會的 關係)는 어떻게 맺게 될까? 사람은 혼자 살지 않고 다른 사람들과 끊임없이 관계를 맺고 서로 영향을 주고받으면서 살아간다. 이러한 과정을 사회적 상호작용이라고 한다. 사회적 상호작용은 개인과 개인, 개인과 집단, 집단과 집단 간에 다양하게 나타난다. 사회적 상호작용은 일시적인 경우도 있지만, 오랫동안 지속하는 경우도 있다. 시내버스에서 옆자리에 앉은 관계는 한두 번 사회적 상호작용이 이루어지는 일시적인 경우이다. 이와 달리 우리 반에서 내 짝과의 관계는 오랫동안 지속하는 사회적 상호작용이다. 이처럼 지속적인 사회적 상호작용을 통해 형성되는 일정한 관계를 사회적 관계라고 한다.

인간은 가족, 또래 집단, 종교 집단, 국가와 같은 사회 공동체를 통해 사회적 관계를 형성한다. 각 개인은 가족을 통해 기본적인 욕구를 해결하고 정서적 유대감과 안정감을 얻는다. 또한, 비슷한 연령대의 또래 집단을 통해 특정한 세대 의식이나 정서를 공유하기도 하고, 같은 취미나 종교를 지닌 사람들과의 관계를 통해 자신만의 취향, 가치관, 인생관을 형성해 나가기도 한다. 나아가 국가와 같은 사회 공동체에 살면서 특정한 정치적 태도나 이념을 형성해 나간다.

인간은 타인과의 상호작용을 통하여 성장하며, 사회생활은 대인적인 교섭이나 행동으로 영위된다. 이러한 대인적 상호작용을 내용으로 하는 사회 과정이 반복에 의하여 상대적으로 지속하고, 그 방향이나 성격이 명확한 동시에 안정을 얻고 있는 경우를 사회적 관계라 한다. 사회 과정은 동적(動的)이고, 사회적 관계는 정적(靜的)인 것으로 대비되며 이러한 사회적 관계는 독합되어 집단을 이루고 또 사회 자체를 구성하는 기본 단위가 된다.

사회적 관계는 사회구성체에 있어서 사람들 상호 간에 맺어진 관계이다. 사회적 관계는 사람들 상호 간에 지속적인 관계를 맺는 것을 말한다. 작게는 부모와 자식관계, 형제, 자매처럼 혈연으로 맺어진 관계부터 친구, 선생님, 이웃주민, 회사동료 등 일상생활을 하면서 마주하는 모든 인간관계를 포함한다. 주로 경제적, 정치적, 법률적, 도덕적인 상호작용을 하며 서로에게 많은 영향을 끼친다. 1차적인 사회적 관계는 친밀감과 유대가 집약된 관계로서 친족이나 학교친구 등이 있으며 2차적인 사회적 관계는 의도와 목적이 비교적 분명하게 인식되는 관계로서 회사나 정부, 군대 등이 있다. 3차적인 사회적 관계는 현대사회에 들어서 중요성이 요구되는 관계로서 직접 만나지 않고 온라인이나 통신기기를 이용한 관계로서 블로그 친구나 인터넷 동호회모임 등을 예로 들 수 있다. 이런 다양한 관계들을 계속해서 잘 유지하기 위해서는 많은 노력이 필요하다.

사회적 관계란 각 개인이 사회적 정체성을 유지하고 다양한 자원과 서비스를 주고받을 수 있는 사회적 활동의 관계적 범위를 말한다. 사람은 사회적 관계 안에서 다양한 상호작용을 하기 때문에 관계를 맺는 사람들의 규모, 친밀성, 역할 등에 따라 사회적인 관계도 달라진다. 또한 사회적 관계 안에서 상호작용하며 다양한 자원과 정서적, 심리적 지지를 주고받을 수 있는데, 노인이 되면서 은퇴, 건강문제, 역할 상실, 소외감 등으로 사회적 관계가 축소되면서 노인의 사회적 관계가 축소되고 상실되는 것이다.

노인들의 사회적 관계는 계속적인 교육이 부재하다 보니 변화하는 사회문화에 익숙하지 못하고 IT문명의 발달로 빠르고 다양의 정보습득이 어렵고, 의사소통 면에서도 변화되는 언어에 부자연스러우며, 신체적 노쇠로 인한 기력과 활동력이 떨어지므로 사회활동에 참여하기가 어렵다. 따라서 평소 이런 것들에 대한 사전 준비가 되어 있지 않은 상태에서 변화무쌍한 사회 환경을 섭렵하기가 어렵다.

2. 노인의 역할 상실

1) 역할 상실이란

역할 상실(役割喪失)은 사회에서 개인이 차지하고 있는 사회적 지위나 위치를 상실하는 일로 지금까지 먹고 살기 위해 열심히 일하며 살아온 노인들에게는 삶의 의미를 잃어버린 것과도 같다.

개인의 일상생활은 사회적 지위나 역할에 의해 주로 결정된다. 이 때 사회적 지위란, 신분에 따라 개인이 차지하는 계급이나 자리를 의미하며, 역할이란 지위의 동적인 표현으로 특정한 지위를 말하는 기대행동이라고 할 수 있다. 이러한 사회적 지위와 역할은 한 개인이 행할 수 있는 권력, 사회적 영향력, 그리고 삶의 질을 결정하는 매우 중요한 요소다(권중돈, 2007).

역할은 사회적 행동과 밀접한 관계를 지니고 있는데, 첫째, 역할은 주어진 어떠한 상황에서 어떠한 활동과 행동이 필연적임을 의미한다. 둘째, 역할은 상호작용을 내포하고 단독으로 수행되는 역할은 없다고 하는 것이다. 셋째, 역할의 의미는 인간들 속에, 그리고 그들 사이의 활동과 상호작용하는 가운데서 일정한 사회적 기준과 사회적 기대가 있는 것이다. 넷째, 역할은 타인들과 주고받는 관계를 갖는 과정에 또는 그 쌍방에 어떤 정서적 가치나 감정이 깃드는 경향이 있음을 의미한다(장인협 · 최성재, 2002).

이론적 관점에 따라 역할에 대한 개념 규정이 다르지만, 일반적으로 역할이란 "어떤 지위를 차지한 한 개인이 그 지위에 부여된 기대에 따라 수행하는 행동"이라고 정의한다. 인간의 평균수명을 대폭 연장시켜 준 현대 사회학의 눈부신 발달에 비례해서 노인들의 건강문제가 점차 중요한 비중을 차지하게 되었다. 그중에서도 개인의 정신 건강을 약화시키는 사회 환경적인 문제는 노화과정 자체가 일종의 만성적인 스트레스라는 점에 입각해 볼 때 더욱더 중요한 문제가 되고 있다.

노년기는 부인할 여지없이 심리적으로나 신체적으로나 명실공히 상실의 시기라 할 수 있으며, 이 시기에 자신이 친숙하게 지내 왔던 환경이나 사회적인 관계형성 및 소중한 인간관계가 은퇴나 사망으로 인해 대부분 상실할 수밖에 없게 된다. 그동안 이루어 놓았던 자아통합의 상실이나 결핍으로 인하여 절망으로 바뀌고 종종 죽음에 대한 무의식적 공포에 떨게 된다. 이러한 과정에서 노인은 여러 가지 방법과 전략으로 자신의 기질적 · 심리사회적 스트레스로부터 받은 압박에 반응하게 된다. 이러한 배경하에서 노인문제는 여러 가지 양상으로 나타나고 있는데, 신체적 노화에서 비롯되는 노인 질병의 문제로부터 은퇴에 따른 노인빈곤의 문제, 남아도는 시간을 무료하게 보내야 하는 무위의 문제, 그리고 노인 자신이 지각하는 역할 상실의 문제 등 여러 가지 형태로 나타나고 있다(박의연 · 우영주, 1989).

노년기는 인생주기의 마지막 단계로, 노년기가 되면서 생리적 기능이 저하되고 신체적으로 쇠퇴하고, 가족의 규모가 축소되며 사회적으로도 은퇴 등으로 인해 사회 안에서 인간관계가 축소되는 시기이다. 노년기에는 잃어버리는 역할, 그대로 남는 역할,

새로이 맡게 되는 역할 등 3가지 역할이 있다(Havighurst, 1983). 즉, 노인이 되면서 이제 부모로서의 역할은 점차 상실하게 되므로, 지속적으로 맡게 될 역할과 함께 새로이 발견하고 새로이 맡아야 할 역할이 무엇인지를 살펴보는 것이 노년기에 있어 아주 중요한 일이라고 할 수 있다.

2) 역할 상실의 유형

노년기 사회적 지위에 따르는 역할 수행 방법은 개인에 따라 차이을 보이는데 노년기 사회적 역할 수행 유형을 재구성형 · 집중형 · 계속형 · 구원요청형 · 제한형 · 무감각형 · 유리형 · 와해형으로 구분하여 다음과 같이 설명하고 있다(Neugarten, 1996).

(1) 재구성형은 지역사회활동에 참여하면서 젊음을 유지하고 활동적인 유형이다.
(2) 집중형은 매사에 심사숙고해서 선택한 몇 가지 활동에 에너지를 집중하는 유형이다.
(3) 계속형은 젊었을 때 하던 일을 지속적으로 하면서 성취지향적인 유형을 의미한다.
(4) 구원요청형은 보통 정도의 사회활동을 유지하면서 다른 사람에게 정서적으로 의존하는 유형이다.
(5) 제한형은 노화의 위험과 능력상실에 사로잡혀 있으면서 에너지를 축소하고 쇠퇴를 회피하려고 노력하는 유형이다.
(6) 무감각형은 수동적인 인생을 살아온 유형으로 아무 일도 하지 않는 형이다.
(7) 유리형은 자기 자신에 몰두하고 자기 스스로 사회적 관계에서 위축되는 유형이다.
(8) 와해형은 사고력이 퇴화되고 정서통제가 불가능한 유형이다.

3) 소외

소외(alienation, *疏外*)는 보편적으로 무력감, 무의미성, 무규범성, 문화적 소외, 사회적 고립, 자기소외 등의 의미를 포함한다. 19세기와 20세기 초 소외개념이 학문적 성과에 암시적 또는 명시적으로 나타났다. 마르크스(Marx)의 소외개념은 노동자의 노동과정과 산물로부터의 소외를 논의하였다. 소외를 개인의 의식과는 독립된 객관적 상황으로 보고 이를 그 상황을 비판하기 위한 도구로 취급했다.

'대중사회' 이론의 입장은 공동체 의식의 상실로부터의 소외를 다루었다. 소외개념에 대한 가장 명확한 표현은 뒤르켐(Durkheim)의 아노미로 개인주의의 만연과 사람들을 결속시키는 사회규범의 해체를 특징으로 하는 사회적 상황을 말한다. 미국의 경험주의자들은 소외는 하나의 사회심리학적인 사실이라고 주장했다.

노년기에 나타나는 소외는 다양한 원인으로 나타나지만 특별히 사회로부터의 외면당하는 소외는 노인과 사회 사이에서의 관계로 사회참여와 밀접한 관계를 가지고 있다.

전통적 사회에서는 동족개념으로 다수 인원이 한 촌락을 이루면서 살아왔기에 소외가 지금처럼 문제시되지 않았다. 하지만 사회구조에 의한 소외를 느끼며 살아야 하는 현대사회의 노인들에게는 큰 사회적 문제가 되고 있다.

핵가족화, 1인 가구 등으로 인한 독거노인 증가와 노인학대 등으로 인해 가족 기능이 약화된 경우 소외감으로 은둔형이 되기도 한다. 특히 노인은 경제적 문제, 건강문제 등 다양하고 복합적인 문제가 심화될수록 심리적 고독감과 우울감 및 소외감을 경험할 수 있기 때문에 관계를 통한 사회적 지지가 매우 중요하다.

노인들은 심신기능의 저하와 은퇴생활에서 오는 소득 감소 및 역할 상실감 등으로 소외감이나 고독감 속에 살아가는 경우가 많다. 따라서 가족과 이웃, 친구와 친족 간의 긴밀한 유대관계의 지속이 필요하다. 또한 생산적이고 통합적인 활동을 통하여 노후생활에서 오는 고독감을 극복하고 남은 여생의 목표와 활동을 재정립하는 노력이 필요하다.

현세를 살아가는 노인들은 정년퇴직 이후 가정에서나 사회에서의 역할을 상실하고 노후생활에 알맞은 새로운 역할을 찾지 못하고 있다. 성공적인 노후생활을 영위하기 위해서는 길어진 노령기를 재미있고 보람 있게 즐길 수 있는 여가활동의 개발이 필요하다.

제2절 노인의 관계 자원

1. 1차적 관계 자원

노인의 관계 자원이 삶의 만족도에 미치는 영향은 매우 높다. 이러한 노인의 관계 자원은 두 가지로 1차적 자원과 2차적 자원이다. 1차적 자원은 공동생활을 근거로 하는 가족, 친척으로 구성되고, 2차적 자원은 사회관계에 형성되는 일자리, 직장, 여가시설 등이다.

노년기에는 심리적 지지와 도움을 제공하는 사람과의 교류, 안정감, 유대감, 소속감이 제공되는 생활환경의 필요성이 더욱 높아진다. 1차적 자원과 2차적 자원이 상호보완해 공생하면서 상실과 소외감을 감소시킬 수 있도록 정책을 만들어 나가야 한다. 특히 노년기에 가족 및 비공식 관계자원을 유지, 강화할 수 있도록 하는 접근이 필요하다는 점을 강조한다. 먼저 1차적 관계자원은 다음과 같다.

1) 배우자

배우자는 '결혼'이라는 제도를 통해 결합되는 관계이다. 노인이 되면 배우자는 정신적・육체적 결합은 물론, 경제적인 면에서 협력하는 생활공동체의 기초를 이루는 관계이다. 가장 가까운 무촌의 관계이며 인생의 마지막을 누군가의 도움으로 삶을 마감하는 마지막 단계에서의 가장 긴밀하고 책임이 막중한 관계이다.

노년기의 삶에 배우자는 인생의 동반자일 뿐 아니라 질병이나 장기간의 돌봄을 필요로 할 때 가장 좋은 돌봄의 자원이 되어 큰 역할을 한다. 노년기 삶에 있어서 배우자와의 관계는 성공적인 노화에 크게 영향을 미친다.

배우자는 친밀감, 상호의존성, 소속감을 제공하기 때문에 자그마한 이익을 따지지 않는 무조건적 관계 자원이 된다. 사회생활 속에서 이보다 더한 자원이 있을 수는 없다. 따라서 항상 좋은 부부관계를 잘 유지한다는 것은 큰 보험을 들어 놓은 격이라 할 수 있다.

2) 자녀

부모와 자녀 관계는 부부 관계보다는 못하더라도 부부 못지않게 중요한 관계적 자원이다. 서구 사회에서의 독립성과 개인주의를 중시하는 것에 비하면 우리나라는 전통적으로 부모와 자녀 관계에 유교적인 풍습이 많이 적용되어 유교적인 전통과 가부장제의 가족주의를 중시해 왔다. 특별히 우리의 자녀들은 특별히 부모에게 의존적으로 살고 있다. 부모는 양육에서 교육, 결혼, 출산, 취업 등 전 생애에 걸쳐 자녀의 문제에 개입하여 왔다. 자녀 또한 부모의 그런 사랑을 알고 있기에 대부분의 자녀들은 부모와 관계적 자원으로서의 역할을 잘하고 있다. 그러나 우리 사회가 다 행복하고 좋은 부모자녀 관계만을 유지하는 것은 아니다. 따라서 부모와 자녀의 관계는 서로 노력한 결과에 따라 관계적 자원의 질드 다르게 나타난다. 우리의 전통적 관습에 따라 자녀와의 관계의 질이 바로 노후의 생활만족도, 심리적 안녕 등에 영향을 줘서 많이 다르게 나타난다.

3) 형제 · 자매 및 친척

형제 · 자매와 친척의 관계적 자원은 부모의 관계와도 무관하다. 부모와 관계가 좋으면 형제 · 자매 관계도 좋다. 추억이 많고 어느 관계보다는 근원적, 관계적 자원이다. 늙어서의 형제 · 자매의 관계는 평상시 어떻게 살아 왔느냐와 무관하다. 친인척과의 관계가 밀접하면 노후 삶의 질에도 크게 영향을 미친다. 노년기의 형제 · 자매 관계적 자원은 평등하고 세대 내 결속력이 크므로 긴밀한 유대와 상호의존이 가능하다. 친밀감, 정서적 지원의 강화와 함께 변화하는 환경 안에서 올바른 가치판단자의 역할을 하며, 간병, 부양 등 돌봄서비스의 지원체계의 역할도 가능하다. 이 관계적 자원은 부모들이 평소 형제 · 자매 · 친척과의 관계를 어떻게 형성해 왔는지가 그 성패의 결과에 영향을 미칠 것이다.

4) 친구

기존 1차 관계적 자원에서 조금은 의존도가 낮을 수 있지만 우리 속담에 먼 친척보다 가까운 이웃이 좋다는 말이 있듯이 가족을 제외하고 가장 의존도가 높은 그룹이다. 노년기에 친구를 유지할 수 있다는 것은 그만한 가치가 있다는 것으로 보아 평상시 친구관계는 노년기 생활의 적응에 매우 중요하다고 할 수 있다. 노년기에 친구와의 유대가 높을수록 자녀와의 갈등을 감소시킬 수 있으며, 인구 관계망의 크기가 클수록, 즉 일상생활에서 관계를 맺고 있는 친구의 수가 많거나 친밀감이 높을수록 일상생활에서의 만족도가 높게 나타난다(농촌진흥청, 1996).

2. 2차적 관계 자원

1차적 관계 자원보다는 사회 관계와 연관되어 있어서 개인적인 것보다는 사회적 관계 자원이라고 할 수 있다. 2차적 관계 자원은 독거노인의 고독감과 심리적 지지의 관계에도 큰 영향을 미치며(허선영, 2004), 노인의 삶의 질에도 가장 큰 영향을 주기 때문에 보다 넓은 범위의 다양한 사람들과 접촉할 수 있도록 다양한 자원이 필요하다(김영범 · 이승훈, 2008).

관계 자원의 역할에서는 1차에는 미치지 못하나 독거노인들이 많은 요즘 사회를 보면 2차적 관계 자원이 더 필요하지 않나 하는 생각도 든다. 지역사회는 노인이 사회적 관계 및 활동에 적극 참여할 수 있도록 노인복지서비스를 제공함으로 노년기의 삶의 질을 높이기 위한 연계자원을 사전에 충분히 확보해야 한다.

따라서 노인의 관계망 형성은 사회적 자본 형성에 기여할 뿐만 아니라 결과적으로 자기효능감에도 긍정적 영향을 미쳐 성공적 노후생활을 가능하게 해 주는데, 노인들의 사회참여의 독려를 통해 2차적 관계 자원을 지원하는 기관으로는 노인복지관, 경로당, 노인교실 등이 있다.

1) 노인복지관

「노인복지법」에 근거하여 시・군・구는 지역의 실정에 따라 최소 1개 이상의 노인복지관을 설치・운영하여 지역사회 노인들의 다양한 욕구에 따른 서비스를 체계적이고 복합적으로 제공하여 노인복지 증진에 기여하도록 하고 있다.

노인복지관은 60세 이상 모든 노인이 참여할 수 있는데, 노인복지관을 이용하고자 하는 노인이 해당 지역에 실거주하지 않더라도 자녀, 친지 등의 연고가 있는 경우, 거주 지역 내 여가시설이 없는 경우 등은 탄력적으로 운영하여 노년의 삶에 사회적 관계를 계속 지원해 주는 연계자원의 역할을 담당하고 있다.

노인복지관은 「노인복지법 시행규칙」 제26조 제2항에 의해 상담, 사례관리 및 지역사회 돌봄, 건강생활지원, 노년사회화 교육, 지역자원 및 조직화, 사회참여 및 권익증진의 6대 기본 사업을 통해 노년기의 관계적 자원을 풍요롭게 지원한다.

노인복지관의 사업으로 보는 사회적 관계 자원 프로그램은 〈표 9-1〉과 같다.

〈표 9-1〉 노인복지관의 사업으로 보는 사회적 관계 자원 프로그램

사업 구분		프로그램(예시)
상담	일반상담 및 정보제공	• 노인복지정보제공 • 외부전문가 활용을 통한 상담제공
	전문상담	우울 및 관계증진 상담
사례관리 및 지역사회돌봄	위기 및 취약 노인 지원	• 취약노인의 신체・정서・사회적 자립지원 • 노인맞춤돌봄서비스 등
	지역사회자원 연계 및 지원	• 노인에게 필요한 서비스 • 조정・중재・의뢰・옹호 등
	가족기능 지원	노인과 관련된 가족상담, 세대통합 프로그램 등
건강생활 지원	건강증진 지원	건강교육 건강프로그램 등
	기능회복 지원	양한방치료, 작업요법, 운동요법 등
	급식 지원	경로식당 운영, 도시락 배달 등
노년 사회화 교육	평생교육 지원	노인역량 강화, 정보화, 사회화 시민사회교육 등
	취미여가 지원	취미여가 활동, 동아리활동, 체육활동 등

사업 구분		프로그램(예시)
지역자원 및 조직화	지역자원개발	자원봉사자 발굴·관리, 후원자 개발 등
	지역복지연계	경로당 프로그램 연계, 지역협력 등
	주거지원	주거 환경개선, 주택수리 등
사회참여 및 권익증진	사회참여 지원	노인자원봉사 활성화, 노인일자리 및 사회활동지원사업 등
	노인권익 증진	정책건의, 노인인권옹호, 인식개선 사업
	고용 및 소득지원	고령자취업지원, 취업교육, 창업지원

출처: 보건복지부(2021).

2) 경로당

경로당은 지역의 노인복지·정보센터·학대노인 지킴이센터로 운영하며, 첫째, 건강관리·운동·교육·여가·자원봉사 등 다양한 프로그램 제공으로 노인이 가장 손쉽게 접근할 수 있는 다기능 공간으로 활용한다. 둘째, 프로그램 조정·지원을 담당하는 경로당 순회프로그램관리자 기능의 전문화를 수행한다. 셋째, 경로당을 독거노인 생활교육 실시장소로 활용하여 지역사회 독거노인 보호기능을 수행한다. 넷째, 경로당을 '학대노인 지킴이센터'로 지정하여 학대피해노인을 감시·신고하는 기능을 수행한다.

경로당은 「노인복지법」에 의한 여가시설로 지역 거주 노인이 가장 손쉽게 접근할 수 있는 공간이다. 경로당에서는 건강, 여가, 봉사 등 이용하는 노인의 욕구에 맞는 프로그램을 제공하며 지역의 노인복지정보센터, 학대노인 지킴이 센터로 운영되며, 노후의 사회적 관계 형성에 도움을 주고 있다(김성철 외, 2021).

경로당 운영의 재정 건전성 및 투명성 확보를 위한 철저한 회계 관리를 한다. 경로당 활성화 프로그램 분야는 〈표 9-2〉와 같다.

〈표 9-2〉 경로당 활성화 프로그램 분야

대분류	중분류	내 용	비고
건강운동	체조 · 댄스교실	노인들의 신체적 · 정서적 건강유지 및 증진을 위한 건강운동 프로그램 지원	전체 경로당에 '치매예방수칙 및 치매예방체조' 보급
	웃음 교실		
	요가 · 명상		
	건강운동		
건강관리	건강검진 관련	노인들의 신체적 · 정서적 건강유지 및 증진을 위한 건강검진, 한방치료 등	
	한방치료		
	안마교실		
	방문간호		
교육 · 상담	정보화 교육	노후생활, 정보통신, 생애말기준비 · 설계교육 등 다양한 교육을 실시함으로써 노인들의 건전하고 건강한 노후생활을 위한 교육프로그램 제공	
	어학 교육		
	인식개선 교육		
	에너지 교육		
	노인상담		
	생활 · 안정 교육		
	프로그램 발표대회		
여가활동	음악 활동	노래교실 등 각종 레크리에이션 활동 등을 통해 노년의 건전한 여가 · 취미생활을 유지할 수 있는 프로그램 제공	
	바둑장기교실		
	문화 활동		
	미술 활동		
	문화 · 공연 활동		
권익증진	노인 성교육	느인 권익증진을 위한 성교육, 학대예방교육 등	
	소비자피해 예방교육		
	노인자살 · 학대 예방교육		
사회참여	방문 이 · 미용서비스	경로당 이용 노인들을 중심으로 지역사회 청소 및 재활용품 수집, 청소년 안전지킴이 등의 봉사활동 수행	
	시설 방문위문공연		
	자원봉사활동		

대분류	중분류	내 용	비고
공동작업장	공동작업장 운영	경로당을 중심으로 노인들이 지역특성에 맞는 일거리를 확보하여 공동으로 생산 활동에 참여	
기타		지역특성에 알맞은 각종 활동	

자료: 2021년도 노인보건복지 사업안내.

3) 노인교실(대학)

노인교실은 「노인복지법」 제36조(노인여가복지시설), 제37조(노인여가복지시설의 설치), 「노인복지법 시행규칙」 제24조(이용대상자 및 이용자)~제26조(시설기준 등)을 근거로 설치・운영한다.

노인교실은 60세 이상 노인들에 대하여 '사회활동참여 욕구'를 충족시키기 위하여 건전한 취미생활・노인건강유지・소득보장 기타 일상생활과 관련한 학습프로그램을 제공한다. 노인교실의 교육프로그램 분야는 〈표 9-3〉과 같다.

〈표 9-3〉 노인교실의 교육프로그램 분야

구 분	프로그램(예시)
취미・여가	각종 문화・예술 활동 등
건강	체조, 요가, 단전호흡, 건강관리 등
교양	한글, 외국어, 컴퓨터, 교양강좌 등
사회 참여	시민단체 및 사회활동, 자원봉사 활동 등

자료: 보건복지부 「2021년도 노인보건복지 사업안내」

제3절 노인의 사회참여 및 시민활동

1. 사회참여의 개념

사회참여란(social participation; 社會參與)란 사회 내의 구성원과 행동을 교환함으로써 관계를 맺는 활동으로, 개인의 사회적 참여 정도에 따라 다른 사람과 친밀한 관계를 유지하기 위한 의미 있는 활동을 의미한다. 노인들은 이러한 활동을 통해 일상생활 안에서 가족, 친구, 이웃 등과 접촉하며 타인과 교제하게 되는데 이러한 활동을 사회참여라고 하며, 우리나라의 「노인복지법」에서는 1997년 제3차 「노인복지법」 개정을 통해 노인의 사회참여와 취업활성화 근거를 마련하였다.

노인은 노년의 생활을 창의적으로 엮는 방법을 찾아서 사회참여활동에 참여한다면, 생산성이 끊어진 퇴락한 늙은이가 아니라 한층 더 사회적으로 진정한 어르신 혹은 스승으로 태어날 것이며, 이는 모두에게 존경받는 삶을 살아갈 수 있을 것이다.

노인의 사회참여는 활동적 노년을 보내기 위해서 매우 중요한 일이다. 100세 시대를 앞서가고 있는 우리나라 노인들의 활동적 노년 지수는 경제협력개발기구(OECD) 34개국 중 평균 이하인 것으로 나타났다. 특히 세대 간 혹은 세대 안에서의 사회적 연대와 결속을 의미하는 통합력 지수는 최하위에 머물렀다.

한국노인인력개발원 '액티브 에이징을 위한 활동적 노년 지수 산출' 보고서에 따르면 우리나라의 활동적 노년 지수 평균은 53.04로 OECD 34개국 중 20위에 그쳤다. 한국노인인력개발원 연구진은 HAI(Hartford Aging Index)에서 정의한 5개 영역으로 활동적 노년 지수를 측정했다.

1) 생산성 및 사회참여(Productivity & Engagement)

'생산성 및 사회참여'는 노동 참여율, 실제 은퇴 연령, 자원봉사 참여 시간 등을 반영한 영역이다.

2) 웰빙(Well-being)

'웰빙(Well-being)'은 65세 이상이 건강하게 살 것으로 예상되는 평균 연수를 뜻하는 객관적 웰빙과, 50세 이상의 주관적인 삶의 만족도를 의미하는 주관적 웰빙 항목을 합산한 영역이다.

3) 형평성(Equity)

'형평성' 영역에는 지니계수(소득 불평등을 나타내는 지표), 빈곤 위험성, 고등학교 교육 이수 인구 비율 등이 포함됐다.

4) 통합력(Cohesion)

'통합력'은 이웃 신뢰도, 자녀와 동거 비율 등 사회적 연대를 반영하는 영역이다.

5) 안정성(Security)

'안정성'은 전체 인구 대비 고령자의 상대적 소득, 장기요양보호 공공 지출 비율, 야간 보행 시 안전하다고 느끼는 인구 비중 등을 나타낸다.

2. 노인의 사회참여 근거

1) 「노인복지법」의 사회참여 근거

노인의 사회참여 활동은 거시적으로는 국가 발전과 국민화합에 기여하고 미시적으로는 개인이 관리와 가정의 행복추구권에 합당한 모범적인 삶의 모습을 보여 주어야 하는데 그 기본을 법적 규정을 통해 그 기반을 쌓았다.

그동안 노인의 사회참여는 여가활동, 자원봉사활동, 재능 기부활동, 일자리 사업 등을 서로 다른 개념으로 구분하기도 하였다. 예를 들면, 노인일자리 사업의 경우는 경제활동으로도 바라보고 사회참여보다는 고용으로 보는 시각이 있어서이다.

「노인복지법」 제23조는 "국가 또는 지방자치단체는 노인의 사회참여 확대를 위하여 노인의 지역봉사 활동기회를 넓히고 노인에게 적합한 직종의 개발과 그 보급을 위한 시책을 강구하며 근로 능력이 있는 노인에게 일할 기회를 우선적으로 제공하도록 노력하여야 한다."라고 하며 노인의 사회참여에 대한 법적 근거에 의거 근로능력과 일할 기회제공에 대하여 규정하고 있다.

또한 「노인복지법」 제24조는 "국가 또는 지방자치단체는 사회적 신망과 경험이 있는 노인으로서 지역봉사를 희망하는 경우에는 이를 지역봉사지도원으로 위촉할 수 있다."고 하여 노인의 사회참여가 봉사와 일자리, 재능기부 활동 등을 포함한 넓은 개념으로 설명하고 있다.

따라서 노인의 지역봉사 활동기회를 넓히고 노인에게 적합한 직종의 개발과 그 보급을 위한 시책을 강구하며 근로 능력이 있는 노인에게 일할 기회를 우선적으로 제공하도록 노력하여야 한다.

2) 저출산고령사회기본법의 사회참여 근거

노인여가와 문화 활동을 창의적으로 엮는 방법으로서 노인여가 문화 및 사회활동의 장려 차원에서 사회적 기반을 조성하려고 노력하여 사회참여가 법적 근거를 가지고 임하므로 노인도 사회참여를 통해 개인은 물론 가정과 지역사회에서의 인정을 받고 자아 정체감을 얻을 수 있게 되었다.

「저출산고령사회기본법」에서는 여가와 문화 활동, 자원봉사활동 등으로 노인의 사회참여 활동을 추진하고 있다. 즉, 노인의 사회참여는 주로 다른 사람과 함께하는 활동이나 상호작용을 통해 신체, 육체적, 정신적으로 대외적인 관계와 접촉을 유지하는 제반 행위를 총칭하는 것으로 이해한다(지은정 외, 2012).

3. 노인의 사회참여 현황

1) 자원봉사 참여율

자원봉사 참여율은 '19년 65세 이상 고령자의 자원봉사 참여율은 6.5%로 2년(2017년) 전보다 0.2%p, 10년 전보다 1.2%p 증가하였다. 고령자 자원봉사 참여율은 전 연령대 참여율(16.1%)보다는 9.6%p 낮게 나타났으며, 분야별 참여 비중은 아동・청소년・노인・장애인・재소자(54.0%), 환경보전・범죄예방(31.7%), 기타 일반인을 위한 봉사(10.0%)순으로 높았다.

〈표 9-4〉 자원봉사 참여율 (단위: %)

		참여율[1]	활동 분야(복수응답)					
			아동, 청소년, 노인, 장애인, 재소자 등	환경보전, 범죄예방 등	자녀교육 등	국가 및 지역행사 등	재해지역 주민돕기 및 시설복구 등	기타 일반인을 위한 봉사[2]
전체[3]	2009	19.3	43.7	25.4	12.1	11.3	11.3	16.1
	2011	19.8	58.2	20.6	8.8	7.7	4.4	16.0
	2013	19.9	62.4	19.4	6.6	7.7	3.9	15.3
	2015	18.2	58.2	19.4	7.8	8.0	4.1	17.6
	2017	17.8	54.5	18.5	9.1	8.8	3.9	20.5
	2019	16.1	57.7	20.4	9.7	9.1	4.6	17.5
65세 이상	2009	5.3	28.9	45.0	5.9	6.1	10.0	14.8
	2011	5.5	44.7	37.5	1.7	5.7	7.2	8.1
	2013	6.2	44.1	43.7	0.7	6.7	4.8	8.6
	2015	6.6	48.4	37.2	0.4	7.9	4.8	9.7
	2017	6.3	51.4	31.3	3.2	5.6	6.0	11.5
	2019	**6.5**	**54.0**	**31.7**	**4.0**	**8.3**	**5.3**	**10.0**

자료: 통계청, 「사회조사」

주: 1) 지난 1년간 자원봉사 활동에 참여한 적이 있는 인구의 비중임

2) 관공서 업무 지원, 무료 상담 등

3) 2009년까지 15세 이상, 2011년부터 13세 이상 인구를 대상으로 함

2) 사회단체 참여율

시민단체 참여율은 '19년 65세 이상 고령자의 58.7%는 사회단체 참여 경험이 있으며, 이는 전 연령대 참여율(66.1%)보다 7.4%p 낮게 나타났다. 전 연령대와 비교하여 종교단체(43.0%), 지역사회 모임(20.4%)의 참여 비중은 높으나, 취미·스포츠 및 여가 활용 단체(29.6%), 학술단체(2.3%) 등 참여 비중은 낮게 나타났다.

〈표 9-5〉 시민단체 참여율

(단위: %)

		참여율[1]	단체 유형별 참여 비중(복수응답)								
			친목 및 사교단체	종교단체	취미, 스포츠 및 여가 활용 단체	시민사회 단체	학술단체	이익단체	정치단체	지역사회 모임	기타
전체[2]	2009	39.8	77.8	28.9	30.0	12.9	5.1	3.4	0.9	-	0.5
	2011	46.6	73.1	28.7	34.0	11.0	4.7	2.5	1.0	10.1	0.7
	2013	50.1	75.3	26.4	32.8	11.3	4.6	2.1	0.7	8.9	0.3
	2015	48.9	75.6	27.2	35.2	9.4	5.3	2.5	0.6	9.2	0.1
	2017	49.7	78.2	28.2	43.6	8.4	5.6	3.8	1.3	10.4	0.1
	2019[3]	66.1	77.4	28.7	47.3	12.6	7.6	4.3	1.7	11.5	0.0
65세 이상	2009	27.1	75.9	39.2	12.4	7.4	1.0	0.9	0.8	-	0.3
	2011	35.4	69.1	37.9	11.5	4.5	1.4	0.4	1.0	16.9	1.3
	2013	39.3	69.7	33.4	14.5	6.2	0.8	0.4	0.6	17.9	0.6
	2015	40.0	71.4	33.8	17.5	5.5	1.3	0.5	0.3	18.5	0.3
	2017	42.9	74.6	39.8	22.2	5.5	2.0	0.9	0.6	17.7	-
	2019[3]	**58.7**	**72.7**	**43.0**	**29.6**	**8.4**	**2.3**	**1.4**	**0.9**	**20.4**	**0.0**

자료: 통계청, 「사회조사」

주: 1) 지난 1년간 각 항목의 단체에 참여하여 활동한 적이 있는 인구의 비중임

2) 2009년까지 15세 이상, 2011년부터 13세 이상 인구를 대상으로 함

3) 참여율 집계 관련, 2017년까지 단체 참여 여부를 직접 질의하여 집계하였으나, 2019년부터 각 참여 단체 선택 응답자를 단체 참여자로 간주하여 집계하였으므로, 직접 비교 시 유의가 필요함

3) 평생교육 참여율

평생교육 참여율은 '19년 65~79세 고령층은 32.5%로 전년('18년)보다 0.2%p 감소하였다. 고령층의 유형별 평생교육 참여 현황을 보면, 형식교육 참여 비중은 0.1%로 전년과 같은 수준이고, 비형식교육 참여 비중은 32.4%로 전년보다 0.2%p 감소하였다. 직업과 관련된 목적의 비형식 교육을 받은 고령층 인원은 4.9%로 전년대비 0.6%p 감소하였다.

〈표 9-6〉 평생교육 참여율 (단위: %)

	전체				65~79세			
	참여율[2]	형식교육[3]	비형식 교육[4]	직업관련 목적[5]	참여율[2]	형식교육[3]	비형식 교육[4]	직업관련 목적[5]
2017	34.4	1.9	33.4	14.1	26.9	0.2	26.9	3.0
2018	41.2	2.3	40.4	18.8	32.7	0.1	32.6	5.5
2019	**41.7**	**1.5**	**40.9**	**18.7**	**32.5**	**0.1**	**32.4**	**4.9**

자료: 한국교육개발원, 「평생학습개인실태조사」

주: 1) 지난 1년간, 25~79세 한국 성인 중 형식교육 또는 비형식교육에 참여한 한국 성인의 비중
2) 형식교육과 비형식교육 동시 학습 인원 포함
3) 초, 중, 고등학교나 대학과 같이 정규교육과정을 통해 공식적으로 졸업장이나 학위를 취득할 수 있는 교육
4) 학교 교육 밖에서 이루어지는 모든 구조화된 학습활동
5) '취업, 이직, 창업에 도움', '일하는 데 필요한 기능 습득', '성과급 · 연봉 등 소득 증대', '고용안정' 등 직업과 관련된 목적을 가진 비형식교육 참여자에 대한 현황임

4. 사회참여의 형태 및 시민활동

노인의 사회참여 형태 및 시민활동은 구체적인 활동으로 구분하면 다음과 같이 크게 네 가지로 나눌 수 있다.

1) 여가활동

여가는 시간적, 활동적, 의식적 여가 개념의 상위 개념이다. 구체적으로 여가는 '생리적 필수 시간과 노동 시간을 제외한 여가 시간에 본인이 자유롭게 선택한 어떤 활동에서 기쁨, 만족감, 나아가서 자아실현을 하는 것'이라고 정의 내릴 수 있다.

노인의 여가활동은 삶의 만족도 및 삶의 질과 직결되는 중요한 영역이다. 노인의 여가는 일상생활 안에서의 활동이라고 할 수 있다. 따라서 노인의 여가를 어떻게 보내느냐는 매우 중요하다.

여가의 결과는 신체적 측면, 인지적 능력의 발달, 정서적 측면, 사회적 측면, 삶의 질에 대한 만족 등 다양한 측면에서 여가의 기능과 결과에 대한 예측이라 할 수 있다.

(1) 여가의 만족도

만족은 기본적으로 보상의 문제로서 개인이 어떠한 활동을 행함으로써 얻게 된다는 것이다(Homans, 1961). 실제로 사람들은 활동의 보상에 만족할 때 그 활동이 만족스럽다고 말한다. 이를 여가행위에 적용시키면 참가자가 만족스러운 즐거움, 성취, 건강증진과 같은 보상을 얻거나 이끌어 내었을 때 그 여가활동이 만족스럽다고 생각한다는 의미로 볼 수 있다(Ragheb, 1980).

(2) 여가활동 내용

우리나라는 시·군·구별로 지역 실정에 따라 최소 1개 이상의 노인복지관을 설치·운영하여 지역사회 노인들의 여가 복지증진을 추진하게 규정되어 있는데, 노인복지관은 여가, 건강, 일자리, 자원봉사, 사회참여 등 노인들의 다양한 복지욕구에 따른 서비스를 체계적이고 복합적으로 제공하여 지역사회 노인복지 증진에 기여하도록 하고 있다(김성철 외, 2021).

(3) 여가활동의 특징

노인의 여가는 재생산 수단 혹은 심신의 피로 회복 등을 목적으로 하는 청년층의 여가와는 근본적으로 다르며 삶의 의미와 보람에 중점을 둔 활동에 의미를 둔다.

① 신체적 건강의 증진과 자기 유용감 확대
② 사회적 관계 증진을 통한 삶에 대한 가치 및 만족감 향상
③ 자율적인 생활에 대한 기술과 기능의 증진
④ 즐거운 여가활동을 통한 삶의 질 향상

2) 자원봉사활동

노인의 경륜을 사회에 재투자할 수 있도록 노인자원봉사를 활성화하여 노인의 적극적 사회참여 및 노인의 인적자원 활용 극대화를 추진하기 위하여 실시하는 사업이다.

(1) 법적 근거

① 「노인복지법」 제23조(노인사회참여 지원)
② 「노인복지법」 제24조(지역봉사지도원 위촉 및 업무)

(2) 기본방향

① 지식과 재능을 이용한 전문성·나눔 문화 확산
② 지역사회에서 노인의 주도적인 자원봉사 분위기 조성
(경로당 및 노인복지관 중심으로 구성된 노인자원봉사클럽(봉사단) 활동 지원)

③ 차별화된 노인자원봉사활동 영역 마련

(노인공익활동, 재능나눔과 중복되지 않은 방향으로 자원봉사활동 실시

(3) **사업내용**

사 업	사업 내용
1. 노인자원봉사활동 지원체계구축	• 노인자원봉사 지원 네트워크 구축 - 위탁기관 및 각 수행기관 간 협의체 구축 - 노인자원봉사 클럽 및 회원관리시스템 운영 • 노인자원봉사 활성화 연구사업(보고서 발간)
2. 노인자원봉사단(클럽) 사업수행 그룹의 역량강화	• 노인자원봉사 교육 - 클럽코치 양성 및 보수교육 - 클럽(봉사단)지원그룹 교육 • 노인자원봉사센터 · 지역센터 실무자 교육
3. 노인자원봉사단(클럽) 지원	• 노인자원봉사봉사단(클럽) 조직 및 운영지원 - 노인자원봉사봉사단(클럽) 프로그램, 운영매뉴얼 지원 - 노인자원봉사자 교육 지원 - 노인자원봉사활동 인증 및 보험가입 • 사업수행체계 점검 평가 - 중간점검 및 최종점검 • 노인자원봉사 홍보 - 봉사단(클럽) 홍보물 제작 · 배포 - 온라인 노인자원봉사지원센터 운영 • 노인자원봉사단(클럽) 성과 대회

3) 유형별 사업내용

(1) **공익활동**

노인이 자기만족과 성취감 향상 및 지역사회 공익증진을 위해 참여하는 봉사활동이다.

① 사업대상은 만 65세 이상 기초연금 수급자이다. 지역상생활동(시범사업)에 한해 만 60세 이상 사업특성 적합자가 참여 가능하다.

② 추진방식은 지자체 경상보조/보건복지부→시 · 도→시 · 군 · 구→수행기관 순

으로 이루어진다. 보건복지부(한국노인인력개발원)가 사업 총괄 및 지원하며 노인복지관, 시니어클럽 등에서 실시된다.

③ 사업내용은 노노케어, 취약계층지원, 공공시설봉사, 경류 전수활동, 지역상생활동(시범사업) 등으로 이루어진다.

(2) 재능나눔 활동

재능을 보유한 노인이 자기만족과 성취감 향상, 지역사회 공익증진을 위해 자발적으로 참여하는 봉사 성격의 활동이다.

① 사업대상은 만 60세 이상 노인을 대상으로 한다.

② 추진방식 민간 경상보조/보건복지부→위탁기관 매년 공모로 선정하며, 보건복지부(한국노인인력개발원)가 사업 총괄 및 지원한다. '20년 기준 (재)노인지원재단, (사)한국노인종합복지관 협회 등에서 실시한다.

③ 사업내용은 노인 안전예방, 상담안내, 학습지도, 문화예술, 기타 활동 등으로 이루어진다.

(3) 사회서비스형

노인의 경력과 활동영역을 활용하여 사회적 도움이 필요한 영역(지역사회 돌봄, 안전 관련 등)에 서비스를 제공하는 일자리 사업이다.

① 사업대상은 만 65세 이상 노인(일부 유형만 60세 이상 참여 가능)으로 한다.

② 추진방식 민간 경상보조/보건복지부→시・도→시・군・구→수행기관 순으로 이루어진다. 보건복지부(한국노인인력개발원)가 사업 총괄 및 지원하며 노인복지관, 시니어클럽 등에서 실시하고 있다.

③ 사업내용은 가정 및 세대 간 서비스, 취약계층 전문서비스, 공공전문서비스, 기타 활동으로 이루어진다.

(4) 시장형 사업단

노인에게 적합한 업종 중 소규모 매장 및 전문 직종 사업단 등을 공동으로 운영하여 일자리를 창출하는 사업이다.

① 사업대상은 만 60세 이상 사업특성에 적합자이다.

② 추진방식 민간 경상보조/보건복지부→시 · 도→시 · 군 · 구→수행기관 순으로 이루어진다. 보건복지부(한국노인인력개발원)가 사업 총괄 및 지원하며, 노인복지관, 시니어클럽 등에서 실시하고 있다.

③ 사업내용은 식품제조 및 판매, 공산품제작 및 판매, 매장 운영, 지역영농, 운송, 기타 활동으로 이루어진다.

(5) 취업알선형

수요처의 요구에 의해서 일정 교육을 수료하거나 관련된 업무능력이 있는 자를 해당 수요처로 연계하여 근무기간에 대한 일정 임금을 지급받을 수 있는 일자리 사업이다.

① 사업대상은 만 60세 이상이다.

② 추진방식 지자체 경상보조/ 보건복지부→시 · 도→시 · 군 · 구→수행기관(매년 공모로 선정) 순으로 이루어진다. 보건복지부(한국노인인력개발원)가 사업 총괄 및 지원하며 노인복지관, 시니어클럽 등에서 실시되고 있다.

③ 지원내용은 수행기관에 사업비 지원(참여자 인건비 지원 없음)한다.

(6) 시니어 인턴십

만 60세 이상의 고용촉진을 위해 기업에 인건비를 계속 지원하여 고용을 유도하는 사업이다.

① 사업대상으로는 참여 기업은 4대 보험 가입 사업장 중 근로자 보호규정을 준수

하는 기업 및 비영리민간단체 등이 참여한다. 참여자는 만 60세 이상으로 개발원 및 수행기관에서 진행하는 교육을 이수한 자로 한다. 신청제외는 중앙정부 및 지방자치단체 재정지원일자리사업 등에 참여 중인 자 등이다.

② 추진방식은 민간 경상보조/보건복지부→한국노인인력개발 →기업 등 순으로 이루어진다. 보건복지부(한국노인인력개발원)가 사업 총괄 및 지원한다.

③ 사업내용은 일반형, 일반형 확장(장기취업 유지형), 체험형, 세대통합형 등으로 이루어진다.

(7) 고령자 친화사업

고령자가 경쟁력을 가질 수 있는 적합한 직종에서 다수의 고령자를 고용하여 운영할 기업을 지원하는 사업이다.

① 사업대상으로 참여 기업은 다수의 고령자를 고용하고 있고, 추가 고용계획이 있는 기업 또는 다수의 노인을 고용할 기업을 신규로 설립할 기업 및 단체 등이다. 참여자는 만 60세 이상 노인 중 사업특성 적합자로 한다.

② 추진방식은 민간 경상보조/보건복지부→한국노인인력개발 →기업 등으로 이루어진다. 보건복지부(한국노인인력개발원)가 사업을 총괄 및 지원하며 사업내용으로 참여기업은 인건비를 지원하고 수행기관은 사업비를 지원(만 60세 이상 노인)한다.

③ 보건복지부(한국노인인력개발원)가 사업을 총괄 및 지원하고, 지원내용은 개소당 1~3억 원 지원한다.

Senior Social Welfare | part

03

노인복지실천 및 개입방법

Senior Social Welfare | chapter 10

노인복지실천

노인에게는 건강이 제일 중요하고 경제력도 중요하다고 하지만 노인들을 돕기 위한 사회복지 실천은 매우 중요하다 하겠다.

건강하고 활동적인 노후생활을 영위하고 있는 노인을 대상으로 하여 이들의 문제점들을 해결하고 사전예방하기 위해서는 조기 진단과 적절한 치료를 제공하고 문제상황에 대처하는 능력을 길러야 한다.

고령사회에서 노인문제가 상대적 박탈감, 소외, 역할 상실 등으로 자살, 우울증 등 노인들이 직면한 문제를 예방하고 해결하여 노인들의 삶을 질을 향상시키는 방법을 찾을 수 있도록 도와주어야 한다. 그 실천과정과 실천개입 방법을 적용하는 능력을 기르는 데 의의가 있다고 하겠다.

이 장에서는 노인복지실천의 이해, 노인복지실천의 모델, 노인복지실천 개입방법에 대해 살펴보고자 한다.

제1절 노인복지실천의 이해

1. 노인복지실천의 개념

사회복지란 개인, 가족, 집단 또는 지역사회의 사회적 기능을 향상 또는 회복시키고 인간에 대한 삶에 적절한 사회적 조건을 창출하고자 하는 제반 서비스 활동이다. 이러한 사회복지의 목적을 달성하기 위하여 인간의 변화를 추구하는 직접적 실천 또는 미시적 접근방법과 환경의 변화를 추구하는 간접적 실천 또는 거시적 접근방법을 활용하여 왔다. 그 과정에서 등장한 것이 사회복지실천이다.

사회복지실천이란 사회복지 대상자들에게 필요한 서비스를 전달함으로써 그들이 지닌 문제를 해결하고 욕구를 충족시켜 주려는 전문적 기술적 개입방법이다. 그들이 지닌 제반 문제의 해결을 위해 최상의 서비스를 받도록 개인, 가족, 집단 또는 지역사회에게 상담, 정신심리적 치료, 사회적 서비스와 위생서비스를 향상시키는 데 도움을 주는 일, 관련 입법과정에 참여하는 일에 개입하는 활동과정이다.

노인복지실천이란 노인을 대상으로 건강하며 활동적인 노후 생활을 영유하도록 이들의 문제를 사전에 예방하는 데 목적을 두며, 문제의 징후가 보이기 시작하는 초기에 더 이상 문제가 심화되는 것을 막기 위하여 조기진단과 진정한 서비스와 자료를 제공함으로써 그들의 삶의 질을 향상시키는 실천 활동이다.

2. 노인복지실천의 목적

노인복지실천은 노인을 대상으로 하는 사회복지 실천이다. 따라서 노인복지실천은 개인, 집단, 조직 및 지역사회수준에서 원조와 서비스를 제공하여 노인의 사회적 기능을 향상시키려는 통합적인 노인복지 접근방법이라고 정의할 수 있다. 이러한 노인복지실천은 노인과 그들을 둘러싼 환경, 특히 가족을 주된 대상으로 하며, 노인이 환경과의 상호작용 과정에서 갖게 되는 요구나 문제를 예방, 경감, 해결하여 노인의 사회적 기능을 향상시키는 것을 목적으로 한다.

노인복지실천의 세부적인 목표는, 첫째, 노인의 문제해결능력, 대처능력 및 발달상의 능력 향상, 둘째, 자원, 서비스 및 기회를 제공하는 체계와 노인의 연결, 셋째, 자원과 서비스를 제공해 주는 체계의 효과적이고 인간적인 작동, 넷째, 사회정책의 개발과 증진, 다섯째, 위험에 처한 집단의 역량 강화를 통한 사회경제적 정의의 증진, 여섯째, 전문적 지식과 기술의 개발과 검증이라고 할 수 있다.

노인복지실천은 위와 같은 목적과 목표를 추구하는 과정에서 예방, 치료, 회복, 개선적 기능을 수행한다. 첫째, 예방은 문제가 발생하여 그 문제를 해결하기 이전에 노인의 사회적 기능을 향상시켜 줌으로써 문제로 인해 나타나는 사회적 부담을 줄여 주는 것을 의미한다.

즉, 노인복지 실천은 노인의 건강과 복지 증진을 위하여 현재의 신체·심리·사회적 기능상태를 유지하고 발달과업을 성공적으로 수행하며, 환경의 요구에 대처할 수 있는 능력을 강화하고, 필요한 자원을 제공하거나 연결하여 사전에 문제를 예방하는 기능을 수행한다. 둘째, 치료적 기능은 노인이 현재 겪고 있는 문제나 장애를 해결 또는 개선하는 것이며, 셋째, 회복은 신체 및 정신적 문제나 장애로 약화된 기능을 되찾을 수 있도록 원조하는 것을 목적으로 한다.

이러한 노인복지실천의 목적과 기능을 성취하기 위하여 사회복지사는 노인과 가족을 대상으로 하여 상담, 교육, 지역사회자원의 연결, 취업알선, 여가활동 지원, 신체적 서비스, 일상생활 지원서비스, 방문서비스와 방문간호서비스 등의 다양한 업무를 수행한다(현외성 외, 2000). 그리고 노인복지실천에서 사회복지사는 노인과 노인 가족을 대상으로 그들이 직면한 사회적 문제를 해결 또는 극소화하고, 사회적 기능을 정상화시키는 전문적 원조활동과정에서 개별 노인의 특성에 맞는 다양한 역할을 수행하게 된다.

3. 구성체계

1) 가치체계

노인복지실천은 노인이 충족하지 못한 욕구에 관심을 기울이는 것에서부터 시작하여 노인이 처한 상황에 대한 사정과 개입계획을 수립하고, 이를 바탕으로 서비스나 원조를 제공하는 일련의 과정으로 구성된다. 이 때 노인의 욕구에 대한 관심은 노인복지실천의 가치체계(feeling or value)이고, 노인의 상황에 대한 사정과 개입계획은 지식체계(thinking or knowledge)이며, 서비스나 원조는 기술체계(acting or skills)라 할 수 있다. 따라서 효과적인 노인복지실천을 위해서 사회복지사는 독자적인 지식체계를 구축함과 함께 실제 사회복지실천현장에 적용할 수 있는 기술체계, 그리고 이러한 지식과 기술의 활용을 안내(guide)하는 가치체계를 갖추어야 한다(Johnson & Yanca, 2001). 노인복지실천의 구성체계는 다음 [그림 10-1]과 같다.

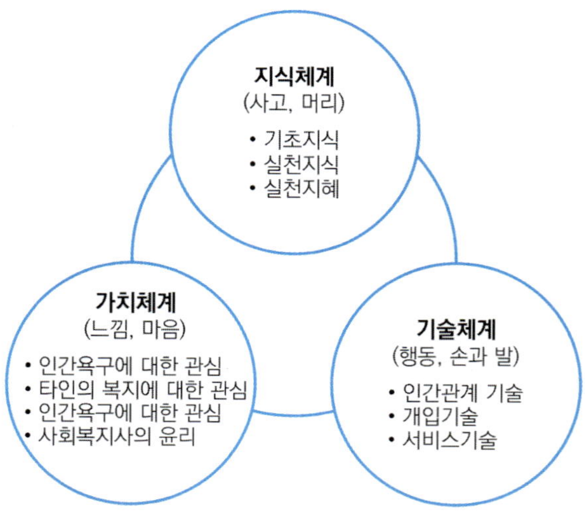

[그림 10-1] 노인복지실천의 구성체계

인간과 사회 환경이 지속적으로 변화하면서 노인복지실천의 지식체계의 범위도 넓어지고 있다. 즉, 노인복지실천의 발달 초기단계에서는 의·식·주와 같은 기본적 욕구에 국한되어 있던 노인의 욕구가 최근에는 불평등, 인권, 정의, 분배, 정보 등으로 확대되고 있으며, 정보지식 사회로의 변화과정에서 사회 환경 또한 끊임없이 변화하고 있다. 따라서 노인복지실천에서는 심리학, 사회학, 경제학, 정치학, 문화인류학, 법학, 역사학, 의학, 공학 등과 같은 다른 과학의 지식을 종합적으로 활용할 수밖에 없는 상황에 처하게 된다. 이와 같이 노인복지실천의 다학문적 속성은 고유한 지식체계가 없다는 비판으로 연결되면서 노인복지실천의 정체성을 혼란스럽게 만들고 있다.

2) 지식체계

리치몬드(Richmond, 1917)가 「사회진단(Social Diagnosis)」를 발간하면서 사회복지의 과학화와 전문화가 시작된 이래 가능의 모델, 과제중심모델, 생태학적 모델 등 개인, 집단, 가족 등의 인간의 변화에 중점을 둔 미시적 개입에 필요한 지식체계와, 사회변동과 사회개혁에 중점을 둔 거시적 개입에 필요한 지식체계가 개발됨으로써 학문적 정체성과 독자성이 강화되었다. 따라서 노인복지실천은 노인복지실천현장과 사회의 요구에 직면하면서 미시적 접근인 임상과 거시적 접근정책이라고 하는 두 가지 지식체계를 아우르는 독자적 지식체계를 구축하게 된 것이다.

우리나라는 서구적 사회복지 지식체계의 무비판적 수용으로 토착적 이론의 부재, 짧은 사회복지학의 역사, 국가주도의 획일적인 복지제도의 변화, 사회복지와 관련된 개념 및 용어의 혼란 등 사회복지학의 지식체계에 많은 문제를 안고 있다(김일융 외, 2003). 이러한 문제의 극복과 동시에 우리나라 고유의 노인복지실천의 지식체계가 학문적으로 정립되기 위해서는 많은 기간에 걸쳐 노인복지학을 전공하는 사람들은 지식체계를 갖추기 위해, 첫째, 노인과 사회, 그리고 양자 간의 상호작용을 이해하는 데 필요한 기초지식(foundation knowledge), 둘째, 개인, 가족, 집단 그리고 지역사회를 원조하고 변화시키는 데 필요한 실천지식(practice knowledge), 셋째, 현장경험을 토대로

하여 체득한 실천지혜(practice wisdom)라는 3가지 지식체계를 갖추어야 할 것이다.

3) 기술체계

효과적인 노인복지실천을 위해서는 전문적 기술체계를 갖추어야 한다. 과학적 사회복지학이 발달하기 전에는 구빈사업, 자선사업 등의 비전문적 원조행위가 지배적이었다. 개별사회사업, 집단사회사업, 지역사회조직, 사회복지정책, 사회복지프로그램, 사회복지자원관리 등 미시적 개입과 거시적 개입활동에 필요한 전문적 기술이 개발되면서 노인복지실천에서도 노인을 원조하고 사회를 변화시킬 수 있는 전문적인 기술체계를 발전시키게 되었다. 그러나 앞으로도 사회복지실천현장에서 활용하는 원조기술과 대학교육을 통해 학습한 원조기술 간의 괴리가 아직 해결되어야 할 부분으로 남아 있지만 지속적으로 개선될 것으로 기대된다. 따라서 사회복지학을 전공하는 사람들은, 첫째, 노인복지실천의 기반을 이루는 인간관계, 즉 촉진적 원조관계를 형성할 수 있는 기술, 둘째, 노인과 사회를 변화시킬 수 있는 개입기술, 셋째, 실질적인 원조행위에 수반되는 서비스 기술을 갖추기 위한 노력을 해야 한다.

노인복지실천이 나름대로의 지식체계를 갖추었다고 하더라도 사람과 그 사람들 사이의 관계로 형성된 사회를 돕고 변화시키기 위해서 가치체계에 기반을 두지 않는다면 아무런 의미를 지니지 못하게 된다. 즉, 노인복지실천은 사람과 세상에 대한 합리적 가치체계에 기반을 두지 않는다면 인간서비스 학문으로서의 가치를 상실하게 된다. 사회복지학의 가치체계를 흔히들 '사람사랑', '세상사랑'이라고 표현하는데, 이러한 인간과 사회에 대한 애정을 안내할 수 있도록 각 국가에서는 '사회복지사윤리강령'을 제정하여 시행하고 있다. 노인복지학을 전공하였거나 연구하고 전공하려는 사람들은 의학을 전공하는 사람들이 히포크라테스 선서를 믿고 따르는 것처럼, 여행을 할 때 여행 가이드의 지도를 받고 따르는 것처럼 '사회복지사윤리강령'을 노인복지실천의 지식체계와 기술체계를 안내하는 모토로 삼아야 할 것이다.

4. 실천방법론

실천방법론은 노인을 대상으로 한 사회복지실천방법을 의미하는 것으로 노인복지실천은 노인과 가족이 직면하고 있는 사회생활의 문제를 해결하거나 극소화시키는 데 목적이 있다. 이러한 목적을 달성하기 위해서는 일반적인 특성을 먼저 이해하고 이러한 특성을 전제로 하여 노인복지실천 방법을 연구해야 한다. 노인복지전문가는 노인 자신과 노인을 둘러싸고 있는 환경, 지역사회 내의 활용 가능한 자원을 파악하고 연결하는 전문가(Specialist)가 되어야 한다. 노인복지전문가가 실천방법을 실행하는 주요 업무는 다음과 같다. 첫째, 노인개별 상담, 가족상담, 노인 전화상담 서비스, 둘째, 노인교육, 셋째, 지역사회자원의 연결의 결연사업, 넷째, 노인 취업 알선, 다섯째, 노인 가정방문, 말벗, 가정간호, 여섯째, 노인의 일상생활지원(Activities Daily of Living) 및 재활훈련동작, 일곱째, 노인의 여가활동(취미활동, 레크리에이션, 건강체조, 작업치료, 정서적 방법 등) 관리 · 조정, 여덟째, 노인의 전문적 케어(care) 등이다. 이것을 그림으로 표시하면 [그림 10-2] 노인복지실천 방법의 맥락과 같다.

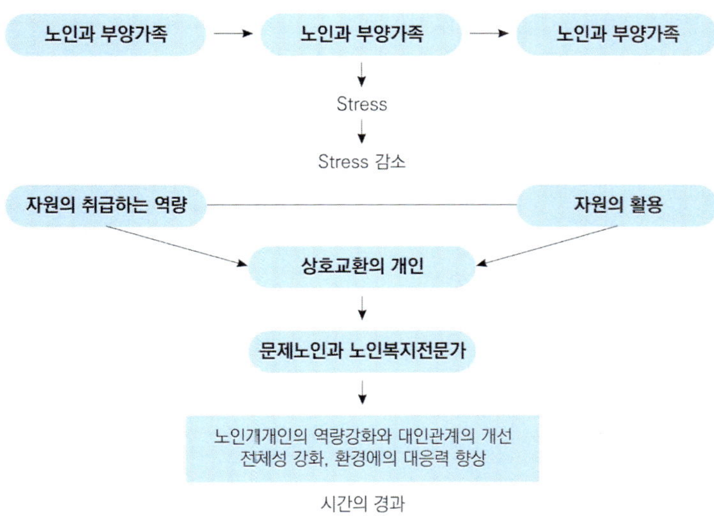

[그림 10-2] 노인복지실천 방법의 맥락

출처: 권중돈(2004: 444).

제2절 노인복지실천의 모델

1. 위기개입 모델(Crisis Intervention Model)

1) 개념

퍼이어(Puryear)는 '위기개입이란 위기에 처한 사람을 도우는 하나의 접근법'이라 정의하였고, 김기태는 '위기개입이란 위기로 인한 불균형 상태를 회복하기 위하여 일정한 원조 수단을 개인·가족 및 집단 그리고 지역사회 등에 적용하는 과정'이라 정의하였다.

따라서 사회복지실천방법으로서 위기개입이란 위기에 처한 사람에게 각종 원조 수단을 동원하여 지원하는 기술과정이라 하겠다. 배우자나 친구, 가족의 죽음으로 인한 주변의 슬픔과 어두운 분위기, 건강악화, 경제적 빈곤, 자녀의 실직, 부부이혼에 따른 손자·손자의 양육 등은 노인과 노인 가족에게 흔히 있는 위기상황이다. 이러한 위기에 대처하지 않으면 더 큰 문제가 야기될 수 있으므로 노인복지실천방법에 있어서 위기개입 모델은 중요한 방법의 하나이다.

2) 목적

딕슨(Dixon)은 위기치료의 목적을 개인의 위기해결, 위험지각의 변화 그리고 사회적 기능을 위기 이전의 수준으로 회복시키는 것이라고 했다. 이와 같이 위기에 있는 노인을 회복시키기 위한 사회복지실천방법을 노인복지실천방법에 적용하여 위기의 노인을 위기 이전의 상태로 회복시키고, 노인의 사회적 기능을 향상 유지시키는 데 목적이 있다.

3) 과정

위기에서 처한 사람에게 각종 원조수단을 동원하여 지원하는 사회복지실천의 접근

방법으로 사회복지사는 노인의 위기상황을 위기에 처한 사람이 누구인지, 어떤 상황인지를 먼저 파악하여 클라이언트의 상태를 정확히 이해하고 상황을 효과적으로 돕는 기술적 원조과정의 역할을 한다.

고렌(Gloan)은 위기개입의 단계를 다음의 세 가지로 제시하였다.

(1) 계약설정 단계

위기 상황의 노인을 접촉하여 위기 상태가 아직도 실존하고 있는지 사라졌는지, 그리고 현재 상태가 어떠한지를 정확히 파악하여 사회복지사와 클라이언트가 실행할 계약을 설정한다.

(2) 계약이행 단계

현재 상황에서 문제해결을 위하여 구체적으로 계획된 과업을 파악하고 이행하며, 과거의 부적절했던 원조과정을 경험하고 비교 검토하여 새로운 과정의 대처유형을 습득한다.

(3) 평가 종결 단계

문제해결을 위한 지금까지의 개입과정을 자세히 검토하고 종결과업을 수행하며 새로운 대처유형에 대한 평가와 2차, 3차 발생할 문제해결에 대한 계획을 준비한다.

2. 체계이론 모델(System Theory Model)

1) 개념

사회체계 이론에 기초를 제공하는 베르탈란피(Bertallanffy, 1968)는 체계를 구성하는 요소들의 특성과 이들 간에 상호작용의 속성을 이해하기 위하여 체계이론을 개발하였다. 체계이론의 원칙은 매우 복잡한 체계의 관계속성이나 체계내부에서 이루어지고 있는 상호작용의 특성을 파악하기 위하여 개발된 것이다.

사회적인 현상 간에 상호관련성에 초점을 두는 체계이론은 사회복지실천의 초점을 변화시켰다. 이는 인간과 상호작용하는 체계의 다면성에 강조를 둔 현대적 사회복지 실천모델이론이다.

체계란 부분과 부분 또는 부분과 전체와의 관계 속에서 파악되는 실체로서 서로 연관된 것끼리 각각 기능을 하면서 서로 상호 협조적으로 작용하는 것이다.

모든 사회조직을 체계로 묘사하는 것은 사회적 행동, 사건 및 진행과정이 개별적으로 완전히 이해될 수 없으며 서로 연관되어져야 비로소 완전히 이해될 수 있다는 것이다. 즉, 모든 구성요소가 하위체계로서 서로 연관되어 각각의 체계는 전체 환경 내에서 발생하는 다른 체계들과 서로 상호 연관되어 있다. 노인문제를 노인 자신의 문제로만 해결하려 하면 사회 환경적인 체계의 문제가 해결되지 않는 한 어려움이 있게 된다.

2) 목적

체계이론은 문제를 갖고 있는 노인의 환경 그 자체를 변화시킴으로써 직면하고 있는 문제를 해결하고 사회 환경에 대처하는 능력을 배양하는 데 목적이 있다. 체계이론은 사회적 기능을 위기 이전의 수준으로 회복시키는 것이다. 이와 같이 위기에 있는 노인을 회복시키기 위해 체계이론을 노인복지실천방법에 적용하면 위기의 노인을 위기 이전의 상태로 회복시키고, 노인의 사회적 기능을 향상 유지시킬 수 있다.

노인이 직면하고 있는 경제적 문제가 노인 자신의 나태함과 병리로 인해서가 아니고 사회체계상의 문제라고 보고 체계, 즉 사회 환경을 변화시켜 문제해결을 해야 한다. 목적달성을 위해 사회복지사가 담당해야 하는 주요 기능을 핀커스와 미나한(Pincus & Minahan, 1994)은 7가지로 구분하였다.

(1) 사람들의 문제해결과 처리능력을 향상시키고 더욱 효과적으로 이용할 수 있도록 돕는다.

(2) 사람들과 자원체계들 사이에 최초의 연결을 수립한다.

(3) 사람들과 사회자원체계들 사이의 상호작용을 촉진시키며 새로운 관계를 수정하고 수립한다.

(4) 자원체계 내에서 사람들 사이의 상호작용을 촉진시키며 관계를 수정하고 수립한다.

(5) 사회정책의 개발과 수정에 기여한다.

(6) 물질적인 자원을 분배한다.

(7) 사회통제의 매개인 역할을 수행한다.

3) 과정

과정의 이해를 돕기 위해 먼저 체계를 구분해 보면 핀커스와 미나한(1994)은 비공식적 자원체계와 공식적 자원체계로 구분하였다. 첫째, 비공식적 자원체계는 가족, 친척, 친구, 이웃 등이고, 둘째, 공식적 자원체계는 지역사회의 학교, 자선단체, 동사무소, 병원, 경찰서, 사회복지관 등이다.

이와 같이 노인에게 일차적인 원조체계 단위는 가족이며 가족이 그 기능을 수행하지 못할 때 비공식적·공식적 자원체계가 대신 가족기능을 수행해야 한다. 노인과 손자 및 친구와의 교류가 노인의 삶의 만족도에 반응을 보이는 중요한 요소라고 한다. 앞의 학자들이 주장하는 것에서 보여 주듯이 노인에게 가족과 친구체계는 매우 중요하다.

페인(Payne, 1944)의 체계이론의 4단계 과정은 다음과 같다.

(1) 문제제기 단계

노인문제에 대해 노인과 관련되어 있는 주변 여러 사람들로부터 상황을 파악한다.

(2) 사정단계

노인문제와 관련된 사회체계 및 체계들의 경계선을 확인하여 문제가 확인된 후 가능한 개입 목표를 세우고, 수행 가능한 전략을 수립한다.

(3) 개입계획 단계

확인된 체계의 범위 내에서 가능한 개입 목표들을 만든다. 목표달성을 효과적으로 진행하려면 단기, 장기로 구분한다.

(4) 평가 단계

목표에 달성되면 가능성을 탐색하고 평가한다. 평가는 종결과 연결하여 우발적 상황까지 포함한다.

3. 과업중심모델(Task-Centered Model)

1) 개념

과업중심모델은 개인 및 가족이 일상생활 중에서 경험하는 문제들을 해결할 수 있도록 돕기 위해 계획된 사회사업 실천모델의 한 형태이다.

장인협은 '개인 및 가족이 일상생활 중에서 경험하는 문제들을 해결할 수 있도록 돕기 위해 계획된 사회사업 실천모델의 한 형태이다'라고 정의하고, 도엘(Doel)은 '클라이언트를 도울 수 있도록 조직된 구조 틀로서 협력(Partnership)과 권한부여(empowerment)의 실천모델 형태이다'라고 정의하고 있다. 여기서 협력이란 클라이언트가 가지고 있는 문제를 사회복지사가 일방적으로 혼자서 해결하기 어렵기 때문에 클라이언트와 사회복지사가 함께 노력해야 한다는 의미이고, 권한부여란 클라이언트가 사회복지사에게 도움을 받지만 서비스 결정이나 목표달성은 클라이언트 자신이 스스로 결정해야 한다는 의미이다. 특히 어르신들은 사회적 통념위치를 고려해 노인 스스로 서비스 결정이나 목표달성 권한을 부여하면 노인들의 자존심을 높일 수 있어 효과적이고 노인과 사회복지사는 상호협력적인 동반자 관계를 이룬다는 것이다.

2) 목적

문제에 어떻게 대처하는가 하는 것으로, 클라이언트를 도울 수 있도록 조직된 구조틀에서 경제적으로나 시간적으로 여유가 없는 문제 노인에게 단기형태 혹은 시간제한적 형태의 서비스 제공이 목적이다. 단기 형태라고 해서, 사회복지실천방법이 장기적으로만 치료가 최선이 아니므로 특정 심리적・사회적 문제를 가진 노인이나 가족을 도우려고 계획된 단기적인 원조과정을 목적으로 한다.

3) 과정

사회복지사는 어떤 문제를 가지고 있는 노인이 그 문제를 해결하기 위하여 적절한 실천방법을 선택하고 그것을 클라이언트 스스로 실행할 수 있도록 과제실행을 돕는 과정이다. 이러한 과제중심모델에서 개인・가족의 문제에서 환경까지 폭넓은 영역을 다룬다. 예를 들면, 대인관계의 갈등, 조직체와의 문제, 사회적 불만, 사회변천에 따르는 문제, 정서적 불안, 자원의 부족 등 대상범위가 포괄적이고 넓다.

도엘은 과업중심모델의 과정을 다음의 다섯 단계로 나누었다.

(1) 준비단계(Preparation)

클라이언트에게 권한을 위임하는 단계로서 과업을 위임받은 클라이언트는 과업에 대한 목적을 이해하게 된다.

(2) 탐색단계

탐색단계에서는 무엇이 잘못되었나에 초점을 두고 클라이언트나 클라이언트 생활에 관련된 부가적인 문제들이 어떤 것인지를 아는 것이 중요하다.

(3) 실행단계

실행단계에서는 우선적으로 선택된 문제와 관련하여 사회복지사와 클라이언트가 무엇을 원하는가를 살펴보며 한 목표를 달성하고 보다 큰 목표를 실행할 수 있도록 도와주어야 한다.

(4) 과업에 대한 재조사 단계

과업에 대한 재조사 단계는 사회복지사와 클라이언트가 합의된 목표달성을 위해 세부적인 목표를 다시 설정하고 수행하기 위해 먼저 행해진 과업에 대해 반성 내지는 재조사를 하여 다음 단계의 과업에 대비하는 단계이다.

(5) 종료단계

클라이언트가 초기단계에서부터 계약한 목표달성까지의 계약기간에 관한 것이다. 여기서 종결은 목표가 달성되었을 때이기도 하고 사회복지사나 클라이언트의 소진(burn-out)으로 일어날 수 있고, 기관의 지원한계에 도달했을 때 이루어질 수 있다. 종결했다고 해서 끝나는 것이 아니고 지금까지의 과업중심 실천과정을 클라이언트와 함께 검토 평가하여 클라이언트가 독립적으로 사용할 수 있도록 서로 토의하고 도와준다.

4. 생활모델(Life Model)

1) 개념

이 모델은 인간이 살아가면서 생활상 직면하게 되는 크고 작은 스트레스, 일상생활 사건의 문제에 초점을 두고 이를 해결하기 위한 개별사회복지의 주요 접근방법이다. 생태학적 관점은 인간의 욕구와 문제들이 환경적 요소들과 끊임없이 상호교류하면서 발생한다고 보는 견해다.

생활모델에서는 클라이언트가 생활의 변천, 환경의 압박, 대인관계의 3가지 생활환경 과정에서 끊임없이 크고 작은 스트레스를 받게 되며, 이러한 일상생활 사건의 문제에 초점을 두고 이를 해결하기 위해 접근하는 실천모델이다.

2) 목적

생활모델은 인간과 그들의 사회적·물리적 환경 간의 상호작용하는 생태학적 관점을 강조하여 클라이언트가 이들 생활환경에 적응하는 과정을 돕는 것에 목적을 두고 있다. 따라서 노인복지실천모델에선 문제를 가진 노인의 사회적응능력을 강화하고 그들 둘러싼 환경을 동시에 개선시키고자 하는 데 그 목적이 있다.

예를 들어, 노인이 오랫동안 거주지에서 입소시설로 입소하여 지내다가 거주지를 옮긴 경우 새로운 환경에 잘 적응하도록 적응능력을 강화시키고 새로운 환경이 노인이 생활하는 데 불편함이 없도록 개선하는 등 양자의 상호관계를 중시한다.

3) 과정

저메인과 저메인(Germain & Germain)의 생활모델은 다음의 세 단계로 나누어 설명할 수 있다.

(1) 초기단계

클라이언트와 만나기 전에 클라이언트의 객관적 현실에 이용 가능한 자원을 파악하고 편안한 분위기를 조성하여 클라이언트의 상담의뢰를 수용할 준비를 한다. 문제를 가진 노인에게 기관에서 제공할 수 있는 서비스와 기능을 명확히 제시하며, 시설사용요령을 자세히 알려 주며, 흥미와 관심을 보여 노인이 희망을 갖고 생활할 수 있도록 해 준다.

(2) 진행단계

환경의 문제, 변화된 생활, 대인관계 등과 연관된 대처과업에 대하여 활동을 진행시킨다. 시설에 입소한 노인의 적응문제에 대처할 수 있도록 기관의 자원과 주변자원을 동원하고 활용하는 대처과업을 준비하고 이를 활용한다.

(3) 종결단계

사회복지사는 서비스 종결의 마무리를 한다. 원조관계의 종결은 클라이언트와 사회복지사 모두 어려운 일이므로 종결 후 예상되는 상실감 불안 등을 예측하여, 문제가 다시 생겼을 경우 언제든지 도움을 요청할 수 있도록 요청하는 방법과 요령을 알려 줌으로써 마음을 편하게 해 준다.

제3절 노인복지실천 개입방법

노인에게 있어서 노인상담은 심리학, 가족학, 사회복지학, 정치학, 경제학 등 다양한 학문분야에서 사용하는 전문적인 임상적 개입방법이다. 그중에서도 사회복지학의 지식과 기술, 가치를 기반으로 하여 이루어지는 노인복지실천에서 노인상담은 매우 중요한 위치를 차지하고 있다. 노인복지실천에서 노인상담은 노인이 직면한 심리사회적 문제를 직접 해결하는 치료적 기능뿐만 아니라 노인문제해결을 위한 다른 서비스나 원조의 매개체로서의 기능도 지니고 있다(McDonald &Haney, 1988).

노인상담이란 노인의 '자아실현'을 지향하는 추가적인 활동으로서 노인의 주체성을 존중하여 '자립 조장'을 위한 전문적인 원조활동을 총칭한 개념으로 정의할 수 있다. 사회복지사의 노인상담이란 노화과정에서 발생되는 다양한 문제에 적절히 대처할 수 있도록 제공하는 전문적 원조 서비스이다. 이러한 전문적 원조 서비스는 노인이 자신의 주변 생활환경에 적응할 수 있도록 원조하여 노인의 삶의 질을 향상시키는 것을 목표로 한다.

1. 노인상담의 필요성과 현상

1) 노인상담의 필요성

나이가 들어 노년기에 이르게 되면 신체, 심리, 사회적 노화로 인하여 혼자서 일상생활능력이 감퇴되고, 주변 가족 및 사회적 관계망의 정서적 유대감이 약화되며, 자립적으로 활동이 어려워 고독감과 소외감을 느껴 외롭고 서러워진다. 따라서 노화과정에서 나타나는 역기능적인 영향을 최소화하고, 심리·사회적 욕구충족과 제반문제를 해결하고 일상생활에 적응하려 노력해야 하므로 노년기의 삶의 질을 향상시키기 위한 노인상담은 꼭 필요하다. 특히 노인상담은 소외된 노인과 숨겨진 노인의 문제들을 해결할 수 있도록 지원하고, 노후생활에 필요한 정보와 지식을 제공해 주는 것은 물론 그들의 가족들에게도 필요한 정보와 지원체계를 제공해 줌으로 가족에서도 그 필요성은 더욱 높다고 하겠다.

물론 대다수의 노인이 노화과정에 적절히 대처해 가고 있으나 여전히 많은 노인들은 자신들의 기능적 측면에서 한 개 혹은 그 이상의 중요한 영역에서 원조를 필요로 한다. 그러므로 노인상담은 어떤 전문적 활동에서 절대적인 영역이 아니다. 노인상담을 제공하는 전문가집단은 노인들에게 의료 및 신체적 보호를 제공하는 의사와 간호사뿐만 아니라 심리적 지지와 안전한 환경을 제공하는 사회복지사 등 노인을 대상으로 하는 전문가들을 포함할 수 있다. 행동수정과 인지치료를 사용하는 심리학자들은 노인들의 행동양식을 변화시키고, 자신감을 얻게 하여 자신의 문제해결 능력을 향상시킬 수 있도록 원조한다. 또한 시설 등에서 이루어지는 집단사회사업은 사회적 및 인지적 기능을 향상시키기 위한 것이다. 가족치료 및 결혼생활상담은 가족문제나 결혼생활의 갈등을 해결하는 데 있어서 원조를 제공하는 것이다.

이렇게 노인상담이 필요함에도 실제 노인과 그 부양가족에 대한 임상적 개입은 노인복지정책이 지니고 있는 것보다 더 많은 한계를 가지고 있다. 실제현장에서는 상담이나 심리치료를 포함한 임상분야에서 아동, 청년, 성인과 그 가족이 경험하는 문제에 대한 개입이 주류를 이루고 있어 상대적으로 노인과 그 가족을 위한 상담과 임상적 개입은 거의 이루어지지 않고 있는 실정이다.

2) 노인상담의 현상

노인복지현장에서 노인상담이 활성화되지 못하고 있는 이유는 문화적 특성, 노인이 지니고 있는 특성, 그리고 노인상담체계의 미흡 등 때문이다. 설령 노인과 그 가족을 위한 상담을 실시한다고 할지라도 다른 서비스를 제공하기 위한 접수면접(intake) 또는 기본적인 사정에 그치는 경우가 많으며, 노인상담을 통해 다루는 주된 문제는 또한 취업, 복지시설 정보, 건강, 고부간의 갈등 등에 국한되어 있는 실정이다(한국노인의 전화, 1997; 서병진, 2003).

이와 같은 노인상담체계의 현상은 다음과 같다.

첫째, 체통을 중시하고 가족주의 의식이 강한 우리 문화에서는 노인이 문제에 직면했을 때 외부의 도움을 요청하기보다는 오히려 감추려 하고 설령 받는다 해도 자녀들에게 해가 될 수 있지나 않을까 하는 노파심에서 스스로 기피하는 경향이 있다.

둘째, 노인은 상담에 대한 정보가 제한되어 있어 노화로 인하여 상담기관에 대한 접근성이 낮아 전문상담을 받을 수 있는 기회를 갖기 어렵다.

셋째, 노년기에 다양한 심리사회적 문제를 경험할지라도 '늙으면 다 그렇다' 또는 '죽을 병도 아닌데, 뒤늦게 뭘...'과 같은 방식으로 문제를 인식함으로써 상담의 필요성 자체를 느끼지 못하는 경우도 있다.

넷째, 노인상담에 필요한 이론과 기법의 개발이 부족하고 노인이 이용할 수 있는 상담소가 매우 제한되어 있어 노인상담의 활성화를 제한하는 요인이 되고 있다.

다섯째, 노인상담전문가가 필요한데도 민간 자격증은 있으나 국가 자격증이 없는 실정이다. 체계적이지 못하고 발전적이지 못하여 앞으로도 진전이 보이지 않아 노인상담의 개발이 더욱더 묘연하기까지 한다.

2. 노인상담의 개념과 특성

1) 노인상담의 개념

(1) 노인상담의 의미

상담은 국어대사전에 '말로 상의함. 인생을 상의함.'이라고 설명하고 또한 내담자란 '와서 이야기함. 와서 말함.'이라고 설명한다.

상담이란 용어는 현재 가장 많이 사용되고 있는 용어이지만 다양한 의미로 사용되고 있기 때문에 한마디로 정의하기가 어렵다

학자들의 정의를 인용하여 보면 다음과 같다.

먼저 벅스와 스테플러(Burks & Steffler, 1979)는 상담은 훈련된 상담자와 내담자 사이의 전문적인 관계형성이라고 할 수 있다고 하였다. 두 사람의 관계는 두 사람 이상이 포함될 때도 있지만 언제나 일대일의 대면관계이다. 상담은 내담자에게 그들의 삶의 터전에 대한 견해를 이해하고 분명하게 하도록 도우며, 의미 있고 신중한 선택을 통하여 그리고 정서적 또는 상호 관련된 성질의 문제해결을 통하여 자기 결정의 목표에 도달할 수 있는 것을 학습하도록 꾸며진 것이라고 정의하고 있다.

상담은 도움을 필요로 하는 사람과 도움을 줄 수 있는 사람 사이의 개별적인 관계를 통하여 새로운 학습이 이루어지는 과정이라고 정의하고 있다. 이장호(2005)는 상담은 도움을 필요로 하는 사람이 전문적 훈련을 받은 사람과의 대면관계에서 생활과제의 해결과 사고 행동 및 감정 측면의 인간적 성장을 위해 노력하는 학습과정이라고 정의하고 있다.

결론적으로 학자들의 정의를 종합하면 먼저 상담이란 도움을 주는 과정과 대면관계라는 점이다. 상담이 이루어지는 기본적인 요소 중의 하나는 '얼굴을 맞대고'라는 내담자와 상담자의 대면관계이다. 즉, 상담이란 도움을 필요로 하는 사람을 다른 사람이 도와주는 상호작용의 인간관계이며, 성장과 발달이란 결과를 가져오고 무엇인가 배우도록 하는 인간관계라고 볼 수 있다. 그러나 이 관계는 일상적인 인간관계와

는 질적으로 다른 전문적인 관계이다.

(2) 노인상담의 정의

노인상담이란 '도움을 필요로 하는 노인이 상담자와 전문직 원조관계를 형성하여 은퇴문제, 개인 및 가족문제, 경제 및 건강상의 문제를 해결하고 감정, 사고, 행동 측면의 성장을 도모하여 성공적인 노후생활을 영위하기 위하여 노력하는 과정'이라고 할 수 있다(김태현, 2000).

노인상담은 노인복지 과제의 한 측면이다. 즉, 은퇴로 인한 역할상실이나 재취업 등의 외부적, 환경적 상황과 노인의 정서적 불안정, 소외, 죽음 등의 내적 심리상태에서 오는 불안과 긴장을 완화시키기 위해 제공되는 지적 · 정서적인 도움을 뜻한다.

따라서 노인상담이란, '도움을 필요로 하는 노인이 전문적 훈련을 받은 상담원과의 관계에서 은퇴 문제, 개인적 · 가족적 · 경제적 및 신체적 문제를 해결하고 감정 · 사고 · 행동 측면의 인간적 성장을 가져옴으로써 성공적인 노후생활을 보낼 수 있도록 노력하는 과정'을 의미한다. 노인상담에서, 상담원은 상담을 통하여 노인 내담자로 하여금 그의 자아 개념을 위협하는 경험들을 불안이나 두려움 없이 자신의 것으로 받아들인 다음 통합할 수 있도록 도와야 한다.

2) 노인상담의 특성

(1) 노인상담의 특성

노인상담의 특성을 노인의 정의에서 찾아보면 다음과 같다.

① 도움을 필요로 하는 노인과 노인문제를 경험하고 있는 가족이나 가족원이 주요 대상이 된다.

② 전문적인 교육과 훈련을 받은 전문가가 주체가 된다.

③ 노인 자신과 가족의 제반 문제를 해결하고 이들의 심리사회적 기능을 증진하려는 궁극적 목적을 위해서 필요하다.

④ 전문적인 원조관계하에 이루어지는 일련의 구체적이고 실제적인 서비스의 과정이다.

(2) 노인상담의 차이점

벌링게임(Burlingame, 1995)은 노인상담과 일반상담의 차이점을 다음과 같이 구분하였다.

① 문제해결이나 치료보다는 노인의 삶에 대한 지지를 더욱 강조한다.
② 상담과정에서 이루어진 성과를 실제 생활에 적용하는 것을 더욱 중시한다.
③ 노인의 체면을 손상시키지 않기 위해 방어기제와 전이를 비교적 관대하게 다룬다.
④ 노인이 사망하거나 살던 집을 떠나 요양원과 같은 시설로 들어가면서 상담 관계가 비계획적으로 종결되는 경우가 많다.

3. 노인상담의 유형과 상담과정

1) 노인상담의 유형

상담 유형에는 내담자와 직접 대면하여 상담하는 직접 면담상담과 대면 없이 전화 매개체를 통하여 상담하는 전화 상담이 있으며, 내담자의 수와 집단의 성격에 따라서 개인상담, 가족상담, 집단상담이 있다.

(1) 개인상담

개인상담은 문제의 원인을 개인의 정신 내적 과정에서 찾아야 하며, 상담자는 프로이트(Freud)의 정신분석적 접근이나 로저스(Rogers)의 인본주의, 반두라(Bandura)의 행동수정 및 피아제(Piaget)의 인지적 접근에 의해서 내담자의 문제를 분석해야 한다. 그러나 개인상담이 집단상담과 서로 정반대되는 것은 아니며, 개인상담도 가족상담이나 집단상담과 마찬가지로 효과적인 상담을 위해서 상담자는 문제해결을 위한 촉진적 역할을 다해야 한다. 때때로 내담자에 따라서는 집단상담보다는 개인상담이 더 잘 적용되는 경우가 있다.

예를 들면, 내담자가 매우 복잡한 위기적인 문제를 가졌거나, 전반적으로 대인관계의 '실패자'일 때에는 오히려 개인상담을 하는 것이 바람직하다.

(2) 가족상담

가족상담은 가족 내에서 의사소통의 문제를 겪고 있는 노인을 위해 이용할 수 있는 상담으로 각 가족 구성원에게 감정을 표현하고 기회를 제공함으로서 그 대안을 찾게 하고, 다른 가족 구성원에 대한 민감성을 증진시킨다. 또한 가족상담은 개인보다는 가족을 한 체계로 다루는 것이므로 그 체계의 구성원은 서로 연관되어 있고 상호작용을 한다.

가족상담은 가족원 모두 또는 가족원 중의 일부가 참여하여 상담이 진행될 수 있는데, 어느 쪽이든 상담자는 가족원 간의 상호작용을 중시하여야 한다. 상담자는 상담에 참여한 가족원의 행동, 말소리, 자세, 표정 등 모든 동작에 중요한 관심을 가져야 하며, 참여한 가족원 모두가 그 문제에 대한 생각이나 느낌을 같은 방향으로 이야기하도록 조정해야 한다.

가족상담은 모든 가족원이 다른 가족원과 상호작용을 하면서 영향을 주고받는다는 사실을 인식하게 함으로써 가족원들이 함께 문제를 해결하려는 노력에 도움을 줄 수 있다. 가족상담에서 상담자는 참여한 가족이 많을 때 모든 가족원에게 충분한 관심을 가지기가 힘들 수 있는데, 이 경우에는 두 사람 이상이 함께 진행하는 공동상담을 시도해 보는 것이 효과적일 수 있다.

(3) 집단상담

집단상담은 지역사회 및 노인시설 등에서 주로 사용되는 것으로 노인들의 의존 욕구를 장점으로 이용하는 것이다. 이 상담은 어떤 문제를 토의하는 집단, 집단구성원들 사이의 말이나 상호작용을 자극하는 집단, 자신의 자립성이나 긍정적인 감정을 증진시킬 수 있도록 준비된 집단 등 그 유형이 다양하다.

또 집단은 각 대상자의 능력에 맞추어 현실적인 목표를 가지게 함으로써 그 결과, 집단의 결합력이 형성되도록 한다. 이 상담에 의해 노인의 증상이 좋아지는 것은, 주로 집단 지도자가 노인에게 주의를 기울인 효과와 관계가 있다.

그러나 집단상담은 긍정적인 결과와 함께 부정적인 결과도 발생할 수 있는데, 즉 내담자가 자신을 평가 절하할 수 있고, 시설 수용으로 외부와 격리됨으로써 외로움이나 자기 파괴성이 증가할 수도 있다.

집단상담은 노인을 현실 세계나 다른 사람들과 계속 접촉하게 하기 위하여, 신체적・정신적 문제로 인하여 사회에서 이탈된 노인을 재결합시키기 위하여, 개인의 성장과 강화를 위하여, 새로운 학습과 생존을 위하여, 질의 향상을 위하여 흔히 사용하는 기법이다.

(4) 전화상담

전화상담은 전화매체를 활용하여 신속하고도 신뢰에 찬 관계를 통해 인간의 위기에 개입하는 상담의 한 형태이다. 즉, 전화는 공간적으로 떨어진 사람과의 물리적인 거리를 단숨에 연결시켜 주는 기능을 갖고 있어서 도움을 청하는 내담자가 번거롭게 상담자를 찾아가야 하거나, 상담수속절차를 기다려야 하는 복잡함이 없이 즉시 도움을 청하고 도움을 받을 수 있다. 또한 자신의 신분을 노출하지 않고 도움을 청할 수 있는 익명성으로 인하여 신뢰성을 구축할 수 있다. 또한 전화상담은 모든 상담의 선택권이 내담자에게 있다. 즉, 내담자는 전화상담의 지속여부에 대한 통제권을 갖게 됨으로써 면접상담이나 집단상담 시 겪어야 하는 체면과 인습에서 벗어나 자유롭게 자신을 나타낼 수 있게 해 준다.

이러한 전화상담의 편리성과 유용성은 노인상담에도 적절하다. 거동이 불편하거나, 상담수속절차상의 복잡함을 두려워하고 또 기관이나 상담자를 대면하는 것이 심리적으로 부담을 주는 정도가 큰 노인들의 경우, 전화상담은 매우 유용하고 적절한 상담방법이 된다.

노인전화상담소는 노인과 노인을 모시고 사는 부양자녀세대나 그 밖에 노인과 관련 있는 일에 종사하는 사람 등 누구든지 노인과 관련된 문제를 의뢰하고 상담할 수 있는 곳이라 할 수 있다. 노인전화상담소 현황은 다음 〈표 10-1〉과 같다.

〈표 10-1〉 노인전화상담소 현황

상담전화 명칭	전화 번호	서비스 내용
은빛 전화	02)577- 6388	노인 취업정보, 직장알선
노인치매 가족전화	02)396-9007	치매부양가족에게 치료의 요령과 부양에 따른 고통을 나눔
한국 노인의 전화	02)365-2277	노인생활의 제반문제에 대한 상담과 교육
임종의 전화	02)716-1662	임종이나 장례 때 지켜야 할 사항을 상담
노인의 전화	02)365-2272~5	노인의 복지증진을 위한 유용한 정보제공, 복지기관시설과 연결시킴
사랑의 전화	02)715-8600	사회문제의 예방 및 치료
여성의 전화	02)263-6464~5	여성의 권익보호, 복지증진, 가정, 직장, 사회에서 남녀평등 실현, 정치·경제 사회·문화 등 모든 영역에서 여성이 주체적 참여
생명의 전화	02)916-9194~5	전화상담, 가족치료, 노인의 사회교육, 고독한 노인전화 서비스, 친구 만들어 주기
장애인 부름의 전화	02)701-7411	중증재가장애인(전신마비, 하반신마비, 맹인), 거동 불편한 노인에게 무보수로 봉사자를 파견하여 일상생활을 도와준다.

2) 상담과정

상담과정은 원조관계의 확립, 클라이언트 문제의 탐구, 문제의 사정, 목표설정, 개입, 종결 등으로 분류할 수 있다.

(1) 원조관계의 확립단계(접수 및 관계형성)

노인들은 도움을 받아들이는 데 대한 갈등을 가지고 있다. 그들은 상담을 그들 자신이 약하다는 하나의 표시로 보는 경향이 있다. 이러한 지각은 그들이 필요한 도움을 받는 데 방해가 된다. 노인들의 저항에 대하여 민감한 상담자는 클라이언트와 가까운 원조관계를 이끌어 낼 수 있다. 코리(Corey, 1977)는 효과적인 상담을 위하여 다음 사항이 고려되어야 한다고 하였다.

① 노인에 대한 진정한 존경
② 노인과의 긍정적인 경험
③ 노인을 케어하기 위한 깊은 사려
④ 노인으로부터 배우려는 욕구와 능력
⑤ 노화의 생물학적 측면을 이해하려는 것
⑥ 노인의 심리적 욕구에 대한 지식
⑦ 노후생활은 도전할 수 있는 것이라는 확신
⑧ 노인의 부담과 불안에 대한 민감성
⑨ 노화의 신화에 대하여 도전하는 능력
⑩ 결국 자기 자신도 맞이하게 되는 늙음에 대하여 건전한 태도를 가지는 것

(2) 문제의 탐구단계(자료수집 및 사정)

상담자와 클라이언트 간의 긍정적인 관계를 확립하는 것은 문제의 탐구에 도움을 준다. 어떤 노인들은 자신이 직면하고 있는 문제 이상으로 문제를 잘 나타내기도 한다. 또 다른 노인들은 자신들의 문제를 정확하게 서술하는 데 어려움을 가지고 있다. 상담에서 이 단계에서는 여유롭게, 너무 형식에 얽매이지 않고 그 상황에 대하여 말할 수 있도록 상당한 인내가 요구된다.

이 단계에서는 다음과 같은 질문에 유의해야 한다.

① 클라이언트는 문제를 어떻게 지각하는가? 일반적인 관심의 영역은 무엇인가? 건강인가? 재정인가? 중요한 타자의 상실인가? 정상적으로 기능을 할 수 없는 것에 대한 것인가?
② 클라이언트는 문제의 기원을 어떻게 설명하는가? 문제가 오래 지속되어 온 것인가? 근래에 발생한 것인가? 또 구체적인 사건과 관련되어 있는가?

③ 이 문제는 과거에 직면했던 문제인가? 클라이언트는 그 문제에 어떻게 대처했었는가?

④ 클라이언트는 그 문제를 어떻게 해결할 생각인가? 클라이언트는 현재 상황에 대하여 비관적인가? 긍정적인가?

⑤ 클라이언트는 상담을 받는 것이 현재 문제를 해결하는 데 유용할 것이라고 기대하는가? 클라이언트는 조언을 받기를 기대하는가? 구체적인 서비스를 받기 원하는가? 건강보호를 받기 원하는가? 재정적인 원조를 받기 원하는가?

⑥ 클라이언트는 변화를 원하는가? 클라이언트의 장래의 목표는 무엇인가? 이들 목표들이 달성될 것 같은가?

⑦ 클라이언트는 정서적 상태에 대한 어떤 문제를 나타내는가? 즉, 신경성 긴장, 신경성 위장장애를 나타내는가? 항상 근심하고 있는가? 자살 생각을 하고 있는가? 과도하게 약물과 알코올을 사용하는가?

(3) 목표설정 단계

목표설정을 잘하는 것은 성공적인 결과를 위하여 필수적인 활동이다. 목표설정에는 클라이언트와 상담자 간의 협동이 요구된다. 그러므로 목표는 클라이언트가 이해할 수 있는 용어로 서술된다. 목표가 명료화된 후에 클라이언트는 그 목표가 클라이언트의 문제와 관련성이 없거나 적은 것으로 지각하기 때문에 그 목표 가운데 하나 혹은 그 이상을 수정하거나 거절하기를 바랄 수도 있다. 일단 클라이언트가 목표를 수용하게 되면 중요성의 서열에 따라 우선순위가 이루어질 수 있다.

상담자와 클라이언트가 협력하여 목표를 설정함에 있어 목표들은 단기 목표일 수도 있고 장기적 목표일 수도 있다. 대개의 경우 노인 상담자는 상담에 앞서 사정을 행하였을 것이다. 이 경우 상담의 목표는 사정결과 내려진 진단에 기반한 것으로(예를 들면, 우울로부터의 탈피), 그것이 단기적인가, 장기적인가는 클라이언트의 상태가 얼마나 심각한가, 그리고 그 목표가 얼마나 달성 가능한 것인가에 달려 있다.

① 장기목표

노인상담의 장기목표는 단기목표보다 포괄적이고 시간상 더욱 긴 기간을 요하는 목표이다. 장기목표는 단기목표를 통해 궁극적으로 이루어져야 할 이상적인 상태라고 볼 수 있다. 이러한 면에서 장기곡표는 단기목표보다 추상적이고 광범위하며 복잡하다. 장기목표의 설정에서는 클라이언트의 목표와 상담자의 목표가 합의를 이루어야 하지만, 노인 클라이언트의 보호자나 가족이 생각하는 목표, 혹은 그 사회가 노인에게 기대하는 목표 등도 함께 고려하여야 한다.

노인상담에 있어서의 장기목표는 클라이언트나 상담자 개인의 신념이나 가치보다는 노인에 대한 일반적 지식과 경험에 근거하여야 한다. 이에 따라 노인상담에서 중요하게 추구해야 할 일반적인 장기목표로는 자존감 형성, 독립심과 통제감 유지, 주변사람들과 바람직한 관계 유지, 노년기 상실에 대처하고 적응하기, 다양한 지원체계를 확보하고 이용하기 등을 들 수 있다.

② 단기목표

월터와 펠러(Walter & Peller, 1992)는 목표를 설정함에 있어 우선적인 표현을 사용할 것과 클라이언트가 무엇을 하고자 하며 무엇을 생각하는지를 존중할 것을 제안했다. 긍정적인 표현을 통해 클라이언트가 바람직한 상태(목표의 성취)에 대한 이미지를 가질 수 있게 된다는 것이다. 목표를 부정적으로 묘사하면(예를 들어, ~을 하지 않기) 문제의 해결책보다는 문제 그 자체에 초점을 맞추기 쉽기 때문이다. 그리고 클라이언트의 희망을 존중하면(예를 들어, '그렇다면 무엇을 하고 싶습니까?'라고 물을 수 있다.) 상담자가 제시한 목표를 달성하는 것보다 목표 달성을 보다 용이하게 할 수 있는 장점이 있다.

단기목표는 클라이언트가 이해하고 동의할 수 있어야 한다. 상담자의 가치관은 클라이언트에게 부과하는 것이 아니라 그들이 원하는 것을 그들이 이해할 수 있는 방식으로 목표를 설정해야 한다. 이렇게 하기 위해서는 먼저 클라이언트의 문제를 클라이언트 자신만의 고유한 방식으로 기술해 보도록 하는 것이 좋다. 클라이언트 자신의 방식으로 기술한 문제에 기반하여 목표를 설정한다면, 이에 대한 클라이언트의 이해도는 높아질 것이며, 동의를 구하기가 더욱 용이해질 것이다.

(4) 개입단계

노인과의 상담에서 상담자는 가능케 하는 사람, 교사, 중재자 그리고 중개자와 같은 몇 가지의 역할을 담당하게 된다. 이들 각각의 역할은 문제에 대처하도록 돕는 데 중요한 부분을 차지한다.

① 가능케 하는 자

가능케 하는 자로서 상담자는 바람직한 변화를 성취하기 위하여 그들 자신 내에 대처강점을 발견하도록 클라이언트를 돕는 노력을 한다. 클라이언트가 문제를 해결하고 위기에 대처하는 데 정신적·정서적 능력에 자신감이 결여되고 자긍심이 낮을 때 자원과 심리적 지원을 제공하므로 상담자는 가능케 하는 자로서 활동한다.

② 교사

가르치는 역할은 상담의 모든 모델에서 기본적인 것이다. 노인과 상담하는 과정에서 그들은 합리적이고 정숙한 방법으로 문제 상황에 접근하는 방법을 배운다. 그들은 또한 불안을 조절하는 방법을 배우고 그들의 우울의 근원을 이해한다. 교사의 역할은 노인에게 더욱 적절하다. 왜냐하면 그들은 어느 정도의 개인적인 부적절성이나 일탈행동에 대하여 치료가 필요하다고 느끼지 못할 수 있기 때문이다. 오히려 그들은 그들 자신의 학생으로서 지각하고 특별한 전문성을 가진 자로 상담을 바라보며 그들이 상담자로부터 배울 수 있다고 생각하며 또한 의사결정에 필요한 정보를 제공받을 수 있다고 본다.

③ 중재자

어떤 노인들은 그들의 성인자녀들과의 관계에서 어려움을 경험하고 있으며 혹은 그들의 삶에서 중요한 역할을 하는 다른 사람과의 관계에서 어려움을 경험하고 있다. 가족 구성원 간의 불화는 노인 클라이언트에게 상처를 주는 것이 될 수도 있다. 이러한 경우는 상담자는 갈등이 해결될 수 있는 공통점을 발견하도록 클라이언트를 돕는다. 설득과 화해를 통하여 상담자는 성공적인 결과를 가져오고 장기적이고 미미한 갈등을 피하도록 하기 위하여 양쪽의 공통된 관심사를 파악하도록 돕는다.

④ 중개자

많은 노인들은 여러 개의 원조기관의 서비스가 요구되는 복합 문제에 직면할 수 있다. 중개자로서의 상담자의 일차적인 역할은 그들에게 이익이 될 수 있는 서비스를 존속시키도록 사람들에게 조언을 하며 복잡한 사항을 협상하도록 돕는다. 상담자는 용이한 서비스에 대한 지식을 가지고 있어야 하며, 노인 클라이언트의 특별한 욕구를 해결하도록 조화를 시키는 지식이 필요하다. 중개자로서 서비스를 제공하기 위해서는 지역사회기관에서 이루어지고 있는 일에 대한 지식을 가지고 있어야 하며, 중개자의 역할을 함으로써 클라이언트를 효과적으로 도울 수 있어야 한다.

이들 가운데 어떤 역할이든 노인을 상담함에 있어 성공적인 결과를 이룩하는 데 유용할 수 있으며 이 역할들은 서로 중복해서 사용될 수 있다.

(5) 평가 및 종결

① 평가

클라이언트와 상담자는 원조과정의 효과성의 평가에 대해 계속적으로 관여해야 한다. 평가를 하는 것은 개인적 기능과 생활상황을 개선하기 위하여 노력한 경험에 대한 환류를 클라이언트가 상담자에게 주는 것으로 상호 의무를 갖고 검토한다고 볼 수 있다. 이 상호 평가과정은 상담과정이 특정 목표를 달성하는 데 적절했는지에 대해 클라이언트에게 자신의 관점을 표현할 기회를 준다. 상담자와 클라이언트 양자는 평가를 하기 위하여 목표에 대한 분명한 이해와 동의가 있어야 한다. 클라이언트는 또한(만약 원조과정이 어떤 특정 목표를 달성하거나 하지 못한다면 결정할) 개입계획과 절차의 구체적인 본질에 대한 분명한 이해를 할 필요가 있다.

② 종결

상담을 종결해야 할 것인가 하지 말아야 할 것인가를 결정하는 기준은 다양하다. 어쨌든 대부분의 상담자는 비계획적인 종결은 바람직하지 않으며 클라이언트와 상담자 간의 상호 동의에 기초하여 종결이 이루어져야 한다는 데는 동의한다.

만약 어려움이 발생하면 상담자는 종결에 대한 불안 그리고 중요한 원조의 근원이었던 상담자의 상실에 대한 불안을 처리하도록 클라이언트를 돕는 것이 중요하다. 상담에는 많은 클라이언트가 경험하는 의존의 문제가 있다. 상담자는 고립되고 무시되는(관심 영역에서 멀어져 있는) 노인들에게는 조언과 애정의 중요한 근원이 될 수 있다. 그렇지만 상담자는 이용 가능한 다른 자원을 알려 주어야 하고 클라이언트는 상담자와 계속 관계를 할 수 있다는 확신을 가져야 한다. 만약 클라이언트가 실제로 다른 문제로 도움이 필요하다면 그들은 부가적인 도움을 위하여 돌아올 수 있다.

3) 노인상담에서의 기록과 평가

(1) 기록이 가지는 의미

상담자는 상담의 과정이 끝난 후 상담 내용을 평가하고 기록・정리해야 한다. 이를 통해 상담자는 내담자를 보다 잘 이해할 수 있고 문제해결을 위한 적절한 방안을 모색할 수 있다.

상담과정에서의 상담원은 인내심을 가지고 긍정적인 태도로 노인을 수용해야 하지만 기록・정리 과정에서는 노인의 상태를 객관적으로 바라보며, 전문가적 시각으로 해결책을 제시해야 한다.

기록은 상담활동과 노인복지시설의 운영 및 관리를 하는 데 중요한 자료로써 노인복지시설 종사자는 행정적·사무적인 업무로 제반 사실들을 기록하고, 관련 자료를 정리 및 보관해야 한다.

기록을 할 때는 가급적 간결하고 직접적이며 구체적으로 표현하여야 하며, 문장의 서술 역시 쉽고 간결하며 명확해야 한다. 정확한 기록은 정확한 관찰과 면접에 의해서 이루어지므로, 주의 깊게 관찰하는 습관을 길러야 하며, 명확하고 간결한 기록을 하기 위해서는 분석적인 태도를 가져야 한다.

(2) 기록지 기입방법

기록지를 기입하는 방법은 본인 기입법, 대화식 기입법으로 나눌 수 있다.

① 본인 기입법은 준비된 기록지의 내용을 내담자가 스스로 작성하는 방법이다. 내담자는 스스로 자신의 상담 내용을 기록해 봄으로써 자신의 문제를 인식하고 적절한 해결책을 찾을 수 있을 것이다. 그러나, 건강 상태가 좋지 못하여 직접 상담 내용을 기입하는 것이 불편한 노인 내담자는 상담원과의 대화를 통하여 상담을 받을 수 있다. 상담자는 내담자와 상담을 시작할 때 준비된 기록지를 내담자에게 공손히 내어 주고 내담자가 충실하게 기록할 수 있도록 충분한 시간적 여유를 주어야 한다.

② 대화식 기입법은 상담원이 내담자와 상담을 하는 과정에서 이루어진 대화의 내용을 중심으로 기입하는 방법이다. 이 기법은 상담 치료를 하기 위한 목적으로 많이 사용되는데, 내담자가 상담과정에서 털어놓은 대화 내용을 기입해야 할 뿐만 아니라, 상담원은 내담자에게 의도적(치료적)인 목적을 지닌 대화를 함께 나눔으로써 내담자의 문제 해결을 유도할 수 있다.

내담자와 상담을 시작할 때는 내담자가 편안하게 상담할 수 있도록 천천히 부드러운 목소리로 기록지에 있는 질문 사항을 가지고 대화를 풀어 가야 한다.

③ 기록의 이용

기록 및 자료는 정리하여 보관하는 것만으로 그 역할이 국한되어 있는 것이 아니라, 적극적으로 이용되고 활용되어야 한다. 기록을 효율적으로 활용하기 위해서는 기록의 분류와 정리 · 보관에도 유의하여야 한다. 즉, 상담자가 정리한 기록지에는 상담노인의 개인적인 인적사항 및 상담 사항이 기재되어 있는데, 이러한 기재 사항들이 타인이나 시설 외부로 유출되지 않도록 철저한 비밀보장을 지켜야 한다.

정리된 기록을 통하여 노인복지시설 및 상담자는 서비스 대상 노인의 문제점과 욕구를 파악하여 적절한 대책을 세우고, 앞으로의 방향을 모색해야 할 뿐만 아니라, 대상자에 대한 자신의 관찰과 해결책의 제시를 판단, 분석함으로써 전문가로서 자신의 자질을 향상시킬 수 있다. 시설 종사자 및 상담자가 상담기록을 정리할 때에는 관찰, 판단, 목표설정, 상담실시, 결과점검의 5개 요소 측면에서 상담기록을 평가해야 한다.

Senior Social Welfare | chapter 11

노인사례관리

인구 고령화 속도가 세계 최고라는 놀라운 사실 앞에 노인들에 대한 사고 소식은 끊이지 않고 있으며, 늘어나는 노인들에 대한 준비부족을 탓하고만 있을 것이 아니라 지금이라도 고령사회를 대비하는 차원에서 노인복지정책을 세우고 그 제도하에서 시대에 알맞은 복지서비스 방법을 찾아야 할 것이다.

2000년대 초반부터 사례관리라는 사회복지서비스방법을 실제 민간과 공공영역에서 도입하여 사용하게 되면서 그 방법을 바로 노인복지서비스에도 적용하여야 한다는 데 뜻을 같이하고 있다.

특히 노인들은 스스로 자신에 필요한 자원을 찾고 서비스를 이용하는 데 한계가 있을 수밖에 없다. 따라서 노인의 욕구를 파악하고 그 문제를 해결하려는 노력은 노인의 삶의 질을 향상시키는 데 꼭 필요하다고 하겠다. 그 중심에 서 있는 실천방법의 하나로 사례관리가 중요하다.

2021년을 지나면서 '노인맞춤돌봄사업'으로 통합하려는 움직임은 참으로 다행이라는 생각을 하지 않을 수 없다. 물론 여기서 멈추라는 뜻이 아니라 더 새로운 방법을 찾으려는 노력은 계속 되어야 한다. 노인복지서비스 각종 사례들을 잘 습득하여 잘 적응하도록 하는 데 이 장을 활용하려고 한다.

이 장에서는 노인사례관리의 이해, 사례관리 주요모델과 개입기법, 재가 서비스에서 노인사례관리 기술을 살펴보도록 한다.

제1절 노인사례관리의 이해

1. 사례관리의 개념과 정의

사례관리는 현재 사회사업실천의 주류(mainstream)로서 전문적 실천분야에서 중요한 위치를 차지하고 있음에도 불구하고 케이스관리(case management), 보호조정(care coordination), 서비스조정(service coordination), 서비스관리(service management), 서비스 모니터링(service monitoring) 등의 다양한 명칭으로 언급되고 있어 정의가 명료하게 개념화되지 못하였다(장인협, 1995).

사례관리는 Care Management(영국식)라고 하고, Case Management(미국식)라고도 한다. 그 외에도 서비스관리, 보호관리, 사례조정 등 용어도 다양하다. 사례관리 연구자들의 사례관리 정의는 다음과 같다(권육상, 2002).

목슬레이(Moxley)는 '지정된 사람이 복합적인 욕구를 가진 사람들의 기능과 복리를 최대화시키기 위해 공식적 비공식적인 지지망과 활동들을 조직하고 조정하며 유지하는 것이다'라고 하였다.

허트만(Hutman)은 '노인을 대상으로 하는 사례관리는 지속적인 보호를 필요로 하는 노인에게 적절한 서비스를 주기 위한 집중적인 서비스이며, 각기 다른 제공자들에 의해 주어지던 서비스를 노인 개인을 위해 조정하는 것'이라 하였다.

베어트리스(Beatrice)는 '서비스들의 분열, 서비스 중복, 서비스갭, 목적과 상반되게 운영되는 프로그램, 서비스의 포괄적인 배치부족, 서비스접근을 조정함으로써 장기적인 보호를 필요로 하는 클라이언트의 복잡한 문제를 해결하는 과정이다.'라고 하였다. 즉, 장기보호서비스를 통합하여 개별화하는 과정, 클라이언트에게 지속적으로 적절한 서비스를 보충해 주는 것, 클라이언트의 복합적인 다양한 욕구를 만족시키도록 서비스를 제공하는 것이다.

존슨과 루빈(Johnson & Rubin, 1983)은 '사례관리 접근방법의 기본원리를 사례관리자가 클라이언트를 복잡한 서비스 전달체계와 연계시켜 적절한 서비스를 받을 수 있게 하는 책임을 지는 것'이라고 정의를 내리고 있다.

오코너(O'Connor, 1988)는 사례관리의 정의와 규정에 혼란을 해소하기 위한 일환으로 이전부터 구분되지 않고 사용되어 왔던 사례관리 실천(case management practice)과 사례관리 체계(case management system)를 명료하게 구분 지었다.

오코너는 사례관리의 정의를 클라이언트의 욕구에 맞는 서비스제공을 위하여 지역자원을 효과적으로 조직하고 조정하는 행정적·관리적 특성과 개별사회사업에서 진보된 실천방법으로 전문적 관계 속에서 지속적 보호와 상담 및 치료를 제공하는 직접적 개입의 특성을 지닌 것으로 보는 것을 바람직하다고 하였다. 로스만(Rothman, 1991)은 사례관리를 노인이나 아동, 장애자들을 포함한 다양한 클라이언트에게 효과적 서비스를 제공하려는 하나의 전략이며 방법이라고 정의하였다.

모어(Moore, 1992)는 사례관리를 가능케 하는(enabling) 차원과 촉진케 하는(facilitating) 차원으로 구성되어 있는 실천개념으로 정의하고 있다. 가능케 하는 역할이란 개인이나 일차적 집단(가족)이 독립적으로 기능할 수 있도록 그들의 잠재력을 최대화하는 것이며, 촉진케 하는 역할은 도움이 필요한 클라이언트와 사회적 제도, 조직, 기관들 사이를 교섭하고 연계를 제공하는 것이다.

이들의 사례관리 개념은 사회사업의 기본적 실천목표와 마찬가지로 클라이언트가 처해 있는 상황 속에서 클라이언트의 인간적 욕구를 충족하기 위해 클라이언트와 환경적 자원 간의 최적결합을 가져오는 것으로 정의 내리고 있다.

사례관리가 사회사업실천방법이라는 시각을 가지고 재가노인복지를 향상시킬 수 있는 사례관리개념을 제시하고자 한다. 사례관리는 "사례관리자와 노인클라이언트 간의 전문적 관계 속에서 만들어진 장기적 보호계획에 따라 노인클라이언트에게 개별화된 조언, 상담, 치료를 실행하고, 동시에 지역사회 기관 등의 공식적 체계망 및 가족과 친인척 등의 비공식적인 체계망을 개발하고 연계해서 필요한 서비스와 지지를 노인클라이언트에게 효과적이고 효율적으로 제공하려는 통합적 실천방법"이다.

보건복지부 「통합사례관리실천가이드」는 '장기적이고 복합적인 문제를 가진 대상을 사례관리자가 지속적인 책임을 지고 다양한 서비스를 제공, 연결 및 모니터링하는 활동'이라고 했고, '욕구조사와 체계적인 서비스 제공 계획을 바탕으로 지역사회의 공식적 및 비공식적 자원을 발굴·조정·연계하거나 직접 제공하는 이를 종합적으로 점검관리'하는 것이라 하였다.

노인사례관리는 '빈곤, 질병, 독거, 고독, 장애 등 주로 만성적이고 복합적인 욕구를 가진 노인에게 지역사회의 자원을 개발하고 연계하며 조정하여 노인에게 당면한 문제를 해결하고 욕구를 충족시키며, 사회적 기능을 향상시켜 노인의 삶의 질을 높이기 위한 체계적이고 전략적인 활동'이다.

2. 사례관리의 필요성

인구 고령화의 진행으로 장기적인 보호를 필요로 하는 노인이 증가하고 있다. 변화에 대처하기 위해서는 기존의 서비스를 보다 탄력적으로 운용할 필요가 있다. 노인들은 장기간 서비스를 받는 과정에서 신체적 조건에 변화가 오고, 경제적 여건이 달라지고, 노인 주 부양자가 바뀌거나, 부양능력이 약해지는 경우도 있고, 경우에 따라서는 부양자가 없어지는 경우도 생기며, 주거가 집에서 시설로 바뀌게 되는 경우도 생긴다. 이와 같은 변화에 효과적으로 대응하기 위해 기존에 제공하던 서비스에 보다 융통적·보완적 운용이 필요하게 된다. 사회복지사가 대상노인을 지속적으로 관리하면서 그들의 욕구와 상황 변화에 따라 대상노인과 그 가족에게 적절한 서비스를 제공해 주는 것을 사례관리라고 한다. 따라서 사회복지사가 지속적으로 대상자를 관리하면서 그들의 욕구나 상황변화에 따라 적절하게 서비스를 제공해 주어야 할 필요성이 있다.

사례관리서비스는 노인들의 서비스에의 접근성, 분열, 불필요한 시설입소, 그리고 과다한 장기보호비용 등의 문제에 대한 해결책이라고 여겨질 만큼 노인들에게는 절대적으로 필요한 서비스이다.

사례관리서비스는 정신보건 영역에서부터 먼저 시작되었는데 환자가 병원에서 퇴원한 후 지역사회에서 필요한 여러 가지 서비스를 조정 및 연계해 주면서 지속적으로 관리해 주는 연속 보호체계(Continuum of care)에서 시작되어, 그 후 사회적 서비스 등 여러 분야에 폭넓게 쓰이게 되었다.

사례관리의 필요성을 다음과 같이 구분하였다(김성철 외, 2021).

첫째, 노인인구의 증가와 가족의 부양기능 약화를 들 수 있다.

의료기술의 발달과 생활수준의 향상으로 평균 수명이 연장되어 은퇴 후 40년 이상의 노년기를 보내야 하는 노인인구는 급속도로 늘어나고 있다. 건강하면 좋으련만 노인이 되면 아프지 않은 곳이 없을 정도로 종합병동이 되어서 의료비 부담은 곧 노인의 빈곤을 가져올 수밖에 없으며, 생산력 인구가 증가되어야 하는데 결혼이 늦어지고 독신자들이 늘어나면서 출산율이 떨어져 가족에서 노인들을 부양한다는 것은 까마득한 옛날이야기가 되었다. 따라서 이를 수습하는 최선의 방법의 하나로 사례관리의 필요성이 증대되고 있다.

둘째, 노인복지 환경변화에 따른 서비스 접근성 강화를 들 수 있다.

노인들의 다양한 욕구를 해결하려다 보니 복잡화되어 있어 노인 스스로 찾아 해결하기란 쉽지가 않다. 따라서 노인들은 서비스에 대한 정보에 취약하다. 특히 IT 문명의 발달은 노인들을 거의 바보로 만들어 버린다. 따라서 노인들에게 접근하기 쉬운 방법들을 찾아야 하고 그중 하나가 사례관리 서비스방법을 통해 정보에 접근하는 필요한 조치라 할 수 있다.

셋째, 커뮤니티케어를 위한 보건·의료·주거·복지의 통합서비스를 들 수 있다.

다양한 욕구를 가진 클라이언트에게 다양한 전문분야의 서비스가 필요하지만 통합적으로 이루어지지 않고 있어 노인의 사회적 기능의 유지 및 강화가 필요하다. 노인이 독립적으로 누릴 수 있는 컨트롤 타워 역할을 할 정보 통합서비스가 필요하다.

넷째, 자기결정권 존중과 인권보호를 들 수 있다.

다양한 서비스를 희망하지만 정보가 부족하고 서비스 욕구를 해결할 수 있는 정보관리 시스템을 찾기가 쉽지 않아서 자립생활을 하기가 어렵다. 더구나 이렇게 어두운 정보와 시스템의 부재로 살다 보니 모든 것을 타인에 의지해야만 하고 그렇게 하다 보니 귀찮다고 노인들의 의견은 묻지도 않고 마음대로 결정하거나 무시하고, 때로는 학대까지로 이어지는 현실에서, 그래도 인격체로서 자기결정권을 행사할 수 있도록 기본권을 보장해 주어야 하고 인권을 보장받을 수 있는 기능의 강화가 필요하다.

3. 사례관리자의 역할 유형과 원칙

1) 사례관리의 역할 유형

사례관리자는 전 과정에 개입하여 전체적인 흐름을 파악해 가면서 클라이언트에게 양질의 서비스가 효과적으로 제공될 수 있도록 역할을 해야 한다. 따라서 사례관리자는 다음과 같은 역할을 잘 감당하여 복지전문가의 위상을 굳건하게 유지해 나가야 한다.

(1) 서비스 정보제공자의 역할

사례관리자는 서비스를 함에 있어 클라이언트에게 양질의 서비스가 효과적으로 제공되기 위해 클라이언트에게 필요한 각종 정보를 제공하여 그들이 지금까지 방법을 모르고 해결하지 못했던 문제를 해결하는 데 큰 도움이 되도록 해야 한다.

(2) 서비스 선택 안내자의 역할

지금까지의 사회복지가 사회복지제공자의 선택에 의해 서비스 선택을 했다고 한다면 앞으로는 클라이언트가 서비스를 선택하여 받을 수 있는 클라이언트 중심의 서비스가 이루어져야 한다. 따라서 멀리서 바라만 보는 것이 아니고 그들이 선택하는 방법과 요령을 알려 주는 전문사례관리자가 되어야 한다.

(3) 서비스 조정자의 역할

서비스를 하면서 완급의 문제에 봉착하거나 서비스 갈등에서 선택해야 하는 때가 있다. 이럴 때 사례관리자는 서비스의 우선순위를 정하고 서로의 갈등 상황에서는 객관적 입장에서 서비스 조정자의 역할을 감당해야 한다.

(4) 서비스 연계자의 역할

서비스 현장을 가장 잘 알고 있는 사람은 사례관리자다. 자원을 잘 관리하면서 익혀 두었던 기관과 자원을 잘 연계하여 줌으로 클라이언트가 좀 더 쉽고 편한 서비스를 받을 수 있도록 연결시켜 주는 것이 사례관리자로서 담당해야 할 의무이기도 한다.

(5) 서비스조직 개발자의 역할

사회복지실천현장에서 사례관리자로 생활하면서 개선해야 하는 불편한 점을 발견하여 기관이 어떻게 변화되어야 하는지 질 높은 서비스 방법을 찾아낸다. 찾아낸 방법과 서비스 자원을 서로 연결시키면서 합리적 서비스를 위한 새로운 서비스 모델을 개발해 나가는 것도 사례관리자의 역할이다.

(6) 서비스체계 형성자의 역할

사회복지실천현장에서 사례관리자로 생활하면서 개선해야 하는 불편한 점을 발견하여 기관과 기관이 어떻게 어떤 구조로 형성되어야 하는지 질 높은 서비스 방법을 찾아낸다. 찾아낸 방법과 서비스 지원체계를 서로 연결시키면서 합리적 서비스를 위한 새로운 서비스 모델 간에 새로운 체계를 형성해 나가는 것도 사례관리자의 역할이다.

2) 사례관리의 원칙

사례관리의 원칙을 렁(Leung, 2006)은 6가지로 제시했다.

(1) 개별성의 원칙

대상자 개별에 맞는 사례관리 계획을 수립하여 실천한다.

(2) 자립성의 원칙

사례관리 계획은 대상자의 자립에 중점을 두어야 한다.

(3) 책임성의 원칙

사례관리는 담당 사례관리자 중심으로 대상자를 책임성 있게 관리한다.

(4) 협동성의 원칙

사례관리는 최대한 활용 가능한 인적 물적 자원을 이용, 협동을 통해 실천해야 한다.

(5) 비밀 보장의 원칙

대상자의 개별정보사항은 항상 비밀을 보장받아야 한다. 모든 사람은 인권을 보장받아야 한다.

(6) 자기결정의 원칙

모든 서비스를 결정함에 있어 대상자 스스로 결정할 수 있도록 해야 한다.

4. 사례관리의 과정

과거 실천사례들은 단편적이어서 지금 똑같은 실천 내용을 거듭하다가는 실수하기 쉽고, 매년 했던 실천내용이지만 항상 새로운 사례처럼 어렵게 서비스를 해 오고 있다. 다양한 클라이언트와 다양한 욕구를 적절하게 서비스하기에는 역부족이었다. 따라서 이제 좀 더 적절한 방법으로 찾아낸 것이 바로 사례관리이다.

이러한 사례관리의 과정은 접수, 사정, 계획, 실행과 조정, 재사정, 평가의 6단계로 구분한다(권중돈, 2012).

사례관리과정은 초기면접 등을 통한 접수단계로부터 시작되며, 클라이언트의 개별적 욕구를 파악한 후 그 욕구를 해결하기 위해 개입의 계획을 세우고, 그 계획에 따라 개입을 하는 실행단계를 거쳐, 계속 개입을 할 것인지 종료할 것인지를 모니터링을 통해 재사정하여, 마지막은 평가하는 과정을 가지게 된다.

1) 접수

접수단계는 로스만이 제시한 기관에 대한 접근과 인테이크 기능에 따라 해당되는 단계이다.

(1) 클라이언트가 기능적, 환경적으로 서비스를 받을 자격이 있는지 결정한다.
(2) 개인적인 문제 상황들을 파악한다.
(3) 서비스를 제공할 것을 약속하고 계약하는 과정이다.

노인의 경우는 질병, 일상생활 동작능력(ADL), 시설보호나 서비스에 대한 욕구, 비공식지원체계의 상황, 기관의 서비스 자격기준, 서비스 제공 가능성, 인력, 부양자의 유무와 보호 능력 등을 파악하며, 사례관리자와 상호 신뢰감을 형성하고 상호 간의 역할을 명확히 하며, 서비스에 대한 클라이언트의 기대와 기관의 서비스 제공 능력에 대해서도 자세히 소통한다.

2) 사정

사정(assesment)은 노인 클라이언트의 복합적인 욕구와 문제, 현재의 기능 상태, 장점과 잠재능력, 공식 및 비공식적 지원체계의 보호능력 등에 대한 전반적 자료를 수집하고 종합적으로 분석하는 과정이다.

노인을 위한 사례관리에서는 노인뿐만 아니라 부양가족까지도 클라이언트로 규정하고 이들의 문제나 욕구, 노인부양기능 수준을 사정하는 것이 매우 중요하다.

3) 계획

계획은 사정을 통한 사례관리의 목적을 달성하기 위해 클라이언트에 대한 장단기 목적을 설정하고, 이러한 목적 달성에 가장 적절한 해결방안을 모색하기 위하여 개별적인 보호계획을 수립하는 과정이다.

계획단계에서는 다음과 같은 내용을 계획한다.

(1) 확인된 목적을 바탕으로 구체적인 실천목표 또는 하위목표를 공식화한다.
(2) 욕구와 문제의 우선순위에 따라 목적의 순위를 결정한다.
(3) 목적 성취에 필요한 기술, 전략, 개입방안, 즉 보호계획을 수립한다.
(4) 사례관리 과정을 계획한다.

4) 실행과 조정

지금까지 수립된 계획을 실행에 옮기고 서비스를 조정하는 단계이다. 실행 및 조정은 서비스의 연속성을 보장하고 단편적이고 다양한 서비스를 통합, 조정하며, 서비스에 대한 접근 및 서비스 제공과 활용에서의 어려움을 극복할 수 있도록 클라이언트를 원조해야 한다.

또한 사례관리자는 계획이 잘 실행될 수 있도록 안내자, 협력자, 진행자, 정보제공자 등의 역할을 하며 클라이언트에게 어려움이 생길 경우 옹호자, 서비스중개자, 조정자 등의 역할을 수행해야 한다. 그리고 계획을 수행하는 과정에서 클라이언트의 서비스접근과 이용을 용이하게 하기 위해서 서비스를 적절히 배열하고 정리하여 서비스의 효과성과 보호의 연속성을 보장하기 위한 노력을 병행해야 한다.

5) 재사정

재사정 단계는 클라이언트에게 제공되는 서비스의 적시성, 적절성 및 연속성을 보장하기 위해서 서비스 제공자를 포함한 클라이언트 지원체계의 서비스 전달과 실행을 추적하고 재사정하는 과정이다.

재사정 단계는 계획이 적절하게 실행되고 있는지, 클라이언트가 기대하는 서비스를 제공받고 있는지, 클라이언트에게 제공되는 서비스가 필요하고 적절한 것인지, 그리고 클라이언트의 지원체계가 제공하는 서비스 제공과 지지의 역할은 제대로 수행하고 있는지를 모니터링 하는 과정이다. 재사정을 위해서 사례관리자는 클라이언트와 서비스 제공자와 지속적으로 접촉하여야 하며, 서비스 제공자에게 간섭으로 간주되지 않도록 유의하면서 권위와 영향력을 발휘할 수 있어야 한다. 서비스계획의 실행 중 주기적인 재사정을 통하여 계획을 수정, 보완해야 한다.

6) 평가

평가 단계는 클라이언트에게 제공된 서비스, 클라이언트의 진척 상황, 서비스 계획, 서비스 활동 및 서비스 체계의 효과성과 효율성을 전반적으로 판단하고, 사례관리를 종결하는 과정이다.

사례관리는 평가를 위해서는 클라이언트에 대한 직접면접, 전화면접, 사례회의, 전문가의 기록에 대한 검토, 시설과 기관의 이용 빈도 등을 활용할 수 있다.

효과성 평가와 효율성 평가를 포함한 총괄 평가와 과정 평가를 동시에 실시하는 것이 효과적이며 사례의 목표가 달성되었거나, 더 이상 서비스가 필요하지 않거나, 클라이언트 상황의 중대한 변화로 인하여 사례관리를 지속할 수 없는 상황에서는 사례관리의 과정을 종결하되, 종결 이후의 미래계획 수립을 원조하고 추후상담을 하는 등 지속적인 사후 관리를 해야 한다(김성철 외, 2021).

제2절 노인사례관리의 주요 모델과 개입 기법

1. 강점관점

강점관점 사례관리는 인간이 자신의 의지와 욕구를 가장 잘 알고 있는 전문가라는 관점에서 시작하는 사례관리이다. 예를 들면, 노인의 경우, 질병, 결핍 때문에 자신을 돌볼 수 없는 사람이 아니라 성장과 자율성에 대한 가능성을 가지고 있는 사람이며, 생애 동안 도전과 고통에 맞서 생존해 온 존재이기 때문에 변화, 기대의 가능성을 만들 수 있는 신체적, 감정적, 인지적, 대인적, 사회적, 영적 에너지의 방대한 저장소라는 관점이다(Saleebey, 1992).

강점관점 사례관리에서는 노인이 신체적 정신적으로 기능이 약해졌다 해도 어느 정도 상호 참여와 의사결정, 협력, 책임이 가능하다고 본다(Fastand Chapin, 2000).

사례관리자는 노인 클라이언트가 가진 문제를 도전과 기회로 보며 전문가의 입장에서 협력자로 함께해야 한다고 강조하는 모델이다.

한혜경(2009)은 강점관점 사례관리의 단계별 개입기법을 다음 〈표 11-1〉과 같이 구분하였다(김성철 외, 2021).

〈표 11-1〉 강점관점 사례관리의 단계별 개입기법

단 계	개입기법
계 약	비공식적, 이야기체 형식의 대화/라포 형성을 위한 공통 관심사 탐색/서로의 기대에 대해 이야기 나눔/클라이언트 관심사 확인 및 수용
강점사정	개인적, 환경적 강점 정보 수집/클라이언트의 우선순위 규명/ 생활영역별 바람, 욕구 기록/과거 및 현재의 지역사회 자원 기록/클라이언트에게 정보제시
개별화된 목표계획	클라이언트가 설정한 목표에 초점/목표의 명확화 및 과업분류, 책임 할당/과업의 시간별 구체화/자원 원조계획/서비스 등 규명
자원획득	자원 및 서비스에 대한 접근/자원 및 서비스 적절성 확보/서비스 및 지원제공자들과의 협상/자연발생적 원조자 및 자원들에 대한 적극적인 현장접근(아웃리치)

단 계	개입기법
지속적인 협력	지속적인 점검(모니터링)/과업수행/빈번하고 지속적인 접촉/주 보호 제공자들에 대한 칭찬, 격려, 피드백 제공/갈등해결/개입과정에 대한 정기적인 재평가
점진적 종결	만남횟수를 덜 지속적으로 가짐/지속된 지지에 대한 재확인/자연 발생적 원조자들로 공식적인 서비스 대체

2. 임파워먼트 관점

임파워먼트는 인간과 환경에 대한 동시적인 관심에 기초하여 개인의 적응 잠재력을 향상시키고 억압적 환경과 구조적 환경을 변화시키기 위하여 스스로에게 힘을 부여하고자 하는 사람들을 원조하는 사례관리이다.

사례관리 실천에서 임파워먼트는 클라이언트의 능력을 동력화하는 것으로 클라이언트가 누구에게 능력을 받는 것이 아니라 스스로 능동적으로 움직이는 것을 의미한다. 이를 통해 자신을 누르고 있는 다양한 억압에서 자유롭게 되어 역량을 키우게 하는 기법이다.

임파워먼트 사례관리는 사례관리자에 대한 신뢰가 있을 때에 가능하며 클라이언트의 임파워먼트는 자긍심 획득으로 나타난다. 브랜든(Branden, 1994)은 자긍심을 자기효능감(본인의 능력에 대한 자신감)과 자기에 대한 신뢰 및 나와 타인에 대한 신뢰를 의미한다고 하였다. 임파워링을 위한 사례관리자는 〈표 11-2〉에서처럼 상담자, 목표설정자, 기획창조자, 자원확보자 등의 역할을 한다.

〈표 11-2〉 임파워링을 위한 사례관리자의 역할

역할	내용
상담자	CT가 자신의 문제를 알고 해결해 갈 수 있는 길을 찾도록 도우며 CT의 상황을 객관적으로 비추어주는 역할
목표설정자	CT에게 다양한 정보를 제시하고 합의된 목표로 가는 길에 어려움이나 심각한 상황이 발생할 경우 대처하며 진행을 도움

역할	내용
기회창조자	CT의 소극적, 수동적, 방어적 자세를 변화시키기 위해 도전과 몰입의 즐거움을 알도록 도움
자원확보자	CT가 발견하기 쉽도록 자원에 대한 정보를 제공하고 동행하며 자원이 연결될 경우 소중이 여기고 관리

3. 생태체계이론

생태체계이론은 일반체계이론과 생태학적 관점과 요소들을 바탕으로 형성된 이론으로 사회복지실천의 핵심적 가치인 '환경속의 인간(person-in-environment)'의 관점과 연관이 있는 이론이다. 생태체계이론은 개인과 환경의 상호작용과 역동에 초점을 두는데, 사례관리에서는 클라이언트와 환경에 대한 상호작용에 초점을 두며, 클라이언트를 이해하기 위해서는 클라이언트가 처한 환경에 대한 이해가 병행되어야 하고, 사례관리 실천과정에 있어서도 환경에 대한 사정과 개입이 함께 이루어지는 기법이다.

〈표 11-3〉 **환경속의 인간**(person-in-environment)

개 념	실천적 의미
환경속의 인간 (person-in-environment)	클라이언트의 문제는 원칙적으로 개인에게 있는 것으로, 사회복지사의 개입은 개인의 변화를 목적으로 한다.
	문제는 상황 속에서 정의되며, 환경과 사회의 변화가 개입의 중심이 된다.
	문제는 개인 안에서 그리고 상황 속에서 정의되며, 전문적 개입 활동은 개인과 상황이라는 두 가지 영역에서 이루어진다.

4. 서비스 모델

미국의 서비스 모델을 중심으로 구분하면 다음과 같다.

1) 독자적인 기관모델

직접적인 개인복지 서비스와 지역사회서비스는 제공하지 않고 오로지 사례관리만을 제공한다. 보호계획과정이 객관적이라는 장점이 있다.

2) 서비스기관에서 실천하는 모델

사례관리서비스는 가족상담, 가정간호서비스, 가정봉사원서비스, 목욕서비스, 정보 제공과 의뢰서비스 등과 같이 직접적인 서비스를 제공하는 기관에서 실천하는 모델이다.

3) 특별기관 또는 복합기능의 기관모델

요양병원, 양로원, 다목적 노인복지회관과 같이 복합적인 기능의 기관에서 실시하는 모델로서 기관이 이미 가지고 있는 경험과 지명도로부터 도움을 받을 수 있는 장점이 있다.

4) 컨소시움(Consortium) 모델

다양한 사회복지기관들의 공동 관리하에 협조하여 서비스를 제공한다. 클라이언트가 컨소시움 서비스 제공자 연결망을 통해 원조를 받도록 돕는 기능을 한다. 광범위한 지원연결망을 가지고 있어 기능이 다양하여 자유롭다는 장점이 있다.

5) 보험 모델(insurance case management model)

보험회사와 계약이 체결된 대상자에게 사례관리 서비스를 제공한다. 장기보다는 주로 단기간 동안 기능을 하게 하며 주로 응급의 의료적인 문제와 연결되어 있다.

제3절 재가서비스에서 노인사례관리

재가서비스에서의 사례관리는 노인들의 삶의 질을 향상시키기 위한 실천방법이며, 노인의 문제와 욕구 및 필요를 정확히 파악하여 통합적인 서비스를 지원하기 위한 목적을 가지고 있다. 노인이 지역사회에서 다양한 공식적, 비공식적 자원들과 소통하고 존중받으며 최소한의 잔존능력을 활용하여 독립적으로 생활을 할 수 있도록 지원하는 것이다.

또한 노인들에게 효율적이고 효과적으로 필요한 서비스를 제공할 수 있도록 지역사회의 자원을 보다 효과적이고 적절하게 조정하여 공급하기 위함이다(김성철 외, 2021).

1. 사례과정

1) 접수

접수는 재가서비스에서 첫 번째 단계이다. 일명, 인테이크 및 계약이라고도 한다. 이 접수단계에서는 일반적인 클라이언트의 특성, 신체적 건강상태, 심리적, 정신적 건강상태, 사회적 관계 및 자원 등이 포함되어 한다. 특히 4대 중증질환자의 노인 클라이언트는 건강상, 기능상의 다양한 문제를 가지고 있다. 따라서 사례관리자는 개별화된 개인으로서의 클라이언트의 상태와 환경을 통한 클라이언트에 적합한 반응 및 탐색 등의 실천기술이 필요하다.

재가서비스에서의 접수단계에서는 다음과 같이 구체적 활동이나 목표를 정리하여야 한다.

(1) 재가노인의 욕구를 명확히 확인한다.
(2) 사례관리자와 재가노인은 상호 기대하는 바를 명확히 한다.
(3) 재가노인이 해당 기관에서 서비스를 받을 대상인지, 그리고 참여할 의지가 있는지 등에 대해 판단한다.
(4) 긴급, 위기 사례는 즉시 대처하여 정보 제공 혹은 서비스 제공을 결정한다.
(5) 사례관리 대상 여부를 판단하여 다음 단계로 이행한다.

접수과정에서 사례관리자에게 요구하는 기술은 초기 관계형성 기술, 인테이크 기술, 신뢰구축 기술, 부정적 감정을 다루는 기술, 역할 기대를 명확히 하는 기술 등이다.

〈표 11-4〉 재가노인의 사례관리에서 고려해야 하는 요소들

영 역	요 소
일반적 특성	• 일반적 특성, 기본 정보, 가족관계 등
신체적 건강	• 질병 또는 기능장애 최소화 노력, 적절한 질병 및 치료 • 잔존기능 활용을 통한 관리능력
심리적 · 정신적 건강	• 노화에 따른 심리적 안정감 • 노화의 인지과정 이해 • 가족역량과 가족관계의 통합감 • 심리적 안정감 • 젊은 세대와의 관계성 및 소통
사회적 자원	• 일자리 및 사회참여 • 폭력, 학대, 범죄로부터 안전 • 사회적 관계망
영적 건강	• 노화, 인생, 자아에 대한 긍정적인 통합 • 죽음에 대한 수용정도

2) 사정

사정(assesment)은 클라이언트의 건강, 사회 심리적 기능, 인지능력, 재정 상태, 사회적 지지, 욕구 등을 사정 도구를 통해 구체화하는 과정이다(Hort, 2000 재인용; 김성철 외, 2021).

사례관리자는 재가노인의 욕구 내용과 정도, 욕구에 대응하는 재가노인의 능력, 공식적인 자원의 역량, 비공식적인 자원의 역량을 파악함으로 이후 사례관리 과정을 계획할 수 있다.

사정은 정형화된 질문지를 사용하거나 면접을 통해 진행하며, 노인의 기능과 욕구의 몇 가지 영역을 결정하는 데 있어 사정도구를 사용할 수 있다. 예를 들어, 우울증과 불안 등을 포함한 어려움을 측정하는 우울 측정표, 노인의 삶의 만족도를 측정하는 삶의 만족도 지표, 자아존중감 지표 등이다. 또한 사례관리자는 노인 클라이언트의 욕구와 강점에 대한 폭은 이해가 가능한 사정이 필요하다.

〈표 11-5〉 노인분야에서 활용될 수 있는 일상활동 기능 사정의 예

영 역	항 목	0 독립적 기능	1 조언으로 충분	2 약간의 도움 필요	3 많은 도움 필요	4 전적으로 의존
일상생활수행능력 (ADL)	옷 입기					
	세수하기					
	목욕하기					
	식사하기					
	걷 기					
	화장실 이용					
	실 금					
도구적 일상생활 지원 (IADL)	몸 단장하기					
	집안일 하기					
	식사 준비					
	빨래하기					
	근거리 외출					
	교통수단 이용					
	물건 사기					
	금전 관리					
	전화 사용					
	약 복용하기					

3) 계획

서비스계획은 사례관리자가 재가노인의 욕구 파악을 기초로 전문적 판단 및 실천적 경험을 활용하여 재가노인의 욕구를 충족시키기 위한 과정을 설계하는 것이다.

(1) 욕구의 중요도와 긴급성에 따라 우선순위를 정한다.

(2) 다음 어떻게 어느 정도 욕구 충족이 가능할 것인가를 고려하여 목표를 정한다.

(3) 목표에 합의하면 이를 위한 적절한 방법을 탐색한다. 이로서 사정 결과의 서비

스를 제공하는 자원 간에 연결이 준비된다.

(4) 목표 설정은 현재 욕구 충족이나 의기를 해결하기 위한 단기목표와 재가노인이 희망하는 바를 향한 장기목표로 나눌 수 있다.

사례관리 시 대부분 재가노인은 현재의 문제 상황을 빨리 벗어나고자 하기 때문에 주로 단기목표에 치중하게 되나 사례관리자는 장기적 목표를 갖고 설계하는 것이 필요하다.

4) 실행 및 조정

실행 및 조정 단계는 노인이 원활하게 질 높은 서비스나 지원을 받도록 원조 계획을 실시하는 단계이다. 사례관리자는 서비스나 지원의 공급주체와 연계하여 노인의 서비스를 이용할 수 있도록 조치를 취한다. 이때 공급주체는 공식적, 비공식적 지원의 형태로 구분된다. 비공식적 서비스에 가족, 친척, 친구, 이웃, 자원봉사자, 제도권에 들어가지 않은 자조단체 등이 있다. 공식적 서비스에는 행정, 사회복지법인, 제도권에 들어간 자조단체, 지역사회의 자주적 유상서비스 제공단체, 기업 등이 있다.

5) 재사정

재사정 단계에서는 서비스가 재가노인의 욕구를 적절하게 충족시키고 있는지를 점검하기 위해 재가노인, 가족, 다른 서비스 제공자들과 규칙적으로 만남을 유지한다. 모니터링은 서비스의 질을 점검하는 것과 동시에 보호계획의 수정, 재사정, 재가노인의 반응, 사례 종결 등에 대해 사례관리자가 평가하도록 하는 일이다.

모니터링은 대변접촉, 전화 등으로 진행하며 사례관리자가 직접 하기도 하고 재가노인이나 보호자의 사례관리자는 다음 〈표 11-6〉과 같은 질문들을 통해 확인해야 한다.

〈표 11-6〉 사례관리 모니터링을 위한 질문

- 재가노인의 상황은 변화되고 있는가?
- 계획대로 진행되고 있는가?
- 재가노인은 가족들이 서비스에 대해 어느 정도 만족하는가?
- 계획은 수정되어야 하는가?
- 과정기록은 충실히 이루어지고 있는가?
- 목표 달성정도는 어떠한가?
- 재사정이 필요한가?

6) 평가와 종결

평가와 종결 단계에서는 재가노인에게 제공된 서비스의 효과성, 서비스 계획, 서비스 활동, 서비스 체계 등을 종합적으로 평가하며, 필요한 경우에 사례관리 과정을 종결하는 단계이다. 평가의 내용에는 서비스와 지원계획의 연관성, 목적달성과 영향, 전반적인 효과성, 클라이언트의 만족도 등을 포함한다.

평가는 처음에 설정했던 목표를 어느 정도 달성하였는가의 문제가 핵심인데, 먼저 지원계획을 바탕으로 서비스나 지원이 원활하게 제공되었는가를 점검하고 노인이 일상생활 능력, 사회적 상황의 변화에 따라 욕구가 변화되었는가를 확인한다. 평가와 종결 시 평가 요소는 다음 〈표 11-7〉과 같다.

〈표 11-7〉 평가의 요소

분 류	요 소	방 법
과정 평가	사례관리 구조	기록 등 사실분석을 통한 평가
	사례관리 과정	
	사례관리 결과	
이용자 결과평가	정서적 변화정도	사전사후 검사 및 질문하기
	인지적 변화정도	사전사후 검사
	행동 변화정도	관찰 및 면접평가
	지위 변화정도	사후평가
	환경 변화정도	

분 류	요 소	방 법
이용자 만족도 평가	사례관리 과정 만족도	자기보고식 평가
	참여 경험 만족도	
	제공 서비스 전반 만족도	
	연결 자원 전반 만족도	
	사례관리자에 대한 만족도	

2. 사례관리의 실례

다음은 사례관리의 한 실례를 소개한다(이윤로, 2006).

올해 65세인 김 씨 부인은 중풍으로 인해 언어소통에 불편을 겪게 되었고 가사를 돌볼 수 없게 되었다. 오른손은 부분적으로 마비가 되었다. 72세인 남편 역시 연로하여 병원에서 퇴원한 후 부인을 돌보는 것이 불가능하게 되었다. 딸이 한 명 있었지만 딸 역시 시부모와 시동생들과 함께 살고 있었으므로 딸에게 의존하기가 어려웠다. 그래서 김 씨 부부는 퇴원 후에 가정에 남아 있기가 힘들게 되어 노인을 위한 요양원에 입원할 계획을 하고 있었다. 그러다가 간호사의 의뢰로 사례관리자에게 연결되어 김 씨 부부는 가정에 머물 수 있도록 하는 재가서비스를 받게 된 것이다.

김 씨 부인은 오른손의 기능을 회복하도록 하는 물리치료를 계속 받았고, 대화능력을 높이기 위해 언어치료사와도 연결되었다. 김 씨 부인과 물리치료사 및 언어치료사와의 서비스를 일주일에 각 3회로 정해졌다. 김 씨가 음식을 만들 수 없었으므로 도시락 대리점과 가정부 서비스를 연결해 음식을 조달했다. 딸과 상담한 후 딸이 일주일에 1회씩 세탁과 쇼핑을 위해 김 씨 부부를 방문하기로 했다.

사회적 고립을 피하기 위해 노인복지관의 자원봉사자와 노인친구들이 김 씨 부부의 말벗이 될 수 있도록 연결시켜, 그들의 방문 날짜와 시간을 정해 주었다. 2개월 후 딸이 서울에서 대전까지 잦은 왕복으로 인해 피로가 누적됨으로써 김 씨 부부와 딸의 동의하에 2주간 휴가를 주었다. 대신 2주 동안에는 가정부 서비스를 추가 조치

했다. 사례관리자는 2주일에 한 번씩 김 씨 부부와 접촉하여 김 씨 부부의 상태를 점검하였다. 3개월 후 김 씨 부인이 어느 정도 가사를 돌볼 수 있을 정도로 회복됨에 따라 식사 및 가정부 서비스의 빈도를 반으로 줄였고, 딸의 방문도 2주일에 1회로 줄었다. 치료사들과의 상담 후 물리치료와 언어치료의 빈도를 다시 조절했다.

1개월 후 김 씨 부인이 거의 회복됨에 따라 김 씨 부인과 가족과의 동의하에 김 씨 부인에 대한 사례관리를 종결했다. 비용은 의료보험과 노인의 연금 그리고 딸의 보조로 충당되었다. 종료 후 사례관리를 평가한 결과, 처음에는 노인들이 사례관리를 매우 번거로운 것으로 인식하고 있었으나, 입원해 있는 경우보다 내가 살던 가정에서 서비스를 받는 것이 훨씬 만족스럽다고 결론지었다. 비용도 많이 절약되는 것으로 나타났다.

Senior Social Welfare | chapter 12

노인인권 및 학대

노인은 대한민국 국민으로서 그리고 후손의 양육과 국가 및 사회의 발전에 기여하여 온 자로서 헌법과 법률에 정한 기본적 권리와 안정된 생활을 보장받을 권리를 지니고 있다. 노인은 다음과 같은 기본적 권리를 가지며 어떠한 이유로도 권리의 침해를 받아서는 안 되며, 국가와 장기요양기관은 생활노인의 인권을 보호하고 삶의 질을 향상시키기 위하여 최선의 노력을 기울여야 한다.

노인학대라 함은 노인에 대하여 신체적·정신적·성적 폭력 및 경제적 착취 또는 가혹행위를 하거나 유기 또는 방임을 하는 것을 말한다. 즉, 노인학대는 노인의 가족 또는 타인이 노인에게 신체적·정신적·성적·경제적으로 고통이나 장해를 주는 행위 또는 노인에게 필요한 최소한의 적절한 보호조차 제공하지 않는 방임, 자기방임 및 유기를 의미하는 것이다.

이 장에서는 노인의 인권과 노인학대의 이해, 노인학대에 대한 사회제도, 노인차별과 학대현황, 노인의 학대 예방 및 인권교육을 다루고자 한다.

제1절 노인인권과 학대의 이해

1. 노인인권

1) 노인권리선언

노인은 대한민국 국민으로서 그리고 후손의 양육과 국가 및 사회의 발전에 기여하여 온 자로서 헌법과 법률에 정한 기본적 권리와 안정된 생활을 보장받을 권리를 지니고 있다. 노인은 다음과 같은 기본적 권리를 가지며 어떠한 이유로도 권리의 침해를 받아서는 안 되며, 국가와 장기요양기관은 생활노인의 인권을 보호하고 삶의 질을 향상시키기 위하여 최선의 노력을 기울여야 한다.

(1) 존경과 존엄한 존재로 대우받고, 차별, 착취, 학대, 방임을 받지 않고 생활할 수 있는 권리
(2) 개인적 욕구에 상응하는 질 높은 수발(care)과 서비스를 요구하고 제공받을 권리
(3) 안전하고 가정과 같은 환경에서 생활할 권리
(4) 내・외부 활동에 신체적 구속을 받지 않을 권리
(5) 개인적 사생활과 비밀 보장에 대한 권리
(6) 우편, 전화 등 개인적 통신을 주고받을 권리
(7) 정치적, 문화적, 종교적 활동에 제약을 받지 않고 자유롭게 참여할 권리
(8) 개인 소유 재산과 소유물을 스스로 관리할 권리
(9) 비난이나 제약을 받지 않고 시설운영과 서비스에 대한 개인적 견해와 불평을 표현하고 이의 해결을 요구할 권리
(10) 개인적 활동, 단체 및 사회적 관계에 참여할 권리
(11) 시설 입・퇴소, 일상생활, 서비스 이용, 제반 시설활동 참여 등 개인의 삶에 영향을 미치는 모든 부분에서 정보에 접근하고 자기결정권을 행사할 권리

2) 노인 권리보호를 위한 윤리강령

시설장, 종사자, 동료 생활노인, 가족, 지역사회 등 장기요양기관에서의 장기요양 서비스와 관련된 모든 자는 '노인 권리선언'에 포함된 기본적 권리를 보장하고, 인간다운 생활을 보장하기 위하여 다음과 같이 행동해야 한다.

(1) 존엄한 존재로 대우받을 권리

① 노인의 의사에 반하는 어떠한 노동행위도 시켜서는 안 된다.

② 노인이 시설의 모든 서비스에 자유롭게 접근 또는 이용할 수 있는 기회를 부여해야 한다.

③ 생활노인이 시민으로서 또한 노인으로서 갖는 권리를 완전히 행사할 수 있도록, 어떠한 차별, 감금, 방해, 강압, 드는 보복 행위를 해서는 안 된다.

④ 어떠한 이유로도 신체적 학대, 정서적 학대, 성적 학대, 경제적 착취 또는 가혹 행위, 유기 및 방임 등의 학대행위를 해서는 안 되며, 학대행위가 발생했을 경우 관련 법률과 지침에 따라 학대피해노인에 대한 보호조치를 신속하게 해야 한다.

⑤ 가족은 면회나 전화 접촉 등을 통하여 노인과의 유대관계를 지속적으로 유지하고 존경하며, 시설의 서비스나 운영에 관하여 적극 협조하여야 한다.

⑥ 종사자는 수발 및 서비스 과정에서 노인의 인권 신장을 위한 상담과 조치를 적극적으로 취하여야 하며, 노인의 권리가 침해될 우려가 있거나, 침해받은 경우 이의 회복과 구제를 위한 적극적 조치를 강구하여야 한다.

(2) 질 높은 서비스를 받을 권리

① 노인의 삶의 질을 증진시키고, 잔존능력을 유지하고 자립능력을 고양시키기 위한 질 높은 전문적 수발과 서비스를 제공하여야 한다.

② 정기적인 상담을 통해 노인의 개별적 욕구와 선호, 기능 상태를 고려하여 개별화된 서비스와 수발 계획을 수립하고, 이를 적극적으로 이행해야 한다.

③ 개인적 선호와 건강 및 기능 상태에 따라 다양한 영양급식을 제공해야 한다.
④ 건강에 해롭다는 의학적 판정 없이 노인이 개인적으로 복용하는 약물을 금지시켜서는 안 된다.
⑤ 기관은 종사자의 능력 개발을 위한 직무훈련과 교육기회를 충분히 부여하여, 이들의 수발 및 서비스 능력을 제고하여야 한다.
⑥ 종사자는 직무수행상의 사고로 인하여 노인에게 위험을 초래하지 않기 위해서 직무 안전에 최선을 다해야 한다.

(3) 정치, 문화, 종교적 신념의 자유에 대한 권리

① 노인의 정치적 이념을 존중하고, 투표 등의 정치적 권리행사에 부당한 영향력을 행사해서는 안 된다.
② 노인의 종교적 신념을 인정하고, 특정 종교행사 참여의 강요 등 종교적 신념의 변화를 목적으로 부적절한 영향력을 행사해서는 안 된다.
③ 노인의 문화적 다양성을 인정하고, 이에 따른 생활양식의 차이를 최대한 존중하여야 한다.

(4) 사생활 및 비밀 보장에 대한 권리

노인의 사생활을 보장하고, 직무수행과정에서 얻은 비밀을 철저히 지켜야 하며, 질병과 치료, 통신, 가족 등과 같은 어르신의 사생활에 관한 정보나 기록을 사전 동의 없이 공개해서는 안 된다. 다만, 인지능력이 제한된 노인의 경우에는 가족 등 관계자의 동의를 받은 후 노인의 서비스 증진을 위한 전문적 목적에 한하여 정보를 공개할 수 있다.

(5) 가정과 같은 환경에서 생활할 권리

① 시설은 안전하고 깨끗하며 가정과 같은 환경을 제공하여야 한다.

② 공간이 허용하는 한 개별적인 수납공간을 제공하여야 한다.

③ 목욕, 의복 및 침구의 세탁 등 노인의 위생관리에 만전을 기해야 한다.

④ 적절하고 편안한 조명과 음향을 제공하여야 한다.

⑤ 편안하고 안전한 실내온도를 유지하여야 한다.

(6) 신체적 구속을 받지 않을 권리(요양시설, 주야간보호, 단기보호 등)

① 생활노인 또는 종사자 등의 생명이나 신체에 위험을 초래할 가능성이 현저히 높거나, 대체할 만한 간호나 수발방법이 없거나, 증상의 완화를 목적으로 불가피하게 일시적으로 신체적 제한을 하는 경우 등의 긴급하거나 어쩔 수 없는 경우를 제외하고는 노인의 의사에 반하는 신체적 제한이나 구속을 해서는 안 된다.

② 긴급하거나 어쩔 수 없는 경우로 인해 일시적으로 신체를 제한하거나 구속할 경우에도 노인의 심신의 상황, 신체 제한을 가한 시간, 신체적 구속을 할 수밖에 없었던 사유에 대하여 자세히 기록하고, 노인 본인이나 가족에게 그 사실을 통지하여야 한다.

③ 시설규정에 위반되거나 또는 의료적 목적을 달성하기 위한 경우를 제외하고는 신체적인 제한이나 심리적인 영향을 미치는 약물을 처방해서는 안 된다.

(7) 통신의 자유에 대한 권리

노인은 자유롭게 전화를 이용하고, 우편물을 발송할 수 있어야 하며, 노인의 우편물을 개봉하지 않는 등 개인적 통신의 권리를 최대한 보장하여야 한다.

(8) 소유 재산의 자율적 관리에 대한 권리

① 노인 개인 소유의 재산과 소유물은 갖거나 이용할 권리를 최대한 보장하고, 이를 스스로 관리할 수 있는 권리를 보장하여야 한다.

② 다만, 노인이 스스로 재산을 관리할 수 있는 능력이 없어 노인이나 가족 또는

기타 후견인의 특별한 요청이 있을 경우에는 시설에서 사용 또는 처분할 수 있으며, 이 경우 분기별 또는 수시로 재정 사용에 대한 결과를 알려 주어야 한다.

(9) 불평의 표현과 해결을 요구할 권리

① 노인의 의견이나 불평을 수렴하기 위한 공식적 절차(예: 건의함, 운영위원회 등)를 마련하여 시행하여야 한다.

② 노인이나 가족에 의해 제기된 불평을 즉각적으로 해결하기 위한 조치를 취해야 한다.

③ 노인이나 가족이 불평을 제기했다는 이유로 노인에게 차별적 처우나 불이익을 주어서는 안 된다.

(10) 시설 내 · 외부 활동 참여의 자유에 대한 권리

① 시설 내의 자발적 모임이나 다른 노인과 사귀고 의사소통할 수 있는 권리를 보장하여야 한다.

② 다른 생활노인의 권리를 침해하지 않는 범위 내에서 자신의 의사에 따라 시설 내부의 다양한 서비스, 여가, 문화 활동에 참여할 수 있는 기회를 부여해야 한다.

③ 시설 외부의 건강, 사회, 법률, 또는 다른 서비스 기관의 이용을 적극적으로 조장하고, 필요시 지역사회 서비스를 연계하여야 한다.

④ 노인의 원하지 않는 경우를 제외하고는 면회나 방문객을 거부해서는 안 된다.

⑤ 노인의 자유로운 외출, 외박 기회를 최대한 보장하여야 한다.

⑥ 지역사회 주민들은 시설 생활노인의 지역사회 활동 참여를 적극적으로 조장하고 지원하며, 지역사회와의 유대관계 증진을 위하여 노력하여야 한다.

(11) 정보 접근과 자기결정권 행사의 권리

① 노인의 의사에 반하는 전원 또는 퇴소를 하여서는 안 되며, 불가피한 경우 전원

또는 퇴소 시 그 사유를 통보하고 의사결정 과정에 노인 또는 가족을 참여시켜야 한다.

② 노인이 요구할 경우 건강상태와 치료 · 수발, 제반 서비스에 관한 정보와 기록에 대한 접근을 허용하여야 한다.

③ 노인이 의식주, 보건의료서비스, 여가활동 등 개인의 삶에 영향을 미치는 모든 부분에서 자기결정권을 행사할 수 있도록 해야 한다.

④ 노인의 권리 변화, 건강과 일상생활의 변화, 수발 및 의료적 처치의 변화 등과 관련하여서는 충분한 시간을 갖고 사전에 노인과 가족에게 통보하고, 의사결정 과정에 노인 또는 가족을 참여시키고 이들의 결정을 존중하여야 한다.

⑤ 생활노인의 권리, 시설 입 · 퇴소 및 운영과 관련된 시설의 규칙과 규정을 구두 또는 문서로 생활노인과 가족에게 충분히 설명 또는 공지하여야 한다.

2. 노인학대

1) 노인학대의 개념

노인학대라 함은 노인에 대하여 신체적 · 정신적 · 성적 폭력 및 경제적 착취 또는 가혹행위를 하거나 유기 또는 방임을 하는 것을 말한다. 즉, 노인학대는 노인의 가족 또는 타인이 노인에게 신체적 · 정신적 · 성적 · 경제적으로 고통이나 장해를 주는 행위 또는 노인에게 필요한 최소한의 적절한 보호조차 제공하지 않는 방임, 자기방임 및 유기를 의미하는 것이다.

'노인학대관련범죄'란 보호자에 의한 65세 이상 노인에 대한 노인학대로서 다음의 어느 하나에 해당되는 죄를 말한다(「노인복지법」 제1조의 2제 5호).

노인학대라 함은 노인에 대하여 신체적 · 정신적 · 정서적 · 성적 폭력 및 경제적 착취 또는 가혹행위를 하거나 유기 또는 방임을 하는 것을 말한다(「노인복지법」 제1조의2제4호).

학대행위자라 함은 「노인복지법」 제39조의9(금지행위)에 해당되는 행위 및 그 외 학대 행위 사실이 의심되어 노인보호전문기관에 신고·접수되어 학대행위자로 판정된 자이다.

여기서 "부양의무자"라 함은 배우자(사실상의 혼인관계에 있는 자를 포함)와 직계비속 및 그 배우자(사실상의 혼인관계에 있는 자를 포함), 기타 생계를 같이하는 친족을 말한다(「민법」 974조). 또 "보호자"라 함은 부양의무자 또는 업무·고용 등의 관계로 사실상 노인을 보호하는 자를 말한다.

2) 노인학대의 유형

(1) 학대 발생 공간 및 학대 행위자에 따른 분류

① 가정 내: 노인과 동일가구에서 생활하고 있는 노인의 가족구성원인 배우자, 성인 자녀뿐만 아니라 노인과 동일가구에서 생활하지 않는 부양 의무자 등 그 밖에 친족에 의한 학대

② 생활시설: 노인주거복지시설(양로시설·노인공동생활가정·노인복지주택) 및 노인의료복지시설(노인요양시설·노인요양공동생활가정) 내에서 돌봄과 보호를 실행하고 책임을 지는 자 또는 시설장의 감독하에 돌봄서비스를 제공하는 자에 의한 학대

③ 이용시설: 노인여가복지시설(노인복지관·경로당·노인교실), 재가노인복지시설(방문요양·주야간 보호·단기보호·방문목욕·기타재가 서비스 등), 노인일자리 지원기관 내에서 돌봄과 보호를 실행하고 책임을 지는 자 또는 시설장의 감독하에 돌봄서비스를 제공하는 자에 대한 학대

④ 병원 내: 병원 및 요양병원 등 의료기관 등의 장소에서 돌봄과 보호를 실행하고 책임을 지는 자 또는 병원장의 감독하에 돌봄서비스를 제공하는 자에 의한 학대

⑤ 공공장소: 광장, 길거리, 학교, 역, 극장, 온천, 지하철 등 공공장소에서 노인에게 이루어지는 학대

⑥ 기타: 가정 및 생활시설, 이용시설, 병원, 공공장소 외에서 발생하는 학대

※ 시설(이용, 생활시설) 및 병원 내에서 발생하는 입소자 간 다툼 등에 의한 학대는 기타로 분류함

(2) 형태적 분류

유 형	내 용
신체적 학대	물리적인 힘 또는 도구를 이용하여 노인에게 신체적 손상, 고통, 장애 등을 유발시키는 행위
정서적 학대	비난, 모욕, 위협, 협박 등의 언어 및 비언어적 행위를 통하여 노인에게 정서적으로 고통을 주는 행위
성적 학대	성적 수치심 유발행위 및 성희롱, 성추행 등의 노인의 의사에 반하여 강제적으로 행하는 모든 성적 행위
경제적 학대 (착취)	노인의 의사에 반하여 노인으로부터 재산 또는 권리를 빼앗는 경제적 착취, 노인 재산에 관한 법률 권리 위반 등 경제적 권리와 관련된 의사결정에서 통제하는 행위
방임	보호자 또는 부양의무자로서의 책임이나 의무를 거부, 불이행 혹은 포기하여 노인의 의식주 및 의료를 적절하게 제공하지 않는 행위(필요한 생활비, 병원비 및 치료, 의식주를 제공하지 않는 행위)
자기방임	노인 스스로 의식주 제공 및 의료 처치 등의 최소한의 자기 보호 관련 행위를 의도적으로 포기 또는 비의도적으로 관리하지 않아 심신이 위험한 상황 또는 사망에 이르게 하는 행위
유기	보호자 또는 부양의무자가 노인을 버리는 행위

3) 노인학대에 대한 예방

(1) 노인학대에 대한 명확한 기준을 설정하여 이에 대해 철저한 교육과 지도감독을 실시해 나간다.

(2) 노인학대에 해당하는 구체적인 행위를 교육하여 어르신과 종사자 모두가 학대에 대해 정확한 이해를 갖출 수 있게 한다.

(3) 노인학대 예방을 위하여 종사자와 생활어르신들에게 노인학대와 관련된 외부강사 초빙 등의 교육을 연 1회 이상 정기적으로 실시한다.

- **노인학대 7대 예방 수칙**
  - 누구도 노인을 학대할 수 없음을 확실히 압니다.
  - 가능한 건강을 유지하도록 최선을 다합니다.
  - 자기 소유의 재산을 스스로 관리합니다.
  - 여가 및 사회활동을 지속합니다.
  - 변화하는 사회를 이해하려고 노력합니다.
  - 가족에게 사랑한다는 표현을 자주 합니다.
  - 어떤 상황에서도 자신을 사랑합니다.

- **노인학대의 예측 징후**
  - 치료받지 못한 상처 및 부상이 발견된다.
  - 다툼, 욕설 등의 큰 소리가 자주 들린다.
  - 노인에게 성적 수치심을 주는 행동을 한다.
  - 노인의 물건 및 금품을 허락 없이 사용한다.
  - 식사를 거르는 등 영양실조나 탈수상태이다.
  - 노인에게 필요한 의료적 처치를 받지 않는다.
  - 노인을 시설에 입소시킨 후 연락을 두절한다.

4) 노인에 대한 금지행위(「노인복지법」 제39조의 9)

(1) 노인의 신체에 폭행을 가하거나 상해를 입히는 행위

(2) 노인에게 성적 수치심을 주는 성폭력 · 성희롱 등의 행위

(3) 자신의 보호 · 감독을 받는 노인을 유기하거나 의식주를 포함한 기본적 보호 및 치료를 소홀히 하는 방임 행위

(4) 노인에게 구걸을 하게 하거나 노인을 이용하여 구걸을 하는 행위

(5) 노인을 위하여 증여 또는 급여된 금품을 그 목적 외의 용도에 사용하는 행위

5) 노인학대 신고의무(「노인복지법」 제39조의6)

노인학대를 알게 된 사람은 노인보호전문기관과 수사기관에 신고할 수 있고, 노인복지시설의 장 및 그 종사자는 직무상 노인학대를 알게 된 때에는 즉시 노인보호전문기관 또는 수사기관에 신고하여야 한다.

6) 대응 및 조치

(1) 노인차원의 대응방안

노인 스스로 의존성을 줄이고 자립능력을 기르기 위한 노력이 필요하다.

노인학대를 정확히 이해하고, 가족의 부당한 처우를 은폐하기보다는 이를 외부에 노출시켜 적극적인 원조 요청을 할 수 있도록 노인들의 인식을 변화시키는 노력이 필요하다.

(2) 가족차원의 대응방안

가족에 대해서는 학교나 사회교육 등을 통해서 노인과 동거하는 가족들이 노년기 및 노인의 심리적 특성에 대해서 이해할 수 있는 기회를 제공해야 한다.

노인학대 가해자는 주로 직계가족인 아들과 며느리, 딸 등이며 부양자인 동시에 가해자인 이들은 부양 스트레스를 견디기 힘든 상황에서 학대를 하는 것으로 나타나고 있어 가족의 부양부담 경감을 위한 방안 등이 강화되어야 한다.

(3) 사회적 차원의 대응방안

노인학대의 문제가 단순히 개인이나 가족의 문제가 아니라 사회 전체의 문제로 인식할 수 있는 사회적 의식의 전환이 필요하다.

2004년도부터 노인학대의 금지 및 예방을 위한 긴급전화의 설치, 노인보호전문기관의 설치, 노인학대 신고 및 응급조치 의무 등의 규정을 「노인복지법」에 두고 있으나 사회적 인식은 아직 부족한 상태이다.

(4) 종사자는 어르신들에게 서비스를 제공하는 과정에서 어르신의 신체, 심리적 건강상태를 주의 깊게 살펴야 하며 어르신 학대의 증상이 있는지를 면밀히 관찰하여야 한다.

① 종사자는 동료 종사자 또는 어르신들에 의해 이루어지는 구체적 학대행위를 목격하거나, 어르신이 각각의 학대 유형과 관련된 증상을 보이는 사실을 목격하였

거나, 어르신이 학대받을 우려나 위험이 있다고 판단되는 경우 즉시 시설장이나 노인학대 관련 기관에 신고하여야 한다.

② 학대 위험상황에 처하거나 학대를 당한 어르신은 해당 시설이나 노인학대 관련 기관에 학대 위험 또는 그 사실을 신고할 수 있다.

③ 외부 의료기관의 의료진은 어르신을 진료하는 과정에서 학대가 의심되거나, 학대를 당한 것이 확실한 경우 이를 해당 시설 또는 노인학대 관련 기관에 신고하여야 한다.

④ 신고를 받은 시설장은 지체 없이 학대 의심사례에 대해 조사와 조치를 취해야 한다.

⑤ 신고를 받은 학대사례에 대한 응급조치와 안전조치가 요구되는 경우(학대행위자로부터 신체적 학대가 지속적으로 이루어지고 있다고 의심되며 어르신의 상처가 심각한 경우, 어르신의 영양상태 불량 등으로 생명이 위급한 사례, 방임사례일 경우 어르신의 연령과 건강상태, 학대의 지속성 정도에 따라 위험하다고 판단되는 사례) 신속한 조치를 취해야 한다.

제2절 노인학대에 대한 사회제도

1. 노인보호전문기관

1) 노인보호전문기관 목적

노인보호전문기관은 급속한 노령화와 핵가족화 등에 따른 가족 간 갈등 및 노인부양부담 증대 등으로 노인학대사례가 계속 증가하여, 이를 전문적이고 체계적으로 대처할 수 있도록 노인권익을 보호하는 한편, 노인학대 예방 및 노인의식개선 등을 통한 노인의 삶의 질 향상을 도모하는 데 그 목적이 있다.

2) 법적 근거 법령

「노인복지법」 제39조의 4부터 제39조의 9가지, 제39조의 11, 제39조의 12, 제39조의 15부터 17까지, 제39조의 18

3) 사업 추진방향

(1) **노인학대 예방 강화를 통한 노인인권보호**

① 공익광고 등 대중매체를 통해 노인학대에 대한 대국민 인식개선 추진

② 의료인 등 노인학대 신고의무자에 대한 교육을 강화하여 인식개선을 통한 노인학대 사례 발굴 확대

(2) **노인학대 개입 강화를 통한 노인인권보호**

① 노인학대 의심사례 및 현장에 대한 신속한 대응 등 적극적인 노인보호 수행

② 학대피해노인, 노인학대행위자, 피해노인 가족 관련자에 대한 상담 및 일시보호

③ 노인학대사례판정위원회 및 자체사례회의의 내실 있는 운영

(3) **노인학대 사후관리 강화를 통한 노인인권보호**

① 학대피해노인 및 가정에 대한 사후관리 강화

② 노인학대행위자를 대상으로 한 재발방지 교육 강화

4) 노인보호전문기관의 주요업무

노인보호전문기관의 주요업무는 「노인복지법」 제39조의 5에서 규정한 노인인권보호사업과 노인학대 예방사업으로 하되, 노인인식 개선교육(경로효친교육 등 포함), 노인자살 예방교육, 사업 시설 내 노인인권보호 및 기타 노인권익보호를 위한 사업 등을 실시할 수 있다.

※ 시설 내 노인인권보호: 노인학대사례의 신고접수, 신고된 시설학대 사례에 대한

조사, 시설학대 사례판정, 시설학대 사례에 대한 개입 등(노인복지시설 인권보호 및 안전관리 지침 적용)

2. 학대피해노인 전용쉼터

1) 사업목적

(1) 학대피해노인에 대해 일정기간 보호조치 및 심신 치유 프로그램 제공을 통한 보호 강화

(2) 학대행위자 및 그 가족들에 대해 전문상담 서비스를 제공함으로써 재학대 발생 예방 및 원가정 회복 지원

2) 설치배경

(1) 학대피해노인의 일시보호를 수행하고 있는 시・도 지정의 양로・요양시설은 전문적인 상담・심리치료 프로그램 제공에 한계

(2) 가족기능 회복 및 학대재발 방지를 위해 학대행위자 및 그 가족에 대한 전문상담서비스 제공 필요

3) 법적근거

「노인복지법」 제39조의19(학대피해노인 전용쉼터의 설치)에 따라 학대피해노인을 일시 보호하고 심신 치유 프로그램을 제공하기 위하여 학대피해노인 전용쉼터를 설치하여 운영한다.

4) 사업개요

(1) **학대피해노인 전용쉼터 운영 지원**

(2) 쉼터의 업무

① 학대피해노인의 보호와 숙식제공 등의 쉼터 생활 지원

② 학대피해노인의 심리적 안정을 위한 전문심리상담 등 치유프로그램 제공

③ 학대피해노인에게 학대로 인한 신체적, 정신적 치료를 위한 기본적인 의료비 지원

④ 학대 재발 방지와 원가정 회복을 위하여 노인학대행위자 등에게 전문상담 서비스 제공

⑤ 그 밖에 쉼터에 입소하거나 쉼터를 이용하는 학대피해노인을 위하여 보건복지부령으로 정하는 사항

5) 용어 정의

(1) 입소노인

쉼터에 입소하여 서비스를 제공받는 학대피해노인

(2) 이용노인

쉼터에 입소하지 않았으나, 학대로 판정되어 심신치유를 위한 상담 및 프로그램 등의 서비스를 제공받는 학대피해노인

※ 입소노인 및 이용노인의 수는 실 인원으로 산정

(3) 보호노인

입소노인과 이용노인의 합

(4) 보호기간

4개월 이내. 단, 학대재발 등으로 쉼터 재입소가 필요한 경우를 포함하여 연간 6개월 이내

(5) **재입소**

퇴소 후 재학대 발생으로 재입소

제3절 노인차별/학대 현황

1. 노인차별

노인차별 현황을 보면 '20년 19세 이상 성인 중 인권침해나 차별을 가장 많이 받는 집단이 '노인'이라고 생각하는 사람은 전체의 7.7%로, 장애인, 여성 다음으로 높은 순위다. 차별은 가장 많이 받는 집단이 노인이라고 생각하는 비중은 남녀의 차이가 없었다. 또한 차별에 대한 인식은 60세 이상과 타 연령대 간 10%p 이상 큰 차이가 있었다.

〈표 12-1〉 인권침해 · 차별을 많이 받는 집단 (단위: %)

		여성	아동 · 청소년	노인	장애인	한부모 가족	이주민	전과자	성소수자	비정규직
전체		13.8	4.8	7.7	21.9	2.5	6.6	6.0	3.6	5.8
성별	남자	8.9	4.8	7.7	22.5	2.1	6.7	5.9	3.6	6.8
	여자	18.6	4.8	7.7	21.3	3.0	6.4	6.0	3.7	4.8
연령대별	29세 이하	14.5	4.7	3.5	23.8	1.7	6.3	4.4	6.4	5.8
	30대	12.8	6.2	3.4	28.4	2.0	5.8	4.0	4.4	5.0
	40대	14.7	5.5	4.0	23.2	2.4	7.5	5.5	4.0	6.2
	50대	15.4	4.8	6.2	17.8	3.3	7.9	7.4	3.3	6.7
	60세 이상	12.2	3.6	16.5	18.8	2.9	5.7	7.4	1.3	5.4

자료: 국가인권위원회, 「국가인권실태조사」

주: 1) 19세 이상 성인을 대상으로 함

2) 각 집단 중 인권침해 또는 차별을 가장 많이 받는 집단이라고 1순위로 응답한 비중임

2. 고령자 학대 피해 경험률

고령자 학대피해 경험률을 보면, '20년 65세 이상 고령자의 학대피해 경험률은 고령자 10만 명당 77.0명으로 전년대비 8.8명 증가하였다. 여자의 학대피해 경험률은 102.1명으로 남자의 경험률인 44.1명 대비 2.3배 이상 높은 수준이다. 따라서 남성보다는 여성위주의 학대피해경험이 많은 것으로 보아 여성 고령자의 피해예방대책이 더 철저하게 이루어져 할 것이다.

연령대와 학대피해 경험률은 양의 상관관계를 나타내어, 80세 이상의 학대피해 경험률은 122.5명에 이르는 것으로 나타났다. 고령층으로 갈수록 학대피해 경험률이 높게 나타남에 따라 더 고령층에게 관심을 가지고 제도를 보완하여 아픈 상처를 만들지 않도록 하는 예방적 조치가 필요하다.

〈표 12-2〉 고령자 학대피해 경험률 (단위: 명/10만 명)

	학대피해 경험률[3]	성별[4]		연령별[5]			
		남자	여자	65~69세	70~74세	75~79세	80세 이상
2016	60.1	39.1	75.5	26.7	49.3	69.8	115.9
2017	63.4	37.4	82.5	32.4	55.2	71.7	111.0
2018	70.4	43.0	90.8	34.7	66.4	79.1	117.6
2019	68.2	38.5	90.6	37.5	63.0	72.9	112.5
2020	**77.0**	**44.1**	**102.1**	**46.6**	**69.6**	**83.6**	**122.5**

자료: 보건복지부, 「노인학대현황」

주: 1) 신체적 학대, 정서적 학대, 성적 학대, 경제적 학대, 방임, 자기 방임, 유기로 구분

2) 전국 노인보호전문기관에 신고 접수된 사례 중 학대사례로 판정된 경우를 의미함

3) 학대피해 경험률 = 학대피해노인 수 ÷ 고령 인구(65세 이상) × 100,000. 고령 인구는 2017년 기준 추계인구

4) 성별 학대피해 경험률 = 성별 학대피해노인 수 ÷ 성별 고령 인구(65세 이상) × 100,000. 성별 고령 인구는 2017년 기준 추계인구

5) 연령대별 학대피해 경험률 = 연령대별 학대피해노인 수 ÷ 연령대별 고령 인구(65세 이상) × 100,000. 연령대별 고령 인구는 2017년 기준 추계인구

제4절 노인학대 예방 및 인권 교육

1. 노인학대 예방 및 신고의무에 관한 교육

1) 노인학대 예방 교육 개요

(1) 법적근거: 「노인복지법」 제39조의 6제5항

「노인복지법」 제39조의 6(노인학대 신고의무와 절차 등) ⑤ 제2항에 따른 노인학대 신고의무자가 소속된 다음 각 호의 기관의 장은 소속 노인학대 신고의무자에게 노인학대예방 및 신고의무에 관한 교육을 실시하고 그 결과를 보건복지부장관에게 제출하여야 한다.

1. 「노인복지법」제31조에 따른 노인복지시설
2. 「의료법」제3조 제2항제3호라목 및 마목에 따른 요양병원 및 종합병원
3. 「노인장기요양보험법」제2조제4호에 따른 장기요양기관

(2) 교육의무기관

① 노인복지시설, ② 요양병원, ③ 종합병원, ④ 장기요양기관

(3) 교육대상

교육의무기관에 소속된 '노인학대 신고의무자'

(4) 교육내용

노인학대예방 및 신고의무

(5) 교육방법

교육교재(PPT, 동영상 등)를 활용한 직장교육 또는 사이버교육 등 기관여건에 맞게 교육 실시

① 직장교육: 중앙노인보호전문기관 홈페이지(noinboho.or.kr)에 등재된 교육자료 활용

② 사이버교육: 한국보건복지인력개발원 '노인학대신고의무자과정' 이수

※ [참고] 노인학대 신고의무자 사이버교육 안내 참조

* 노인보호전문기관에서 실시하는 노인학대 예방교육, 의료인·의료기가·사회복지사 등 보수교육에 포함된 노인학대 예방 교육(1시간) 모두 인정됨

(6) **시·도, 시·군·구에서는 교육의무기간에 법 개정사항 등 교육실시 및 결과제출 안내**

- 시·도(노인보호 업무 담당부서) → 시·군·구(각 시설 담당부서) → 노인복지시설·장기요양기관
- 시·도(의료기관 담당부서) → 시·군·구(의료기관 담당부서) → 요양병원·종합병원

2) 교육실시 결과 제출

(1) **제출기한: 2022년 2월 말까지 2021년 실적 제출**

법 시행일('18년 9월 14일)이후부터 2019년 12월 31일까지 이수한 교육은 2019년 실적으로 인정됨

(2) **전달체계**

노인복지시설·장기요양기관→시·군·구(각 시설 담당부서)→시·도(노인보호사업 담당부서) → 보건복지부(노인정책과)

※ 제출 경로, 제출·취합부서 등은 지자체 실정에 맞게 조정 가능

(3) **제출서식**

(교육의무기관) 서식 1, (시·군·구 및 시·도) 서식 2

※ 교육의무기관으로부터 제출받은 서식 1은 시·군·구에서 자체 보관

2. 인권교육

1) 인권교육 개요

(1) 교육목표

① 노인인권에 대한 올바른 이해와 관심 제고

② 노인복지시설 및 재가장기요양기관 설치·운영자 및 종사자의 인권 감수성 향상

③ 노인복지시설 및 재가장기요양기관 이용자의 노인인권 보호와 개선

(2) 법적근거

① 노인복지시설: 「노인복지법」 제6조의 3, 「노인복지법 시행령 제11조의 2, 노인복지법 시행규칙」 제1조의 3, 「인권교육 운영 및 교육기관 지정 등에 관한 고시」

② 재가장기요양기관 : 「노인장기용량보험법」 제35조의 3, 「노인장기요양보험법 시행령」 제14조의 2, 「노인장기요양보험법 시행규칙」 제27조의 2, 「재가장기요양기관 대상 인권교육 운영 및 교육기관 지정 등에 관한 고시」(제정 중)

(3) 교육대상

※ 「노인복지법」 제31조에 따른 노인복지시설 중 같은 법 제36조제1항 제2호 및 제3호에 따른 경로당 및 노인교실을 제외한 시설의 설치·운영자와 종사자

※ 「노인장기요양보험법」 제32조에 따라 설치된 재가장기요양기관의 설치·운영자와 종사자

* 방문요양, 방문목욕, 방문간호, 주야간 보호, 단기보호, 복지용구

① 노인복지시설(경로당·노인교실 제외) 및 재가장기요양기관 설치·운영자

- 노인복지시설(경로당·노인교실 제외) 및 재가장기요양기관의 설치·운영자라 함은 허가증(설치허가증, 신고필증, 지정서 등) 상의 대표자를 말함(시설장 포함)
- 설차·운영자 중에서 인권교육 신규강사 양성교육 또는 강사 보수교육을 이수한 자는 당해 연도 인권교육을 이수한 것으로 간주함

② 노인복지시설(경로당 · 노인교실 제외) 및 재가장기요양기관 종사자

- 「노인복지법」 제31조에 따른 노인복지시설(경로당 · 노인교실 제외) 및 「노인장기요양보험법」 제32조에 따른 재가장기요양기관의 전 직원

  ※ 정규직, 계약직 여부에 관계없이 해당 시설에 소속된 직원 모두 대상임
- 종사자 중에서 인권교육 신규강사 양성교육 또는 강사 보수교육을 이수한 자는 당해 연도 인권교육을 이수한 것으로 간주함
- 출산 · 육아 · 질병 등으로 6개월 이상 휴직할 경우 다음 연도 교육으로 대체하여 이수할 수 있음(증빙서 첨부)

(4) **주요 교육내용**

① 노인의 인권과 관련된 법령 · 제도 및 국내외 동향

② 노인복지시설 또는 장기요양기관에서 발생하는 인권침해 사례

③ 노인복지시설 또는 장기요양기관에서 인권침해가 발생했을 경우의 신고 요령 및 절차 등

2) 인권교육기관 지정 · 운영

(1) **인권교육기관의 종류**

① 「노인복지법 시행규칙」 제1조의3제3항 및 「노인장기요양보험법 시행규칙」 제27조의 2제4항 각호의 기관 · 법인 또는 단체

1. 「국가인원위원회법」에 따른 국가인권위원회
2. 「노인복지법」 제39조의5에 따른 노인보호전문기관
3. 「한국보건인력개발원법」에 따른 한국보건복지인력개발원
4. 그 밖에 인권 교육을 실시할 수 있는 전문인력과 시설을 갖추었다고 보건복지보장관이 인정하는 기관 · 법인 또는 단체

(2) 인권교육기관 지정

① 당연지정 인권교육기관: ① 국가인권위원회, ② 노인보호전문기관, ③ 한국보건복지인력개발원 ※ 별도의 지정절차 없이 고시에 따라 당연지정

② 추가지정 인권교육기관: 인권교육을 실시할 수 있는 전문인력과 시설을 갖추었다고 보건복지부장관이 인정하는 기관・법인 또는 단체

③ 지정절차

- 보건복지부장관은 필요시(교육 수요대비 당연지정 인권교육기관 강사 등이 부족한 경우 등), 인권교육기관 추가지정 공고를 실시할 수 있음
- 추가지청 공고에 따라, 인권교육기관을 지정받으려는 자는 보건복지부장관에게 고시 별지 제3호 서식의 인권교육기관 지정 신청서를 제출하여야 함
- 노인복지 및 교육의 전문성, 기관의 안정성, 인권교육 계획의 충실성 등 전반적인 교육 수행능력을 고려하여 지정
- 보건복지부장관은 추가로 인권교육기관으로 지정한 경우, 고시 별지 제4호 서식의 인권교육기관 지정서를 신청인에게 교부함

※ 인권교육기관 추가지정 공고(필요시)→신청서 접수 및 실시→인권교육기관 지정

(3) 인권교육기관의 역할

구 분		역 할
노인보호 전문기관	중앙	• 교육 커리큘럼 공동개발 • 인권강사 양성 및 보수 교육과정 운영 • 당해 연도 인권교육 실적 취합 및 보고
	지역	• 시・군・구 집합교육 운영 • 인권교육기관에서 양성된 인권강사 운영(방문교육)
국가인권위원회		• 교육 커리큘럼 공동개발 • 인권강사 양성 및 보수 교육과정 운영 • 인권교육기관에서 양성된 인권강사 운영(방문교육) • 사이버 교육센터(인터넷 교육)

구 분	역 할
한국보건복지인력개발원	• 교육 커리큘럼 공동개발 • 인권강사 양성 및 보수 교육과정 운영 • 인권교육기관에서 양성된 인권강사 운영(방문교육) • 사이버 교육센터(인터넷 교육)

3) 인권교육 실시

(1) 교육시간

매년 4시간 이상(인터넷 교육의 경우, 6시간 이상)

(2) 교육방법

① 집합교육: 인권교육기관이 연간 인권교육계획에 따라 진행

② 방문교육: 인권교육 강사가 노인복지시설·개가장기요양기관에 직접 방문하여 진행

③ 인터넷 교육: 인건교육기관의 사이버교육센터를 활용하여 진행

※ 집합교육, 방문교육 등 대변교육으로 실시할 경우, 강의식 교육, 토론 중 교육대상자가 직접 참여하는 교육으로 운영할 수 있음

(3) 교육 신청방법

※ 교육대상자가 인권교육기관별 교육일정 등을 참고하여 희망하는 인권교육기관의 교육을 선택하여 신청

4) 노인학대 예방 및 인권교육 비교

구 분	노인학대 예방 교육	인권 교육
법적 근거	「노인복지법」 제39조의 6제5항 (노인학대 신고의무와 절차 등)	「노인복지법」 제6조의 3(인권교육), 「노인장기요양보험법」 제35조의 3(인권교육)
교육 대상자	1. 노인복지시설 2. 요양병원 3. 종합병원 4. 장기요양기관에 소속된 노인학대 신고의무자 * 신고의무자(「노인복지법」 제39조의 6제2항) : 의료인, 의료기사, 노인복지시설 종사자, 장기요양기관 종사자, 응급구조사 등 17개 직군	1. 노인복지시설 설치·운영자 및 종사자(경로당 및 노인교실은 제외) 2. 재가장기요양기관 설치·운영자 및 종사자
교육 시간	연 1시간 이상	연 4시간 이상
교육 내용	▶「노인복지법」 시행규칙 제29조의 16 1. 노인학대 예방 및 신고의무에 관한 법령 2. 노인학대 발견 시 신고 요령 3. 피해노인 보호 절차	▶「노인복지법」 시행규칙 제1조의3 1. 노인의 인권과 관련된 법령·제도 및 국내외 동향 2. 노인복지시설·장기요양기관에서 발생하는 인권 침해 사례 3. 노인복지시설·장기요양기관에서 인권침해가 발생했을 경우의 신고 요령 및 절차 4. 그 밖의 노인의 인권 보호 및 증진을 위하여 필요하다고 보건복지부장관이 인정하는 사항
교육 기관	지정된 교육기관 별도 없음	보건복지부장관이 지정한 인권교육기관(국가인권위원회, 노인보호전문기관, 한국보건복지인력개발원)
교육 방법	기관 직장교육 또는 사이버교육 등 기관 여건에 맞게 교육 실시 * 직장교육: 중앙노인보호전문기관 홈페이지(noinboho.or.kr)에 등재된 교육자료 등을 활용하여 자체적으로 실시 * 사이버교육 : 한국보건복지인력개발원 '노인학대신고의무자과정' 이수	인권교육기관에서 실시하는 집합교육, 방문교육 또는 인터넷 교육 이수

Senior Social Welfare | chapter 13

호스피스/임종케어/죽음/장사

죽음에는 장사가 없다는 말이 있다. 내가 아무리 힘이 있다고 한들 죽음 앞에서는 아무 도움이 되지 않는다는 뜻일 것이다. 그런데 우리들은 잘 살고 열심히 살고 성공해야 하고 높은 지위에 오르고 싶고, 많은 재산을 남기고 싶어 하지만 죽음 앞에서는 다 빈 공수래 공수거 일 뿐이라는 것을 알면서도 우리들은 그렇게도 발버둥 치며 살고 있다.

호스피스는 더 살고 싶어도 살 수 없는 이들이 남은 삶을 어떻게 마무리할 것인가를 통해 편안하게 삶을 마무리 짓도록 돕는 케어서비스이다.

이제는 웰다잉(well dying)이라는 말을 자주 듣게 되는데 인생의 마지막을 어떻게 잘 마무리하여야 하는지에 대해 고찰해야 한다.

죽음을 터부시 하고 살다 보니 누구나 겪게 되는 장사제도에 대한 인식이 부족하여 당황할 때가 많다. 따라서 장사제도를 잘 활용하여 본인은 물론 남은 가족들의 어려움에 도움이 되도록 한다.

이 장에서는 호스피스, 임종케어, 죽음, 장사에 대해 정리한다.

제1절 호스피스

1. 호스피스의 개념과 철학

1) 개념

호스피스의 어원은 라틴어의 호스피탈리스(hodpitals)와 호스피티움(hospitium)에서 기원된 것으로 알려져 있다. 원래 호스피탈리스는 '주인'을 뜻하는 호스페스(hospes)와 '치료하는 병원'을 의미하는 호수피탈(hopital)의 복합어로서, 주인과 손님 사이의 따뜻한 마음과 그러한 마음을 표현하는 '장소'의 뜻을 지닌 '호스피티움'이라는 어원에서 변천되어 왔다.

오늘날 널리 사용되고 있는 현대적 의미의 호스피스 개념은 영국 여의사 시슬리 손더스(Cicely Saunders)에 의해 시작되었다. 웹스터 사전(1972년)에는 '여행자를 위한 숙소 또는 병자, 가난한 사람들을 위한 집(inn)'으로 설명하고 있다.

미국호스피스협회(NHO)에서는 '말기환자와 가족에게 입원간호와 가정간호를 연속적으로 제공하는 프로그램'으로 정의하였다.

이를 종합하면 호스피스란 말기환자와 그 가족을 위한 프로그램으로 편안하게 죽음을 맞이할 수 있도록 의학적으로 관리함과 동시에 말기에 발생할 수 있는 여러 가지 부정적 증상을 경감시키기 위해 신체적, 정서적, 사회적, 영적으로 도우며 사별 가족의 고통과 슬픔을 경감시키기 위해 지지와 격려를 제공하는 총체적인 돌봄이라고 할 수 있다.

호스피스의 기본 정신은 "내가 진실로 너희에게 이르노니 너희가 여기 내 형제 중에 지극히 작은 자 하나에게 한 것이 곧 내게 한 것이니라"(마 25 : 40)이다. 이는 성경에 기초한 것으로, 기독교인들이 병든 이웃을 그리스도의 사랑으로 돌보는 데서 시작되었다고 한다. 사실 이 정신은 "사랑은 오래 참고 사랑은 온유하며 투기하는 자가 되지 아니하며 사랑은 자랑하지 아니하며 교만하지 아니하며 무례히 행치 아니하며 자기의 유익을 구치 아니하며 성내지 아니하며 악한 것을 생각지 하니 하며 불의를 기뻐하지 아니하며 진리와 함께 기뻐하고 모든 것을 참으며 모든 것을 믿으며 모든 것을 바라며 모든 것을 견디느니라(고전13: 4-7)"의 의미를 알고 있는 사람에게 이해될 수 있으며 호스피스 봉사를 하는 사람은 누구나 대상자를 예수 그리스도라고 생각하고 그 분이 자신에게 베푸신 은혜와 사랑을 생각하면 지극한 정성으로 돌볼 수 있게 된다.

2) 철학

호스피스 운동은 과학의 발달로 인한 인간 존엄성에 대한 경시와 노인소외, 임종자에 대한 소홀, 그리고 윤리 및 가치관의 혼란에 대한 반응으로 생겨났다. 부분으로서의 인간이 아닌 신체적, 사회적, 정적 또는 그 이상의 합(合, sum)으로서의 인간을 이해하는 총체주의(holism), 즉 인간은 여러 부분의 합 사상과 철학을 기반으로 호스피스의 이론과 실제가 발전되어 왔으며, 과거의 치료 중심에서 돌봄의 개념 및 그 사상을 강조하게 되었다. 따라서 대상자에 대한 연민(compassion)으로 표현되는 사랑이 이 돌봄에 깊이 내재되어 있는 것이다. 이러한 배경에서 호스피스에 대한 철학을 다음과 같이 열거할 수 있다.

(1) 호스피스 대상자(치유 불가능한 말기환자와 그 가족)들을 돌보고 지지한다.
(2) 호스피스 대상자의 여생을 가능한 한 편안하게 하고 충분한 삶을 살게 해 준다.
(3) 호스피스 대상자가 삶을 긍정적으로 수용하게 하고 죽음을 삶의 일부로 자연스럽게 받아들이게 한다.
(4) 호스피스 환자의 여생을 연장시키거나 단축시키지 않으며 살 수 있는 만큼 잘 살다가 자연스럽게 생을 마감할 수 있도록 돕는다.
(5) 환자와 가족의 욕구에 맞추어 가능한 모든 자원을 이용하여 그 욕구를 충족시키고 지지하여 죽음을 잘 준비하게 한다. 죽음을 맞이하는 호스피스 환자로 하여금 소외된 채 외롭게 죽음을 맞이하지 않고 마지막 순간까지 인간답게 가치 있는 삶을 살 수 있도록 그리스도의 사랑으로 돌보는 것이다.

2. 호스피스의 필요성과 역사

1) 호스피스의 필요성

호스피스는 죽음의 단계에 대한 적절한 대응을 통해 죽음을 맞이하는 사람과 가족이 죽음에 대해 수용하도록 성장을 도와주는 역할을 담당한다. 또한 죽어 가는 사람의 욕구 및 알권리에 대한 정확한 이해와 존중으로 삶을 스스로 정리할 수 있도록 남은 생애 대해 설계하고 계획할 수 있는 시간적 여유를 제공하며, 사별한 가족이 슬픔과 고통을 극복할 수 있도록 지지해 주는 역할을 한다.

2) 호스피스의 역사

(1) 현대 호스피스 개념의 근원은 중세에 십자군과 여행가들에게 숙박을 제공하는 것으로 유래되었다.

(2) 17세기 초 프랑스에서 호스피스가(Sister of charity) 설립되어 아픈 사람, 길거리에서 헤매는 사람, 사회에서 버림받은 사람들을 위한 서비스가 주어졌다.

(3) 1836년 독일에서 호스피스가 설립되어 아픈 사람, 길거리에서 헤매는 사람, 사회에서 버림받은 사람들을 위한 서비스가 주어졌다.

(4) 1840년 영국의 엘리자베스 프라이(Elizabeth Fry)가 독일의 시설을 방문 후 다시 영국으로 돌아와 플로렌스 나이팅게일(Florence Nightingale)에게 영향을 주었고 나이팅게일은 프랑스의 Sister of charity에서 동료 간호사들을 교육시킨 후 크리미아전쟁에 참가했다.

(5) 현대 호스피스 운동의 선구자는 영국의 여의사 시슬리 손더스로, 1950년 후반 말기환자와 관련된 통증을 조절하기 위한 기술을 개선시켰으며, 이상적인 호스피스 간호를 시도하기 위해서 성 크리스토퍼병원을 설립하게 되었다. 이는 오늘날 미국과 캐나다에서 체계화되고 전문화된 호스피스 간호를 시작한 모델이 되었다.

(6) 미국은 종교적인 배경에서 출발한 영국의 호스피스와는 달리 죽음에 대한 터부

와 말기환자에게 병원의 비인간적 · 기계적인 생명관 등 사회제도와 의료체계에 대한 지적과 구체적인 개선 방법을 강구하면서 호스피스 운동이 시작되었다. 1963년 시슬리 손더스가 미국을 방문, 호스피스에 대한 강연으로 큰 호응을 받았고, 1968년에 예일 뉴헤븐(Yale New Haven)에서 호스피스 가정간호가 시작되었다. 또한 엘리자베스 퀴블러-로스(Elisabeth Kübler-Ross)가 『인간의 죽음』이라는 책을 통해서 죽음의 개념과 말기환자의 돌봄에 대한 관심이 높아졌으며 1971년 코넥티커트(Conecticut) 호스피스에서도 가정간호가 시작되었다.

1975년에는 호스피스프로그램이 뉴욕의 성누가루스벨트병원에서 시작되어 미국의 유일한 호스피스모델이 되었다. 미국 호스피스 협회(NHO; National Hospice Orgagization)의 통계에 의하면 1975년 미국에 210개의 호스피스프로그램이 있었으며, 1986년에 1400개, 1991년에 1700개, 1993년에 1800개 이상의 프로그램이 있으며, 현재는 2200개 이상의 프로그램이 운영되고 있다.

(7) 우리나라는 1963년 강원도 강릉에서 마리아의 작은 자매회 수녀들에 의해 갈바리의원을 세워 임종자를 위한 호스피스활동을 시작하였고, 1981년에는 14개의 병상을 마련 본격적인 임종자 케어 활동을 하였으나 현재는 가정방문호스피스만을 하고 있다.

1981년 가톨릭의대와 간호대 학생들을 중심으로 호스피스 활동이 시작되어 1987년 여의도와 강남의 성모병원에 호스피스과가 개설되어 1988년에는 강남에 10병상의 호스피스 병동이 신설되었다.

1988년 세브란스 암센터, 1989년 춘천의 성 콜롬반 호스피스, 1990년 부천 성가복지병원과 광주성 요한병원, 1992년에 이화여대 간호대학에서도 가정호스피스활동을 시작하였다.

1991년 한국 호스피스협회, 1992년 가톨릭 호스피스협회, 1998년 한국 호스피스 완화의료학회가 창설되어 활동하고 있고, 1994년 독립형 기관인 샘물호스피스와 인천 호스피스가 개설되었다. 현재 국내에서 활동하고 있는 호스피스 기관은 70~80여 개소에 이르고 있다.

3. 호스피스 대상자 선정기준과 유형

1) 호스피스 대상자 선정기준

(1) 암으로 진단받아 여명기간이 6개월 이내로 진단받은 환자로, 질환의 말기 상태에 있거나 치료 불가능한 질병을 가진 환자로서 주치의가 호스피스 돌봄을 추천한 환자이다.

(2) 수술, 항암치료, 방사선 치료 등 다양한 치료방법에도 불구하고 더 이상의 의료적 효과를 기대하기가 어려운 상태로서 의사의 동의가 있거나 의뢰한 환자이다.

(3) 환자나 가족이 진단을 이해하고 비치료적인 간호를 받기로 결정한 환자이다.

① 가족이나 친지가 없어 호스피스의 도움이 필요한 환자이다.

② 치료적 처치의 효과를 더 이상 기대하기 어려운 환자 등이다.

③ 통증 완화나 증상관리를 주 목적으로 하는 환자로서 환자의 상태는 의식이 뚜렷하고 의사소통이 가능하며 자신이 호스피스 돌봄의 대상이 된다는 것을 인식하는 환자이다.

④ 돌봄의 대상자는 환자는 물론 그 가족까지 포함한다.

2) 호스피스 유형

(1) 독립형 호스피스는 호스피스만 독립적으로 운영하는 형태이다.

(2) 병원 내의 산재형 호스피스는 1975년 미국에서 시작한 제2의 호스피스프로그램으로 섬루가 루즈벨트(st. Luke's Roosevelt)병원에서 시작하였다.

(3) 병원 내의 병동형 호스피스는 병원 내 확보된 병동에서 호스피스활동을 하는 유형이다.

(4) 가정호스피스는 호스피스 요원이 환자의 가정을 방문하여 돌보는 유형이다.

(5) 시설 호스피스는 환자를 위해 가정과 같은 분위기에서 호스피스 간호를 받도록 마련된 시설의 형태이다.

(6) 혼합형 호스피스는 이상의 여러 유형 중 2가지 이상의 유형으로 혼합하여 운영되는 형태이다.

4. 호스피스의 기본원리

스토다아드(Stoddard, 1978)는 6가지 측면에서 호스피스케어의 기본원칙을 다음과 같이 제시하였다.

1) 호스피스 케어란 타인을 헌신적으로 돌보기 위한 목적으로 모인 사람들의 집단으로 임종환자와 그 가족들의 신체적 · 정서적 · 사회적 · 영적인 안녕과 사회복지를 증진시키는 것이다.
2) 호스피스 케어에서 의학적 치료 및 중재는 보건 관계 전문가가 반드시 관여해야 하며 충분한 전문지식, 통증완화, 증상 치료, 24시간 연속적인 케어를 받을 수 있도록 해야 한다. 또한 여러 분야의 팀으로 구성한 그룹 접근이 필요하다.
3) 호스피스 케어는 임종환자와 그 가족에게도 동료의식과 사기를 북돋아 주는 역할을 해야 한다. 정신적 돌봄은 환자의 임종 및 사별과정 동안에 가족구성원 및 친지들의 슬픔을 극복할 수 있도록 적극적인 지지를 제공하고 가족과 같은 유대관계를 갖는 것이다.
4) 호스피스 케어는 특정 병원이나 양로원의 시책에 따라 운영되어서는 안 되며, 호스피스 케어링 자체의 독립적 시책에 의해서 맡은 업무를 수행해야 한다.
5) 호스피스 케어는 인종, 국적, 종교, 경제적 지위나 지불능력 등과 관계없는 봉사정신을 가지고 돌보아 준다.
6) 호스피스 케어는 대상자의 품위를 유지하도록 하며 하나의 가정과 같은 역할을 해야 하며 원래 프로그램의 시작은 병원의 입원환자를 대상으로 시작되었지만 가정에서 거주하는 환자에게로, 즉 지역사회로 확대되어야 할 것이다.

제2절 임종케어

과거에는 가정에서 이루어지던 출생과 죽음이 오늘날에는 대부분 병원에서 이루어지고 있다. 의학의 발달로 인해 많은 이들이 심리적으로도 의학에 기대를 걸게 되고 불치의 병까지도 치유기간이 연장되는 가운데 병원에서 죽음을 맞이하는 경우가 많아지게 되었다. 의학은 치료 효과가 있을 때에 제 역할을 하게 되지만 치료효과가 절망적인 때에는 간호기능만이 남게 된다. 현대사회에서 가정 밖에서의 임종이 자연스러워지고 있고 가족의 역할 또한 자연스럽게 간호의 역할로 이양되면서 죽음에 대한 정의가 변화되었다.

개인의 죽음은 위엄 있게 사회 문화 속에서의 질서에 따라 맞이하게 되나 집단의 죽음에서는 인간이 예방적 조치를 취하였다면 죽음을 면할 수도 있었다는 다분히 생명 연장의 가능성을 예시하였다. 의료기술발달과 사회복지수요가 증가됨에 따라 과거에는 입원하지 않던 말기환자의 입원이 증가되고 있고, 임종을 맞는 인간의 심리를 많이 고려하게 되면서 임종을 맞는 환자뿐 아니라 그 가족을 대상으로 한 간호의 중요성이 더 높아졌다. 사망원인으로 만성병이 증가해서 불치라고 판정되는 순간부터 임종에 이르기까지 시간이 길어졌기 때문이다.

1. 생명의 존엄성

의학기술이 발달되었음에도 불구하고 또한 의학의 부작용으로 인해 생명의 존엄성에 대한 각성이 되고 있는 추세다. 생명과 건강은 인간의 가장 기본권리이며 이에 대한 일반 대중의 각성이 높아지고 있는 실정이다. 의사가 판단하고 치료하는 것을 의사의 의무라고 한다면 환자의 권리 또한 추구되어야 한다. 이렇게 급속도로 인식이 변화되면서 죽음이 의학만의 책임이 아니라 환자 개인의 권리도 인정되어야 한다는 추세이다.

인간의 존엄성은 수태 순간부터 임종에 이르기까지의 연속과정이다. 아울러 죽음의 정의를 철학적 관점과 사회적 관점, 인간 상호관계적 관점에서 살펴본다.

1) 철학적 관점

철학에서는 죽음에 대한 태도를 인생의 한 단면으로 본다. 이 세상은 다만 지나가는 것으로 완곡하게 대하는 경향이 있으나 반대로 죽음을 무기력한 상태, 파괴를 피할 수 없는 공포스러운 상태로 개념화하는 것이 보통이다. 이렇게 죽음에 대한 태도는 개인의 심리적 성숙도와 성격에도 달려 있다.

2) 사회적 관점

현대사회에서는 안락사, 장기이식 등의 사회 윤리적 측면과 전문 인력의 윤리가 대두되는 문제를 낳고 있다. 죽음에 대한 몇 가지 정의를 살펴본다.

(1) 신체적 죽음(somatic death)으로 심장박동이나 호흡과 같은 활력 기능이 정지한 상태를 말한다.
(2) 심장 죽음(cardiae death)으로 심전도에 의해 확인되어 심장박동이 정지한 상태이다.
(3) 뇌사상태(brain death)로서 무수용성, 무반응성, 무호흡, 부동적 자세, 무반사, 뇌파의 무반응에 의해 정의된다.
(4) 임상적 죽음(clinical death)으로 기술적으로 선고하기 전에 신체검사를 할 때 사망의 증상이 나타난 것이다.
(5) 생물적 죽음(biological death)으로 세포 활동의 정지 이상과 같이 죽음을 판단하는 기준은 각각 그 측면을 달리하고 있어 하나의 사례가 발생하여 이것이 사회의 법적 판단을 요구할 때 죽음에 대한 정의 및 기준이 요구되고 있다.

우리나라에서는 1983년 11월 21일 대한의학협회에서 "심장기능 및 호흡기능과 뇌반사의 부가역적 정지 또는 손실을 죽음이라 한다."고 정의하였다. 여기서 뇌반사의 단정 기능은, ① 외부의 자극에 대하여 반응이 없는 깊은 혼수상태, ② 호흡 정지 상태, 모든 뇌반사 소실, ③ 이상의 상태로 12시간 이상 경과되었을 때로 하고 있다.

3) 인간 상호관계적 작용

죽음의 문제는 아무리 임상적으로만 취급한다 할지라도 인간 상호관계 속에서 일어나는 일임을 어찌할 수 없다. 불치의 병이나 임종에 이르는 사람은 강한 심리적 동요를 느낀다. 주위의 사랑하는 가족들이나 친지에 의해서도 죽음을 수용하는 자세 또는 수용에 못 미치거나 거부하는 태도 등으로 나타난다. 거부감의 목적은 위험을 회피하고자 하는 것이고 사랑하는 사람을 상실하는 것을 예방하고자 하는 것이다.

이때 현실에 대한 재인식이 필요하다. 거부감의 등급은 다음과 같다.

첫째, 쉽게 확인이 되는데 문제를 가진 사람의 보고나 인지, 객관적인 관찰자의 인지적 사실과 분명한 차이가 있기 때문에 질병에 대하여 일차적으로 어떻게 인지하느냐에 달려 있다.

둘째, 첫째 순위의 거부감 뒤에 나타나는데 질병의 무서운 결과에 대한 지식이 있음에도 불구하고 자신의 장래에 대하여 걱정하는 것을 거부하는 경우에 질병 발생 사실을 부인하고 그 질병으로 인한 어떤 위협감마저 무시되는 것이다.

셋째, 치료 불가능한 질병의 결과는 죽음이라는 것을 거부하기 때문에 죽음 자체에 대하여 거부하는 것이다.

2. 임종환자의 심리와 인식형태

1) 임종환자의 심리

정신분석학자 퀴블러 로스(Kübler-Ross, 1969)는 『On Death and dying』에서 죽음에 임박한 환들과의 직접면담을 통해 이들의 심리과정을 조사하고, 죽음에 대한 인간의 반응을 5단계로 나누어 설명했다.

(1) 1단계: 거부감

병원에서 죽음을 예견하고 진단했을 때 그 진단에 대하여 심하게 반발하고 거부하는 심적인 거부감(denial)이다. 현실감이 없고 사고(thoght)의 이용이 제한적이다. 개인적 특성에 따라서 거부감은 일시적일 수 있다. 이와 같은 거부감은 "나에게 그러한 일이 일어날 수 없어, 난 믿을 수 없어" 등의 표현으로 나타난다. 자신이 죽을 수밖에 없다는 상황에 직면했을 때 보이는 첫 반응은 우선적으로 충격이다. 준비되지 않은 상황에서 이를 의사나 가족에 의해 듣게 되면 심한 충격감에 놀라 이를 제대로 받아들이지 못하고 혼란에 빠지게 된다. 이러한 사실을 받아들이지 못해 현실을 부정하게 되는 것이다.

(2) 2단계: 분노

일단 현실을 받아들이게 되면 그다음으로 나타나는 반응은 분노이다. 분노(anger)의 반응은 대개 "왜, 내가 이런 시련을 겪어야 하는가? 나는 최선을 다하며 살아왔는데..." 등으로 사회, 종교, 운명, 가족 등을 대상으로 나타나게 된다. 또한 이 시기에는 치료를 거부할 수도 있고 분노가 의료진에게도 표출될 수도 있다. 분노의 감정은 죄의식 그리고 수치심을 증가시킨다. 이때 가족이나 주변 사람들이 시간을 할애받게 되면 환자는 더욱 안정될 것이며 스스로 아직 가치 있고 보살핌을 받는 사람임을 깨닫게 된다.

(3) 3단계: 타협

이 단계는 의사, 친구 또는 종교 등과 협상을 벌이는 단계이다. 예를 들면, 병만 낳게 해 주면 사회봉사를 하고 교회를 열심히 다니겠다, 술이나 담배를 끊고 사회적인 봉사 등에 헌신하겠다 등이 이에 속한다. 이 타협(bargaining) 단계에서 환자는 치료에 무조건 복종하며 의사에게 전적으로 의존하게 된다. 환자는 의사에게 아무 불평도 하지 않고 궁금한 것이 있어도 묻지 않는 것이 최선이라고 생각할 수 있으나 실제로는 솔직하게 자신의 어려움을 말할 수 있는 것이 최선의 방법임을 알게 된다.

(4) 4단계: 우울

이 단계에 이르면 환자는 자신에게 삶에 희망이 없다는 것을 깨닫게 되며, 개인은 피로, 직업상실, 치료연장, 계속되는 입원으로 자존심을 상실하고 자제력마저 잃게 된다. 또한 가족과 친지, 친구들로부터 이별이라는 슬픔을 갖게 된다. 그리고 불면증, 우울증을 겪으며 심지어는 자살로 이어지기도 한다. 이 우울(depression)한 시기에는 정신과적 개입이 필요하며, 적절한 항우울제 등의 투여가 필요하다. 이때 자칫 '힘내라. 별것 아니다.'라는 격려를 한다면 오히려 역효과만 낸다. 이 시기에는 생활의 변화(즉, 직장을 잃고, 경제적으로 어려워지며, 가족과 친구들에게서 소외됨)에 적응하도록 환자가 할 수 있는 한도 내에서 자율성을 갖도록 도와주는 것이 필요하다.

(5) 5단계: 수용

이 수용(acceptance) 단계에 이르면 환자들은 죽음이 더 이상 피할 수 없으며, 누구에게나 있을 수 있는 보편적인 현상으로 받아들이게 된다. 환자들은 평안한 모습이고 가족들이나 자기가 알고 있는 모든 사람과 이별을 고하며 종교적인 부활을 믿고, 죽음을 수용하며 현실을 받아들이게 된다. 이때 가장 중요한 치료적인 접근은 고통을 경감시킴으로써 인간으로서의 존엄성을 갖고 죽음을 맞이하도록 하는 것이다.

2) 죽음 인식형태

글레이저와 스트라우스(Glaser & Strauss, 1965)는 죽음 인식 형태를 폐쇄, 의혹, 상호위선 및 개방 상황의 4가지로 분류하였다.

(1) 폐쇄 상황

닥쳐오는 죽음에 대한 환자, 때로는 환자 가족에게도 알리지 않은 경우이다. 환자에게 생의 의미를 생각하게 하고 의료인을 인간으로 믿게 하며, 질병에 대한 질문이 있을 때는 설명해야 한다.

(2) 의혹 상황

건강상태에 대한 정보가 환자, 때로는 환자 가족에게도 완전히 받아들여지지 않는 상태이다. 상황에 대한 사정, 수행 그리고 악화의 증거로 인해 가족은 의심한다. 임종 준비에 대해 인식하도록 도와주며 간접적인 격려가 필요하다.

(3) 상호위선 상황

의료진, 환자, 가족이 임박한 죽음에 대해 알고 있으나 아무도 이 상황에 대해 입을 열려 하지 않는 경우이다. 환자는 특별한 대화나 요구를 하지 않으며 위선 상태가 끝나면 개방상태로 된다. 환자의 심리상터와 대화를 원하는 정도를 파악하여 그에 알맞은 간호를 제공해야 한다.

(4) 개방적 상황

의료진, 환자, 가족이 환자의 진단 및 예후에 대해 완전하고 정확한 정보를 가지고 있으며 서로 마음을 열고 상황에 대해 의존하는 경우이다. 환자는 본격적으로 임종 준비의 단계에 들어서며 세속적 궁금증이 해결되기를 바라므로 가족과 함께 환자의 세속적 궁금증을 풀어 주도록 수행하며 죽음을 수용하는 단계에 이르도록 도와준다.

3. 간호 과정

1) 간호 사정

환자나 그 가족으로부터 수집된 정보에 기초하여 환자의 사회문화적 배경과 그것이 질병 진행에 미치는 영향을 사정하는 것은 중요한 일이기 때문에 사정을 신속하고 정확하게 해야 한다.

간호 사정은 다음과 같은 내용의 질문에서 찾을 수 있다.

① 환자는 병원에서 안정감을 느끼는가?
② 환자의 배경은 어떠한가?
③ 언어의 장벽이 있는가?
④ 표현의 장애가 있는가?
⑤ 경제적 어려움이 있는가?
⑥ 성장 상황 여건은 어떠한가?
⑦ 환자의 믿음은 어떠한가?
⑧ 환자의 집에서의 전형적인 생활이 병원에서와 근본적으로 다른가?
⑨ 하루에 세 번의 식사는 반드시 하며 그리고 많은 간식을 먹는가?
⑩ 낮잠을 자며 규칙적으로 취침하는가?
⑪ 권위에 대한 개인적인 경험은 어떠한가?
⑫ 의료진에 대한 개인적인 경험은 어떠한가?
⑬ 해마다 건강검진은 받았는가?
⑭ 전에 입원한 일이 있는가?
⑮ 고통스런 치료와 처치에 대한 경험은 어떠한가? 등이다.

2) 간호하기 위한 진단

환자의 반응 중 가장 두드러지게 나타나는 행동을 목록화하여 기록한다. 가족이나 환자가 어떻게 신체상을 받아들이는지 상정한다. 환자의 발달단계와 성장이나 발달에 관한 가족의 반응을 평가한다. 진단적 행동군을 구체적으로 서술한다.

(1) 공격

공격적이고 저항적이며 분노한 환자는 입원되면 여러 가지 치료와 검사를 거부한다.

(2) 퇴행

매우 의존적, 매우 위축되어 있어 의사표현 할 때에 눈이 마주치는 것을 피한다.

(3) 부정

부정적인 환자는 소극적이고 거부적이며 아무 일이 없는 듯 걱정하지 않는다.

(4) 수용

수용적인 환자는 고통스러우나 필요한 절차들을 대하면 불쾌해하면서도 긍정적으로 행동한다.

3) 간호를 수행하는 과정

(1) 임종환자와 그 가족을 위한 간호수행 목표를 세운다.

① 상실을 충분히 인식하고 수용하게 한다.

② 상실에 관련된 부당한 죄악감과 분노를 해결할 수 있도록 협력한다.

③ 상실한 사람에 대한 감정을 철회토록 협력한다.

④ 주변 분위기로부터 관심을 전향할 수 있도록 협력한다.

(2) 목표를 성취하는 데 걸리는 시간은 다양하지만 대략적으로 보통 2~4개월 정도 소요된다.

① 간호사와 밀착된 관계를 가지는 것은 임종환자에게 중요한 일이다.

② 행동변화와 신체상 왜곡은 환상에 의해 확대 해석되어진다.

③ 가족 위로로써 가족들이 환자에게 필요하다는 사실을 인식시켜 준다.

④ 같은 병실의 다른 환자들의 위로가 필요하기 때문에 서로 위로할 수 있도록 해 준다.

⑤ 자원군을 충분히 활용해야 한다.

⑥ 장기상담은 간호수행의 효과가 확인되면 계속적으로 적용할 필요가 있다.

4) 임종환자를 위한 간호 평가

간호진단이 정확했고 간호수행이 적절했을 때 어떤 범위의 간호가 위기에 있는 간호 대상자와 그 가족에게 도움이 되었는지 평가할 수 있어야 한다. 자신의 발달이나 성장 단계를 성공적으로 진행시킨다. 자신의 느낌을 발견하고 조정한다. 건강한 가족관계를 발달시키고 유지한다. 스트레스를 건설적으로 조절한다. 가족 외의 사람들이나 가족들과 건강한 인간관계를 발달시키고 유지한다. 자신의 간호 기능을 충분하게 회복시킨다.

제3절 죽음

모든 사람에게 태어남이 있었다면 삶의 끝이라고 할 수 있는 죽음이 예정되어 있다. 죽음은 모든 인간이 경험하는 피할 수 없는 마지막 단계이다. 즉, 죽음이란 사람에 따라 빠르거나 늦거나 할 수는 있지만 필연코 맞이해야 하는 필수적 과정이다.

죽음이란 생명활동이 정지되어 다시 원상태로 돌아오지 않는 생물의 상태로서 생의 종말을 말하는 것으로, 고등 동물에 한정하면 그 개체를 구성하는 전 조직세포의 생활기능 정지라고 말할 수 있다.

노년기는 인간발달의 마지막 단계로 상승적 발달보다 주로 쇠퇴적 발달을 이루게 된다.

신체변화에 대한 적응, 역할 재조정, 여가시간의 의미 있는 활동, 인생에 대한 재평가와 죽음에 대한 대비 등은 노년기의 주요 발달과업으로, 죽음에 대한 태도와 대처 방안은 노년기의 삶 전체를 좌우할 수 있는 매우 중요한 요인이다.

따라서 죽음에 대한 지식을 습득할 때 두려움이 감소되므로 노년기에 접어드는 사람들이 가장 절실하게 필요로 하는 것이다. 그래서 여기에서는 누구나 접하게 되는 죽음의 개념 및 의의, 죽음에 대한 태도와 자각, 죽음에 대한 반응단계, 죽음에 대한 관련 요인에 대해 어떻게 대처하는 것이 올바른 것인지 연구하는 차원에서 죽음의 문제를 다루고자 한다.

1. 죽음의 개념

죽음이란 무엇인가에 대한 의문을 늘 갖고 있으면서도 한마디로 죽음이 무엇이라고 말하기에는 쉽지가 않다. 죽음은 각 나라마다 국가의 환경, 개인들의 가치관 및 이념, 성격 및 생태, 종교 및 철학 등 여러 조건에 따라 다르게 느끼고 달라지기 때문에 죽음에 대한 개념을 이야기하기가 쉽지는 않은 일이다.

우선 물리・생물학적으로는 인간의 심장의 고동이 멈추고 더 이상 호흡을 하지 않는 상태(심폐사)를 죽음이라고 한다. 영적인 관점에서의 죽음은 영혼과 육체의 분리이다. 즉, 생명의 원리로서의 초월적인 어떤 것이 육체를 떠나는 것이 죽음이다.

심리학적으로는 어떤 사람이 완전히 자기 자신의 내면으로 몰입되어 어떠한 타인과의 인간적인 접촉도 원하지 않을 때 그 사람은 죽었다고 한다.

신경학적 관점에서는 두뇌의 기능 정지, 즉 뇌파계에 어떠한 두뇌 활동도 감지되지 않을 때(뇌사) 그 사람은 죽었다고 한다.

마지막으로 세포학적으로는 어떤 사람의 신체를 구성하고 있는 모든 세포가 파괴되거나 정체되었을 때 그 사람은 죽었다고 한다.

과학적으로 '죽음이란 무엇인가'를 살펴보면, 기존의 과학적 입장으로는 심장이 뛰지 않으면 사망이라고 보았다. 하지만 최근에는 인공적 기계에 의해 심장이 뛰기도 하는 기술이 있다. 예를 들어, 뇌사의 경우 심장에 뛰는데 관여하는 숨뇌(연수)의 기능이 사라져 결국 심장이 뛰지 못하게 되는 것인데 지금은 뇌사자도 기계의 도움으로 심장이 뛰게 된다. 그럴 경우는 육체적으로는 아직 살아 있는 것이지만 정신적(뇌)으로는 이미 사망한 것이다. 또 뇌란 한번 손상되면 결코 회복이 되지 않기 때문에 기계의 도움 없이 살아날 가능성도 없는 의학적인 사망이 된다.

죽음(death)은 살아 있는 상태의 종결(ending)을 의미한다. 즉, 생물학적인 유기체(심장, 허파, 동공 등의 세포)가 생존능력을 상실해 다시는 소생할 수 없는 죽은 상태를 의미한다.

죽음의 의미는 다음 네 가지 유형으로 분류할 수 있다(김태현, 2008: 310-311).

첫째, 영혼적인 죽음으로 신으로부터의 이탈을 의미한다. 둘째, 생물학적인 죽음으로 뇌나 심장 등 인간의 생명과 관계되는 장기의 기능이 멈추는 것을 의미한다. 셋째, 정신·심리학적인 죽음으로 회복될 수 없는 혼수상태에 빠지는 것을 의미한다. 마지막으로 사회적 죽음으로 이는 인간이 사회 환경에 더 이상 적용될 수 없는 상태로서 현실세계로부터 완전히 위축된 경우를 의미하고 있다.

브롬버그와 실더(Bromberg & Schilder, 1933)에 의하면, 첫째, 복수의 수단이 될 수 있으며, 둘째, 감당 못할 현세를 벗어나기 위한 도피수단이 되기도 하고, 셋째, 자기불멸의 존재를 확인하기 위한 최종적이며 완벽한 자기애의 구현을 의미하기도 하고, 마지막으로 응징과 책벌이란 뜻에서 피학적 성향을 만족시키는 방법이 된다고 하여 죽음이 여러 가지 방법 및 수단의 의미를 지니고 있음을 지적하였다(김태현, 2008 재인용).

이렇게 죽음은 본인의 이별을 의미한다. 그러나 그것뿐만 아니라 남겨져 있는 가족과 일가친척들과 이웃들에게 아픔을 남겨 두고 간다. 그래서 수용적으로 죽음을 받아들이기 위한 것에 필요성이 있다고 본다.

종교적인 관점에서 보았을 때, 어떤 존재가 영적인 존재인가 그렇지 않은가를 구별할 수 없게 되는 상황이 발생한다. 비록 죽음을 사건이 아닌 과정으로 간주할 수도 있지만, 이러한 실용적인 고려에 의해 죽음을 죽음의 과정 중 어느 한 시점에서 일어나는 사건으로 규정하는 것이 적당하다. 만약 죽음을 이러한 방식으로 받아들인다면, 뇌사나 심폐사는 죽음의 종류라고 할 수 없다. 뇌사나 심폐사는 죽음의 과정 중에 발생하는 특징적인 하나의 사건이다.

세계보건기구(WHO)의 정의를 보면 '죽음이란 소생할 수 없는 삶의 영원한 종말'이라고 했고, 한국어 대사전에는 '죽음은 세포 내의 연속적인 생리적 변화가 불가역적으로 되어 정지되는 상태'라고 정의되어 있다.

웨스터(webster)사전에는 '죽음(death)은 동·식물에서 소생의 가망이 없는 생체기능의 영구적 정지, 생명의 종결, 죽어 가는 사실이나 행동 및 과정'이라고 했다.

대한의약협회 내 '죽음의 정의 위원회'에서는 1993년에 죽음을 '심장기능 및 호흡기능과의 반사의 불가역적 정지 또는 소실'이라고 정의하였다. 임종(dying)은 '생명이 끝나 가는 것, 죽음이 임박하는 것, 점차 소멸되는 것'이라고 했다.

칼리쉬(Kalish, 1985)는 '모든 생명체에 자연적으로 일어나는 생물학적인 사건, 원죄의 결과, 신(神)과 하나가 되는 전체성으로의 변화'로 정의하는 등 여러 학자들에 의해 정의되어 왔으며, 현재까지 알려진 공적인 정의에 의하면 죽음(death)이란 '본질적으로 중요한 특징의 불가역적인 상실로 말미암아 생물체가 완전한 변화를 일으키는 것'으로 정의되어 있다.

'죽어 감(dying)'이란 우리가 잘 알다시피 실재하고 관찰할 수 있는 과정이며, 또한 죽어 가는 개인은 물론 주변의 사회 환경에 의해서도 영향을 받을 수 있는 과정인 것이다. 죽음은 살아 있는 상태에서 죽어지는 상태에로의 전환이다. 즉, 죽음은 죽어 감으로 시작해서 죽음으로 종말을 맺는 전이과정이며, 죽어 감은 유기체가 생존능력을 상실해 가는 과정이다. 실제로 죽어 가는 사람은 다른 어떠한 회복의 가능성도 기대될 수 없는 상황에 놓여진 것으로 확인된 상태이다.

또한 임종의 강도(dying trajectory)란 사람이 죽어 가는 속도, 기능의 쇠퇴율을 말하는 것이다. 한편 죽음이란 사람이 신체적으로 죽음이 확인되는 시점(숨을 거두다, 심장의 고동이 멈추다)으로 정의되기도 한다. 죽음은 또한 사회적 과정일 수 있다. 우리는 인간이 더 이상 사고하고 감동을 느낄 수 없게 되어 그를 하나의 물체로밖에 취급할 수 없게 될 때 그 사람은 사회적으로 죽었다고 할 수 있다. 비록 신체적으로는 완전한 죽음에 이르지 않아 곁에서 하는 말을 듣고 이해할 수 있다고 하더라도 죽음의 과정에 다다른 사람은 이미 사회적으로 죽었다고 할 것이다.

죽음은 모든 생명체가 직면해야 하는 피할 수 없는 필연적인 사건이다. 융(C. Jung)은 '죽음은 하나의 목적 있는 완전하고 영원한 휴식상태로 돌아가는 과정'이라고 하였으며, 틸리케(Thielicke, 1970)는 '죽음은 국경이 그 나라에 속해 있는 것처럼, 명백히 삶에 속해 있는 것으로서 오직 설명할 수 있는 한 가지 방법은 삶에 대하여 잘못함으로써 명백하다'고 했다. 또한 죽음은 '인간은 인간이지 신이 아님을 잊지 않게 하는 하나님의 의지를 표현한 것'이라고 했다.

죽음에 대한 심리학자들의 이론에서 특히 프로이트는 인간은 미래에 자기 자신이 없어진다는 사실을 받아들이기 어려우며 죽음에 대한 불안과 죽음에 대한 욕구를 동시에 경험한다고 하였다. 또한 융은 자신이 죽는다는 것을 인정하고 받아들이고 죽음을 준비하는 것은 개인에게 가장 중요하며 긍정적인 개별화를 이루는 근본이 된다고 하였다.

2. 죽음의 의미에 영향을 미치는 요인

죽음에 대해 개인이 갖는 의미는 매우 다양하며, 이에 영향을 미치는 요인도 다양하다. 이렇게 죽음의 의미에 영향을 미치는 요인을 신체적 측면, 사회 심리적 측면, 영적 측면(신과의 관계)으로 구분한다.

1) 신체적 측면

노인은 급격한 사망보다는 만성질환의 합병증으로 장기간에 걸쳐 임종을 맞이하게 된다. 따라서 임종을 당하는 환자나 그 가족은 신체적 · 정신적 압박을 경험하며 임종에 적응하는 과정을 거치게 된다.

2) 사회 심리적 측면

임종을 맞이하는 환자는 임종환자 역할을 떠맡고 다가올 죽음에 대기한다. 이 역할은 어려운 역할로 가뜩이나 힘든 생을 살아온 사람에게 한편으로 죽음은 무거운 짐을 벗는 기회가 되기도 한다. 특별히 가사를 전적으로 담당해 왔던 여성 노인들은 남성들보다 더 잘 수용할 수 있다.

3) 영적 측면(신과의 관계)

삶의 의미를 부여하는 데 중요한 역할이다. 임종을 맞이하는 사람은 생의 의미를 찾고자 하는 욕구, 적절한 죽음을 맞이하고자 하는 욕구, 사후 세계에서 삶을 연장하고자 하는 욕구 등의 영적 욕구, 종교나 종파에 관계없이 신앙이 내재화된 사람은 영적인 평안을 얻고 죽음에 대한 충격이 크지 않으며 죽음을 비교적 쉽게 수용한다.

3. 죽음에 대한 관련 요인

죽음이라는 큰 명제 앞에 각 사람마다 접하는 태도가 다르기 마련이다. 따라서 죽음에 대한 태도는 성별, 연령, 교육수준, 종교 및 내세관, 수입, 건강수준 등에 따라 여러 가지 관련 요인이 작용을 하게 된다(김태현, 2008).

1) 성별

성차에 따른 죽음에 대한 태도와 관련된 연구들은 일관성 있게 나타나지는 않지만 몇몇 연구들(Foulkes, 1964; 서혜경, 1982)은 여성이 남성에 비해 죽음 및 임종에 대해 보다 많이 생각하는 경향이 있다고 보고 있다. 즉, 여성들이 남성들보다 죽음에 대한 불안을 더 느끼고 있다고 밝히고 있다.

이러한 결과는 아마도 여성이 성장과정에서 사회화되어 온 의존성과 종속성이 죽음과 같은 위기적 사건에 대한 방어능력을 약화시킨 결과를 반영한 것으로 풀이된다. 즉, 누구의 딸이나 누구의 아내로서 의존적으로 살아온 여성이 막상 홀로 남게 될 때 어려운 상황에 대처하는 힘이 크지 못할 것이므로 더 큰 불안이나 두려움을 느끼는 경향이 있다고 보고 있다.

따라서 남성과 여성이 느끼는 죽음에 대한 불안을 느끼는 정도가 다르게 나타나는데 남성은 죽음으로 인하여 더 이상 자신이 존재할 수 없는 상태 및 죽음으로 인해 계획했던 일이나 목표를 더 이상 할 수 없게 된다는 사실 또는 경험의 상실 등에 대한 불안이 매우 지배적인 것으로 나타나며, 여성은 임종과정에서 일어나는 심리적·신체적 고통에 대해 가장 불안을 많이 느끼는 것으로 나타났다.

2) 연령

많은 연구들에서 젊은 층에 비해 노인들이 죽음에 대해 보다 더 많이 생각하고 오히려 불안이나 공포는 더 낮은 것으로 나타나고 있다.

네이마이어와 모어(Neimeyer & Moore, 1989)는 연령이 높을수록 죽음 공포가 낮아진다는 선형적 관계성을 밝힌 연구가 다수 존재한다. 폴라크(Pollark, 1980)는 죽음공포연구들에 관한 개관을 통해 여성의 죽음공포 수준이 남성에 비해 높다고 주장했는데, 다수의 연구가 그의 주장을 지지였다. 그리고 칼리쉬(1976)의 연구에서는 젊은 성인의 40%, 중년성인의 26%, 노인의 10%가 죽음에 대한 두려움을 나타내고 있다고 하여 젊은이들이 죽음의 공포가 가장 높다는 사실을 제시하였다.

그러나 조지연(1989)의 연구에서는 청년기(13~25세), 성인기(26~29세), 노년기(60세 이상)의 3개 연령그룹으로 나누어 살펴본 결과 노인기가 죽음에 대한 불안 정도가 가장 높게 나타나고 있으며, 그다음은 성인기, 청년기의 순으로 나타나고 있다. 이것은 청년기나 성인기의 젊은 층보다는 노년기에 있는 노인들이 죽음의 현실에 대한 실질적인 불안감이 죽음의 반응에 반영되기 때문으로 볼 수 있다. 그리고 청년기, 성인기의 젊은 층에 있는 사람들은 자기 애착적 성취가 강하므로 죽음의 불안이 억압된 것으로 볼 수 있다.

3) 교육수준

교육수준은 죽음의 불안정과의 관계에서 직접적인 관련이 있으며, 연령보다는 오히려 죽음에 대한 태도에 더 많은 영향을 미친다는 견해가 있다. 즉, 교육수준이 낮은 사람이 죽음을 더 많이 생각하고 죽음에 대한 계획을 덜하며, 죽음에 의해 보다 많은 위협을 받는 것으로 느끼고 있다.

교육수준과 죽음에 대한 불안태도 등의 관계를 보다 명확히 규명하기 위해서는 학력변인과 밀접한 관련이 예상되는 연령, 경제적 변인과의 밀접한 관련이 예상되는 연령이나 경제적 변인과의 상호작용을 통제 후 교육수준에 따른 주 효과를 보는 것이 더 바람직할 것이다.

조지연(1989)은 교육수준에 따른 죽음의 불안 정도를 보기 위해 상 그룹(초대 졸 이상), 하 그룹(고졸 이하)으로 구분하여 살펴본 결과 학력이 높은 사람에게서 죽음 불안이 낮게 나타나고 있음을 보고하였다. 또한 연령변인을 통제한 후 학력과 죽음 불안 정도를 살펴본 후에도 학력이 죽음 불안에 영향을 미치고 있음을 나타냈다.

4) 종교 및 사후 내세관

종교가 죽음의 태도 간의 관계는 학자들마다, 가지고 있는 종교에 따라 상이한 주장을 하고 있다. 즉, 죽음 뒤에도 생이 계속된다고 하는 영혼불멸의 내세에 대한 믿음은 죽음의 공포나 불안에 대한 주요한 대체기제가 될 것이다. 대부분 종교는 내세관을 가지고 있다. 즉, 특별한 종교적 관점보다는 어떻게 진실되고 순수하게 믿느냐의 믿음체계가 죽음의 불안에 영향을 미치며, 공포감을 완화하고 수용하는 태도에 더 깊은 영향을 미치는 것으로 나타났다.

종교와 죽음에 대한 불안의 정도는 종교에 얼마만큼 믿음을 가지고 헌신하느냐와 행위가 있는 믿음을 가졌느냐에 따라 관련이 있다고 주장되고 있다. 종교적 믿음이 강한 사람들이 그렇지 않은 사람들보다 낮은 죽음의 불안 정도를 나타내고 있다고 밝혔다. 그러나 가장 불안을 보였던 집단은 비종교인보다 불규칙적으로 교회에 나가거나 중간 정도의 믿음을 갖는 사람들이라는 결과도 나타나고 있다.

따라서 특별한 종교적 관점보다는 어떻게 진실된 믿음을 가지고 있느냐의 믿음 체계가 죽음의 불안에 영향을 미치며, 공포감을 완화하고 수용하는 태도에 더 깊은 영향을 미치는 것으로 생각된다.

5) 수입

나이가 들어가면서 당면하는 큰 문제 중 하나가 경제력 상실일 것이다. 특별히 의학이 발전하고 자본주의의 사회에서 돈이면 다 된다는 의식 속에 살아가는 현대에서 수입과 죽음에 의한 태도에서는 불안도와 밀접한 관련이 있을 것이다. 수입이 죽음의 긍정적 태도와 부정적 태도 중 어느 한쪽과 밀접히 관련이 있다고 말할 수는 없으며, 기존의 연구결과도 일정치 않으나 노년기의 수입으로 인한 생활의 만족과 불만이 죽음에 대한 심리상태에도 영향을 비칠 수 있다고 본다. 누구든지 갖고 싶은 욕망이 죽음의 공포를 낳으므로 소득의 정도 여부 또한 죽음의 태도와 관련이 있을 것이다.

김태현 등(1989)의 연구에서는 상류층 노인은 죽음의 태도가 부정적이며, 하류층 노인일수록 죽음의 태도가 긍정적인 태도를 지니는 것으로 나타나고 있다. 즉, 하류층 노인일수록 죽음이 현실의 당면 문제인 생계의 고통에서 해방되는 것으로 생각할 수 있기 때문에 긍정적 태도를 지닐 수 있다는 것이다. 이러한 결과는 생활정도가 높은 노인일수록 다시 태어나고 싶다고 했고 생활수준이 낮은 노인일수록 다시 태어나고 싶지 않다는 환생의 욕구 정도와도 같은 맥락에서 해석될 수 있다.

6) 건강수준

건강하다는 것이 아프지 않다는 것이고 건강한 사람은 죽음에 대한 태도와 무관하다고 본다. 죽음에서 건강은 생활만족도나 우울증 등에 크게 영향을 미치는 요인이었다. 건강수준은 노인의 죽음에 대한 심리상태에 영향을 미치게 된다. 즉, 건강한 노인은 생활에서 지장이 없게 될 것이고 반대로 건강하지 않는 노인에게는 죽음에 대한 불안을 가중시키는 요인으로 작용될 것이므로 건강수준은 노인의 죽음에 대한 태도에 영향을 미치게 될 것이다.

서혜경(1987)은 죽음과 건강에 대한 연구결과, 개인의 건강이 객관적이거나 주관적으로 죽음의 불안과는 관련이 있으며, 건강한 사람보다는 건강하지 않는 사람들이 죽음에 대한 불안감이 높게 나타난다고 하였다.

요약하면, 건강한 노인보다는 건강하지 못한 노인들이 죽음에 대한 불안이 높다. 그러므로 미래 죽음에 대비한 건강관리가 곧 죽음을 대비하는 하나의 방편이 될 것이다.

제4절 장사

1. 장사의 목적과 용어 정의

1) 목적

인구고령화로 인한 사망자 증가, 가족구조 변화 및 화장 문화의 정착 등 변화하는 장사정책 환경에 효과적으로 대응하고, 품위 있는 자연친화적인 장례문화를 확산함으로써 국민의 보건 위생상태의 위해를 방지하고, 국도의 효율적 이용과 공공복지 증진에 이바지할 목적으로 법을 제정하여 시행하고 있다.

정부는 2021년 7월 21일 「장사 등에 관한 법률」을 발표하였다. 자연친화적이고 지속가능한 장사문화정착에 목표를 둔 이 법은, 장사(葬事)의 방법과 장사시설의 설치·조성 및 관리 등에 관한 사항을 정하여 보건위생상의 위해(危害)를 방지하고, 국토의 효율적 이용과 공공복리 증진에 이바지하는 것을 목적으로 한다.

2) 용어 정의

(1) 매장이란 시신(임신 4개월 이후에 죽은 태아를 포함한다. 이하 같다)이나 유골을 땅에 묻어 장사(葬事)하는 것을 말한다.

(2) 화장이란 시신이나 유골을 불에 태워 장사하는 것을 말한다.

(3) 자연장(自然葬)이란 화장한 유골의 골분(骨粉)을 수목·화초·잔디 등의 밑이나 주변에 묻어 장사하는 것을 말한다.

(4) 개장이란 매장한 시신이나 유골을 다른 분묘 또는 봉안시설에 옮기거나 화장 또는 자연장 하는 것을 말한다.

(5) 봉안이란 유골을 봉안시설에 안치하는 것을 말한다.

(6) 분묘란 시신이나 유골을 매장하는 시설을 말한다.

(7) 묘지란 분묘를 설치하는 구역을 말한다.

(8) 화장시설이란 시신이나 유골을 화장하기 위한 화장로 시설(대통령령으로 정하는 부대시설을 포함한다)을 말한다.

(9) 봉안시설이란 유골을 안치(매장은 제외한다)하는 시설을 말한다.

3) 화장문화(火葬文化)

묘지강산을 금수강산으로 바꿔야 한다며 시작된 장사문화개혁운동이 사회 지도층 인사들의 솔선수범으로 인해 국민적인 공감대를 얻어 가면서 장사문화의 의식이 새롭게 개선되고 있다. 요즘에 들어서는 화장(火葬)에 대한 인식의 큰 변화로 화장을 원하는 유언(遺言)을 남기는 분들이 많아지는 추세다.

(1) 화장은 우리의 전통적인 장사제도

① 선사시대에는 지석묘, 고인돌 등 일정의 공동묘지였다.

② 삼국시대는 나라마다 조금은 차이가 있지만 주로 매장(埋葬)을 하다가 통일신라시대에 들어와서 불교의 영향으로 화장이 성행하였다.

③ 조선시대에는 유교적, 지리적 장사관습이 주를 이뤘는데 억불숭유정책으로 화장을 금하고 매장제를 시행하였고, 이때의 관행이 지금까지 우리 사회에 깊게 자리를 잡아 문제를 야기하고 있다.

④ 현재의 매장관습은 조선 초 이후에 형성된 관습으로 화장을 장려하는 것이 결코 우리의 고유 전통을 무너뜨리는 것은 아니다.

(2) **화장(火葬)의 장점**

① 청결하고 평화롭게 모시는 장법(葬法)

조상을 멀리 떨어진 산에 모셔 거친 자연환경과 천재지변 속에 두고두고 고통받게 하는 것보다 화장을 하여 봉안(奉安)이나 자연장을 하면 언제나 깨끗하고 평화롭게 모실 수 있다. 더불어 조상과 후손, 가족 간의 유대를 강화할 수 있다.

화장을 하여 가족자연장이나 봉안시설에 조상을 모시면 문중이 자주 한자리에 모여 가족 유대를 강화할 수 있는 장점이 있다. 또한 대대로 가족의 묘소를 한 곳에서 관리할 수 있어 매우 편리하다.

② 저렴한 비용, 편리하고 위생적인 관리가 가능

화장은 우선 장례비용이 저렴하다. 수의나 관 등 장의용품에서 비용을 줄일 수 있고 조문객 접대비 차량 이동비만으로 장례를 치를 수 있어 유가족의 장례비용 부담을 줄일 수 있다. 봉안시설을 이용하면 묘지비용을 더 절감할 수도 있다.

2. 장사정책의 기본방향

1) 장사제도의 개선을 통한 장사행정 역량 강화

(1) 제도와 관행의 격차 해소 및 법적 실효성을 제고한다.

(2) 현행 장사제도 문제점을 파악하여 비합리적인 규제의 제도 개선을 추진한다.

2) 매장 억제 및 화장·봉안·자연장의 장려와 위법한 분묘설치의 방지를 위한 개선

(1) 화장시설 설치 촉진 및 현대화, 화장가능 시설·지역 확대 등 화장 장려를 위하여 제도기반을 개선하고 정비한다.

(2) 장사시설 수급 종합계획을 수립·이행한다.

(3) 사망자 정보, 장사시설 이용 및 묘지설치 관련 정보의 관리 공유체계를 구축한다.

(4) 제2차 장사시설 수급 종합계획('18~'22)에 대비하여 불법 · 무연분묘 정비 방안을 개발한다.

3) 국민의 인식개선을 통한 장사문화의 개선

(1) 국민의 인식변화와 사회적 합의 도출을 위하여 현장순회교육을 통한 장사문화 개선 및 인식변화 등에 대한 공감대를 형성한다.

(2) 지방자치단체, 지역주민, 관계기관 협조 및 전국적 현장순회교육 등을 통하여 장사문화 인식개선, 홍보 · 교육을 한다.

(3) 광고 및 관련 이벤트 개최 등을 통해 친환경적 장사문화 홍보 및 장사시설에 대한 인식개선 노력을 한다.

3. 주요 추진계획

1) 장사시설 확충 및 개선방안

(1) 지자체 간 공동장사시설 설치로 지역 간 장사업무 협력 체계를 구축한다.

(2) 화장시설 · 봉안시설 · 자연장지 등을 모두 갖춘 종합장사시설 설치로 지역편의성 · 접근성 증대를 고려한다.

(3) 노후 화장로를 신형 화장로로 교체하여 화장서비스 편의성 제고를 고려한다.

(4) 공설봉안당 지원 축소를 검토한다.

(5) 공설묘지 재개발을 추진한다.

2) 화장장려 · 촉진을 위한 제고 개선

(1) 화장시설의 관내 · 관외 요금 격차 해소를 위해 노력한다.

※ 관내 · 관외 요금 격차는 원가의 3배를 초과하지 않는 범위에서 결정한다.

(2) 화장시설이 없는 지자체 간 공동화장시설 설치로 지역주민 서비스 증대를 위해 노력한다.

※ 화장시설이 있는 지자체는 인근 지자체와 공동이용 방안 모색을 한다.

3) 장례서비스 개선

(1) 장례식장의 보건위생 및 시설・설비・안전기준 등 관리 기준을 마련한다.

(2) 장례식장 이용자의 안전과 만족도 등 편익 제고를 위한 장례식장 영업자・종사자 교육을 실시한다.

(3) 소비자 단체 등과 연계하여 주기적인 불공정 행위 모니터링 추진, 민관 합동으로 친자연적인 장례 홍보・캠페인을 실시한다.

4) 장사정보시스템 운영

(1) 전국의 화장시설 예약 단일화 시스템을 구축한다.

(2) 장사시설 현황 및 가격 정보를 제공한다.

(3) 장례절차 및 장사 방법 등에 관한 정보를 제공한다.

(4) 각종 연금・복지 급여의 지급 기관 등에 제공하기 위한 사망처리를 관리한다.

(5) 그 밖에 보건복지부 장관이 필요하다고 인정하는 사항을 처리한다.

5) 장사문화에 대한 대국민 인식 개선 및 주민참여 확대

(1) 장사시설 신축 시 시설의 필요성, 설치지역의 환경개선・편의성・경제적 이익 등을 지역주민이 판단할 수 있도록 지역주민 추진위원회를 구성하고, 주민들이 공모를 통한 시설유지 결정에 자율적으로 참여할 수 있도록 한다.

(2) 호화・사치장례 근절 및 품위 있는 친자연적 장사문화 확산을 추진한다.

4. 장사 방법(매장, 화장, 개장, 자연장)

1) 매장

(1) 매장의 정의

'매장'이란 시신(임신 4개월 이후에 죽은 태아를 포함한다. 이하 같다)이나 유골을 땅에 묻어 장사하는 것을 말한다.

(2) 매장의 시기

① 매장은 사망 또는 사산한 때부터 24시간이 지나야 할 수 있다. 단, 24시간 이전에 할 경우는 별도 규정에 의한다.

② 위반 시는 1년 이하의 징역 또는 1,000만 원 이하의 벌금을 부과한다.

(3) 매장 장소

누구든지 공설묘지 또는 사설묘지 외의 구역에 매장을 하여서는 안 된다. 위반 시는 1년 이하의 징역 또는 1,000만 원 이하의 벌금을 부과한다.

(4) 매장의 방법 등

① 매장을 하려는 자는 공중위생에 해를 끼치지 아니하도록 하여야 한다. 매장의 방법 및 처리기준은 시신 또는 화장하지 아니한 유골은 위생적으로 처리하여야 하며, 매장 깊이는 지면으로부터 1미터 이상이어야 한다.

② 위반 시에는 1년 이하의 징역 또는 1,000만 원 이하의 벌금을 부과한다.

(5) 시신에 대한 약품처리를 하는 경우 약품처리 기준(시행규칙 제3조 별표1)

① 매장하려는 자가 시신에 대하여 약품처리를 하려면 기준(약품을 처리할 수 있는 장소)에 따라 위생적으로 처리하여야 한다.

② 약품에 대한 처리 시 시설기준을 준수해야 한다(「하수도법」 제2조제5호에 따른 개인하수처리시설 구비).

③ 약품보관실은 환기시설이 설치되어 있어야 한다.

④ 약품처리 시 준수사항을 지킨다. 위반 시 300만 원 이하의 과태료를 부과한다.

(6) 매장 신고

① 매장 신고는 사후 신고제로 매장 후 30일 이내에 매장지를 관할하는 시장 등에게 신고하여야 한다.

② 위반 시는 300만 원 이하의 과태료를 부과한다.

2) 화장

(1) 화장(시설)의 정의

'화장(火葬)'이란 시신이나 유골을 불에 태워 장사하는 것을 말한다. 화장시설이란 시신이나 유골을 화장하기 위한 화장로 시설(부대시설 포함)을 말한다.

(2) 화장 신고

① 사전 신고: 화장을 하려는 자는 화장시설을 관할하는 시장 등에게 신고하여야 한다.

※ 장사법상의 각종 신고는 '민원 24시(www.minwon.go.kr)'에서 신고 가능

② 위반 시 200만 원 이하의 과태료를 부과한다.

③ 화장신고의 종류에는 시신의 화장신고와 죽은 태아, 개장유골의 화장신고가 있다.

(3) 화장을 할 수 있는 시설 또는 장소

누구든지 화장시설 외의 시설 또는 장소에서 화장을 하여서는 아니 된다. 다만 다음의 경우로서 보건위생상의 위해가 없는 경우에는 그러지 아니한다. 위반 시는 1년 이하의 징역 또는 1,000만 원 이하의 벌금을 부과한다.

(4) 화장의 시기

① 화장은 사망 또는 사산한 때부터 24시간이 지나야 할 수 있다. 단 24시간 이전에 할 수 있는 경우는 외에 규정에 준한다.

② 위반 시는 1년 이하의 징역 또는 1,000만 원 이하의 벌금을 부과한다.

(5) 화장의 방법

① 화장을 방법과 기준은 시신 또는 화장하지 아니한 유골은 공중위생에 해를 끼치지 않도록 완전히 태워야 한다.

② 위반 시는 1년 이하의 징역 또는 1,000만 원 이하의 벌금을 부과한다.

3) 개장

(1) 개장의 정의

'개장'이란 매장한 시신이나 유골을 다른 분묘 또는 봉안시설에 옮기거나 화장 또는 자연장 하는 것을 말한다. 개장하여 매장 또는 화장하는 경우에는 「장사 등에 관한 볍률 시행령」 제7조 제1호 및 제2호에 따른다. 위반 시는 1년 이하의 징역 또는 1,000만 원 이하의 벌금을 부과한다.

(2) 개장 신고

① 사전 신고: 개장을 하려는 자는 시신 또는 요골의 현존지 또는 개장지를 관할하는 시장 등에게 신고하여야 한다.

② 매장한 시신 또는 유골을 다른 분묘로 옮기거나 화장하는 경우 시신 또는 유골의 현존지와 개장지 2곳에 각각 신고하여야 한다.

(3) 묘지 소유자(분묘 설치자) 또는 연고자가 자기 소유 또는 연고의 분묘를 개장하는 경우는 사전 신고 후 개장(시행규칙 제2조)한다. 위반 시 200만 원 이하의 과

태료를 부과한다.

(4) **공설묘지 또는 사설묘지 설치자가 설치기관이 종료된 분묘에 대하여 개장하는 경우**

① 해당 분묘의 설치자 또는 연고자를 알고 있는 경우에 한한다.

② 해당 분묘의 연고자를 알 수 없는 경우는 개장 예정일부터 3개월 전에 다시 공고하되 첫 번째 공고일로부터 40일이 지난 후에 다시 한다.

(5) **토지 소유자나 묘지 설치자 또는 연고자가 자신의 소유 토지나 묘지에 승낙 없이 설치된 분묘를 개장하는 경우**

① 해당 분묘의 설치자 또는 연고자를 알고 있는 경우는 개장 예정일로부터 3개월 전에 분묘 설치자 또는 연고자에게 서면 통보한다.

② 해당 분묘의 연고자를 알 수 없을 경우는 공고, 개장허가 신청을 하여야 한다. 위반 시는 1년 이하의 징역 또는 1,000만 원 이하의 벌금을 부과한다.

(6) **묘지 등 수급계획의 수립이나 무연분묘의 정리 등을 위한 묘지의 일제 조사 결과 무연분묘에 대하여 개장하는 경우**

① 개장 주체의 시 · 도지사 또는 시장 · 군수 · 구청장이다.

② 개장 절차 및 방법은 공고, 무연분묘의 처리 규정에 의해 처리한다.

4) 자연장

(1) **자연장의 정의**

'자연장(自然葬)'이란 화장한 유골의 골분(骨粉)을 수목 · 화초 · 잔디 등의 밑이나 주변에 묻어 장사하는 것이다.

'매장'과 '연장장'의 구분

구 분	대 상	장 소	시 설 물
매 장	시신 또는 유골	묘 지	분묘(비석, 상석, 기타 석물)
자연장	화장한 유골의 골분	수목·화초·잔디 등의 밑이나 주변	표지, 편의 시설

(2) **자연장의 방법 및 기준**

자연장을 하는 자는 화장한 유골을 묻기에 적합하도록 분골하여야 하며, 화장한 유골의 골분, 흙, 용기 외의 유품(遺品) 등을 함께 묻어서는 안 된다.

① 자연장의 방법: 지면으로부터 30센티미터 이상의 깊이에 화장한 유골의 골분을 묻되, 용기를 사용하지 않을 경우 흙과 섞어서 묻어야 하고, 용기를 사용할 경우에는 생화학적으로 분해가 가능한 것을 사용하여야 한다.

② 자연장에 사용하는 용기는 「자원의 절약과 재활용촉진에 관한 법률」 제2조제16호에 따른 생분해성수지제품을 사용하되, 용기의 크기는 자연장 깊이에 알맞도록 사용한다.

(3) **묘지 소유자(분묘 설치자) 또는 연고자가 자기 소유 또는 연고의 분묘를 개장하는 경우는 사전 신고 후 개장(시행규칙 제2조)한다. 위반 시 200만 원 이하의 과태료를 부과한다.**

(4) **자연장의 장소**

① 공설자연장지는 산림청장, 다른 중앙행정기관의장 또는 지방자치단체의 장이 조성·관리하는 수목장림이나 그 밖의 자연장지이다.

② 사설자연장지는 개인·가족자연장지, 종중·문중 자연장지, 종교단체·법인자연장지 등이다.

별지# 1 100세 노인인구와 청려장(靑藜杖) 지팡이의 유래

100세 인구가 급격히 늘고 있다.

보건복지부는 올해 100세가 된 노인은 남성 200명, 여성 1064명 등 총 1264명이라고 1일 밝혔다.

해마다 100세를 맞는 노인 수는 2009년 884명→2010년 904명→2011년 927명→2012년 1201명 등으로 늘어 왔다.

이들에게는 대통령 명의로 청려장을 축하인사와 더불어 지급한다.

안전행정부의 주민등록 통계에 따르면 9월 현재 100세 이상은 1만 3513명인데,

여기에는 1만 28명의 '거주 불명등록자'가 포함되어 있어 주소가 있는 100세 이상은 3485명으로, 이 정도가 살아 있는 100세인으로 추정된다.

보건복지부가 노인의 날(10월 2일)을 맞아 26일 발표한 지난해 100세가 된 사람은 1201명으로, 재작년(927명)보다 29%나 늘었다. 경기도가 231명으로 가장 많고, 서울 183명, 경북 95명, 전남 90명 순이다. 여성 평균 수명이 남성보다 7세가 높듯, 올해 100세를 맞은 노인 전체의 84%가 여성이다.

2010년 100세가 된 사람은 904명으로 전년에 비해 2.3%, 2011년엔 927명으로 전년에 비해 2.5% 늘었다.

이에 비하면 올해 100세가 된 노인 숫자가 가파르게 늘어난 것이다. '100세 시대'로의 본격 진입으로 보인다.

그동안 매년 100세 노인은 20~300명씩 늘었다.

하지만 현재 99~95세 인구가 각 연령마다 연간 1,000여 명씩 늘어나고, 94~90세는 각 연령마다 연간 4,000명씩 느는 추세여서 앞으로 100세 인구의 증가 속도는 갈수록 빨라질 전망이다.

100세 이상이 되면 사망자도 급격히 늘어난다. 통계청이 2010년 11월에 100세 이상이던 1836명을 5개월 뒤 재조사하니 17%인 307명이 숨졌다.

연간으로 따지면 30%가 사망하는 것이다. 100세를 넘어 장수하는 사람들의 특징은 금연·금주이다. 통계청이 2011년에 '100세 이상 고령자' 1529명을 조사한 결과를 보면, 100세 이상 중 비흡연자가 71%이고, 비음주자가 69.8%였다.

평생 금주 금연자는 10명 중 5.8명이나 됐다.

100세 시대에 접어들게 됐지만, 건강하지 못한 사람이 늘어나는 게 문제다.

통계청의 100세 조사에서 치매 환자가 전체의 33.9%나 됐다. 2005년에는 19%였다.

이 때문에 가족을 떠나 노인요양원 등에서 생활하는 경우가 10명 중 2명(23%) 이상이 됐다.

박상철 가천의대 원장은 의료 환경과 영양 상태가 좋아져 90세 이상이 급증하고 있다며 심혈관 질환과 당뇨, 고혈압 등 만성질환을 잘 관리하고, 노인들이 외로움에서 벗어나도록 정서적인 안정을 주는 분위기를 만들면 건강한 100세 시대를 맞을 수 있다고 말했다.

- 청려장(靑藜杖) 지팡이의 유래 -

청려장(靑藜杖)

청려장(靑藜杖) 지팡이 유래

청려장(靑藜杖)은 1년생 잡초인 명아주의 대로 만든 지팡이를 말한다.

중국 후한 때 유향이란 선비가 심야에 지팡이로 땅을 치자 불빛이 환하게 일어났다 하여 붙여진 이름이다.

우리나라에서도 통일신라 때부터 장수한 노인에게 왕이 직접 청려장을 내렸다고 전해진다.

중국 명나라 말기 홍자성이 지은 『채근담(菜根譚)』에 "높은 벼슬아치 무리 속에 명아주 지팡이 짚은 묵객 한 명이 섞이면 고상한 멋이 더해지고, 장사꾼 속에 벼슬아치 한 명이 끼면 속된 기운이 더해진다."라고 하였는데 실제로 노자사상을 대표하는 장자(莊子)도 청려장를 사용하였다고 한다.

담양 면앙정(俛仰亭)에 걸린 현판 중에 삼언가(三言歌) 내용에서 "부여장 송백년(扶藜杖 送百年: 청려장을 짚고 백 년을 보내리라!)"이라 하여 송순이 청려장을 노래하듯이 안동 도산서원에는 퇴계(退溪) 선생이 짚고 다니시던 청려장이 원형 그대로 보관되어 있다.

또 『본초강목』에도 '청려장을 짚고 다니면 중풍에 걸리지 않는다.'는 기록이 있고, 민간에서도 신경통, 손발에 쥐가 날 때도 좋아진다고 해 귀한 지팡이로 여겼다.

청려장은 특히 재질이 단단하고 가벼우며, 품위가 있어 섬세하게 가공할 경우 오랫동안 사용할 수 있어 예부터 환갑을 맞은 노인의 선물로 널리 이용되었다.

조선시대에는 나이별로

- 50세가 되었을 때 자식이 아버지에게 바치는 청려장을 가장(家杖)
- 60세 때 마을에서 주는 것을 향장(鄕杖),
- 70세 때 나라에서 주는 것을 국장(國杖),
- 80세 때 임금이 내리는 것을 조장(朝杖)이라고 하여 장수 노인의 상징으로 여기기도 했다.

청려장은 1992년부터 세계노인의 날인 10월 2일에 100세를 맞은 노인들에게 대통령이 선물하는 전통 장수 지팡이이자 민속품으로도 가치를 인정받고 있다.

홍심려, 학정초, 능쟁이, 도트라지 등 지역마다 여러 이름으로 일컬어지며, 오늘날에는 자연산 명아주 대신 주로 육묘 재배한 명아주로 만든다.

청려장은 그 안에 담긴 효심 속설 그대로 노인들의 건강한 삶을 위해 든든한 버팀목이 되고 있다.

앞으로 돌아오는 어버이날에는 자식이 직접 효도 청려장을 선물할 수 없다 하더라도 부모님을 생각하는 마음의 선물 청려장은 어떠할까 한다.

참고문헌

강재언(1981). 한국의 개화사상. 서울: 비봉출판사.

고수현(2009). 노인복지이론과 실제. 경기: 학현사.

고수현(2018). 100세 시대 노인복지론. 경기: 정민사.

고수현, 윤선오(2009). 새로운 노인복지론. 경기: 양서원.

고양곤 외(2003). 노인과 자원봉사활동. 서울: 학지사.

고재욱, 황진수(2013). 노인복지론. 경기: 양서원.

고정자(2001). 노인복지학개론. 서울: 형설출판사.

국가인권위원회(2017). 노인인권종합보고서.

국민건강보험공단(2007). 노인장기요양보험제도 준비현황과 향후 추진계획.

권육상(2005). 최신 노인복지론. 서울: 유풍출판사.

권육상(2005). 최신 노인복지론. 서울: 학지사.

권육상 외(2001). 노인생활건강. 서울: 유풍출판사.

권중돈(2020). 노인 복지론. 서울: 학지사.

기영화(2007). 노인교육의 실제. 서울: 학지사.

김계현(2005). 상담심리학. 서울: 학지사.

김기태 외(2002). 사회복지실천론. 경기: 양서원.

김기태 외(2006). 사회복지실천론. 경기: 양서원.

김성철, 김성숙, 노혜란, 박경원, 박노숙, 박란이, 박윤희, 방만금, 오현주, 이성은, 임유진(2021). 노인복지론. 경기: 양성원.

김영숙(2007). 노인 자원봉사활동 참여요인 분석 및 활성화 방안 연구. 경희대 대학원 석사학위논문.

김재인, 허현란(1998). 여성노인의 여가교육 프로그램 개발. 서울: 한국여성개발원.

김태현(2008). 노년학. 경기: 교문사.

남기민, 김옥배, 방영숙, 김영배, 이철희, 장미선, 윤혜정, 김현숙, 이은주(2006). 고령화 사회와 노인복지. 경기: 양서원.

남기민 외(2003). 현대노인교육론. 서울: 현학사.

네이버 지식백과(2014). 국가건강정보포털 의학정보.

류기형, 남미애, 박경일, 홍봉선, 이경희, 장중탁(2005). 자원봉사론. 경기: 양서원.

모선희, 김형수, 유성호, 윤경아, 정윤경(2018). 현대노인복지론. 서울: 학지사.

박귀영(2012). 사회문제론. 경기: 양서원.

박귀영(2014). 노년학. 경기: 정민사.

박귀영, 강병노, 오현숙, 이영희, 이우언, 전대성, 정명희, 최병태(2021). 사회복지현장실습. 경기: 양성원.

박귀영, 김영종(2017). 가족복지론. 경기: 수양제.

박귀영, 김정옥, 백경숙, 유가효, 조희금, 홍계옥, 홍상욱(2014). 가족과 젠더. 경기: 양서원.

박귀영, 김정옥, 유가효, 전귀연, 홍계옥, 홍상욱(2012). 가족관계. 경기: 양서원.

박귀영, 류기덕, 박형준, 신종우, 오현숙, 이상주(2010). 사회복지실천론. 경기: 양서원.

박귀영, 류미령, 오현숙, 이영희, 이용환, 현영렬(2021). 사회복지실천기술론. 경기: 양성원.

박귀영, 배기효, 전영록, 오현숙, 허영숙, 황동섭, 조국행(2015). 노인복지론. 경기: 양서원.

박귀영, 정일교, 전영록, 전대성, 오현숙, 이영식, 황동섭, 조국행(2019). 노인복지론. 경기: 양성원.

박재간(2002). 노인자원봉사활동. 노인 가족복지정책연구총서.

박차상 외(2005). 한국노인복지론. 서울: 학지사.

박태룡(2002). 노인복지론. 경북: 대구대학교 출판부.

보건복지가족부(2008). 노인복지 우수프로그램 사례집.

보건복지부(2002). 마드리드 고령화국제행동계획.

보건복지부(2005). 노인의 자원봉사활동 참여 실태조사와 개선방안.

보건복지부(2012a). 2012년 의료급여사업 안내.

보건복지부(2012b). 노인복지시설현황.

보건복지부(2020). 2020년 노인보건복지사업안내.

보건복지부(2020). 국민건강보험 장기요양보험.

보건복지부(2020). 노인맞춤돌봄서비스 사업안내.

보건복지부(2021). 노인보건복지사업 안내.

보건복지부(2021). 노인일자리 및 사회활동 지원사업 운영안내.

서혜경(1987). 한미 노인들의 죽음에 관한 연구. 한국노년학, 7, 39-60.

시사IN(2019.06.11.). 자연환경과 자연식이 장수 비결이라고?

양정화 외(2005). 사회복지정책론. 경기: 양서원.

이근홍(2020). 노인복지론. 경기: 공동체.

이순희(2001). 노인교육 프로그램 개발 및 결과분석. 한국노년학, 21(2), 85-98.

이인수(2000). 21세기 실버산업과 노후생활. 서울: 양지사.

이인수(2001). 노년기 생활과학. 서울: 양서원.

이인수, 이승명, 정종식(2012). 21세기 노인복지론. 서울: 대왕사.

이장호(2005). 상담심리학. 서울: 박영사.

이종복, 고미영, 김성철, 김재열, 남희수, 박승자, 순덕기, 이권일, 이금숙, 이유선, 이재선, 홍성로(2012). 노인복지론. 경기: 양서원.

임재옥, 서연숙, 송노원, 송혜자, 이승준, 정태명, 조수동, 한승협(2017). 노인복지론. 경기: 양서원.

전길양, 송현애, 고선주, 김일명(2000). 노년기 준비 교육 프로그램-풍요로운 노후 가꾸기. 한국노년학, 20(1), 69-91.

조지연(1989). 죽음에 대한 불안태도 연구. 경희대학교 석사학위논문.

최종고(1981). 한국근대법사상사. 서울: 박영사.

최선화 외(2003). 사회문제와 사회복지. 경기: 양서원.

통계청(2019). 장래인구특별추계: 2017~2067.

통계청(2020). 2020 고령자 통계.

한국금융연구원(2019). 우리나라 노인빈곤율 현황과 시사점.

한국노년학 포럼(2007). 노년학척도집. 서울: 나눔의집.

한국노인인력개발원(2020). 2021년 노인일자리 및 사회활동 지원사업 정책방향.

한국방송통신대학교(2010). 노년학. 서울: 한국방송통신대학교 편집부.

한국임상사회사업학회(2004). 노인복지론. 경기: 양서원.

한상범(1981). 기본적 인권. 서울: 정음사.

한상범(1988). 현대인권론. 서울: 동국대학교 출판부.

한정란(1994). 노인교육과정 개발 실천연구. 연세대학교 대학원 박사학위논문.

허정무(2002). 노인교육이론과 실천방법론. 서울: 양서원.

홍숙자(2010). 노년학. 서울: 하우.

Baron, J. H., & Bielby, W. T. (1985). Organizational barriers to gender equality : Sex segregation of jobs and opportunities. In A. S. Rossi(Ed.). *Gender and the lifecourse*(pp.233-251). New York: Aldine.

Blenkner, M. (1969). The normal dependencies of aging. *Occasional. Papers in Gerontology, 6,* 27 - 37.

Hickey T., & Douglass, R. L. (1981). Neglect and Abuse of Older Family Members: Professionals' Perspective and case Experiences. *The Gerontologist, 21*(2), 171-176.

Hickey, T., & Douglass, R. L. (1981). Mistreatment of the elderly in the domestic setting: An exploratory study. *American Journal of Public Health, 71*, 500-507.

Kisemy, L. R., Tarbox, A. R., & Bragg, D. F. (1981). The caretakers and the hidden agenda I: The caretakers and categories of abuse. *Journal of American Geriatrics Society, 29*, 465-472.

Korean Society of Welfare for the Aged, *International Journal of Welfare for Aged*. v. 6. 한국노인학회, 2002.

Munnichs, J. M. A. (1966). *Old Age and Finitude.A Contribution to Psychogerontology.* Basel: Karger.

Naisbitt, J., & Aburdene, P. (1990). *Megatrends 2000: Ten new directions for the 1990's.* New York: Morrow.

Otten, Jane F.C. Shelly, *When tour Parents Grow Old*, 한동희, 전개논문, 1991.

Walker, A. J., Pratt, C. C., & Eddy, L. (1995). Informal caregiving to aging family members: A critical review. *Family Relations, 44*, 402-411.

Weith, M. E. (1994). Elder abuse: A national tragedy. *FBI Law Enforcement Bulletin, 63*, 24-26.

보건복지부 홈페이지(www.mohw.go.kr).

이지경제(http://www.ezyeconomy.com).

한국노년학회(http://www.tkgs.or.kr).

한국노인복지학회(http://www.koreapeople.co.kr).

한국노인의 전화(http://www.kisca.or.kr).

찾아보기

저자 소개

박귀영

경희대학교 대학원 석사(지역사회개발학과 사회복지전공)
현, 한영신학대학교 기독교아동복지학과 교수
〈저서〉 가족복지론, 사회복지실천기술론 외 다수

정일교

중앙대학교 대학원 석사 과정 졸업(사회정책 전공)
일본 關西學{院大學{ 大學{院 博士課程 수료(사회복지 전공)
현, 가톨릭상지대학교 사회복지과 교수
〈저서〉 장애인복지론, 사회복지정책론 외 다수

전영록

대구대학교 사회복지대학원 철학박사
전, 제주시지역사회보장협의체 공동위원장
현, 제주관광대학교 사회복지과 교수
〈저서〉 사회복지행정론, 인간행동과 사회환경 외 다수

전대성

단국대학교 대학원 행정학박사
현, 경북전문대학교 사회복지과 교수
〈저서〉 사회복지법제론, 사회복지개론 외 다수

오현숙

대구대학교 대학원 사회복지학과(철학박사)
현, 호산대학교 휴먼복지학부 학부장
〈저서〉 사회복지법제론, 사회복지학개론 외 다수

▌이영식

영남대학교 대학원 법학과(법학박사)
현, 수성대학교 사회복지과 교수
〈저서〉 사회복지법제론 외 다수

▌황동섭

위덕대학교 대학원 사회복지학 박사
현, 선린대학교 사회복지심리상담학부 교수
〈저서〉 정신보건복지, 노인복지 외 다수

▌정명희

평택대학교 대학원 사회복지학박사
현, 중원대학교 사회복지학과 교수
〈저서〉 정신건강론, 사회복지실천론 외 다수

▌유승창

유승창 일본 나고야대학교대학원 문학박사
현, 고구려대학교 사회복지실천과 교수
〈저서〉 사회복지법제와 실천, 문학으로 보는 일본의 온천문화 외 다수

노인복지론

1판 1쇄 발행 — 2022년 2월 25일
1판 2쇄 발행 — 2023년 8월 20일

저 자 – 박귀영 정일교 전영록 전대성 오현숙
이영식 황동섭 정명희 유승창

발 행 인 – 강철원
발 행 처 – 양성원
주 소 – 경기도 파주시 검산로 173번길 29-12
전 화 – 031-946-3861(代)
팩 스 – 031-946-3864
이 메 일 – tnwpub@naver.com
홈페이지 – tnwpub.co.kr
출판등록 – 2015년 8월 31일 제2015-000211호

ISBN 979-11-6126-425-7

정가 22,000원